臨床心理学
増刊第6号

森岡正芳・大山泰宏 編

臨床心理職のための
「研究論文の教室」

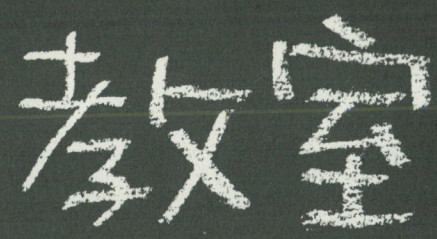

研究論文の読み方・書き方ガイド

Ψ 金剛出版

Contents

I イントロダクション

研究という実践——論文執筆の前に 2
森岡正芳

II 座談会
「研究論文の教室」——臨床心理職が研究論文を書くとき 7
森岡正芳・大山泰宏・酒木 保

III 私の臨床心理学研究論文の書き方

私の臨床心理学研究論文の書き方① 26
大山泰宏

私の臨床心理学研究論文の書き方②——伝えたいことを伝えていくために 31
永田雅子

私の臨床心理学研究論文の書き方③——量的研究を念頭に 35
坂本真士

私の臨床心理学研究論文の書き方④ 40
岩宮恵子

私の臨床心理学研究論文の書き方⑤
——楽しいフリーライティングから緻密なフォーカスライティングへ 45
岩壁 茂

IV 臨床心理学研究における根拠づけ

歴史をふまえる——臨床心理学研究のこれまで 52
サトウタツヤ

量的データの集め方と扱い方 59
竹林由武・杉浦義典

語りからデータを得て実証する 66
野村晴夫

臨床心理学における「実験」 73
佐々木玲仁

臨床心理学研究における根拠付け──投映法から実証する　80
髙橋靖恵

事例というデータと根拠づけ　87
伊藤良子

V　事例研究法と質的研究法

質的データをどう扱うか──質的研究の手ほどき　94
安田裕子

事例研究に存在する2つの方向性──事例に基づく普遍性を求めて　101
山川裕樹

参与観察と研究記録　106
川野健治

エピソード／ケースビネットの記述　111
近藤(有田)恵

事例研究法と質的研究法──事例を資料とするときに留意すること　116
廣瀬幸市

描画を研究素材とするときに留意すること　123
坂中尚哉

事例を通した仮説生成と検証　128
斎藤清二

VI　現場実践から書くうえで大切にしたいこと

研究における動機(ムーヴ)　136
髙橋幸治

心療内科　140
上田勝久

青年期──臨床実践と研究の往還　145
田中慶江

いじめ・学校問題　149
田中健夫

児童福祉施設・特別支援教育　153
山根隆宏

スポーツ臨床　158
鈴木壯

被害者支援の現場実践から書くうえで大切にしたいこと　162
村本邦子

当事者研究──伝えたいことを伝えていくために　166
山本智子

集団・福祉コミュニティ
──音楽を媒介とした新たな関係をつむぐ実践研究の試み　171
松本佳久子

倫理の遵守と研究のリアル　176
松下姫歌

 研究テーマを育む──論文を書く前に

論文指導──学生・院生からの質問に応える
困ったときには「目的に照らす」　182
石原 宏

学生・院生の成長過程を支える　184
中間玲子

研究デザインと論文執筆
「夢」と「振子」にみちびかれて　186
仲 淳

臨床支援のパートナーとしての研究　188
青木佐奈枝

「偶然の一致」が導く研究　190
大前玲子

若手・中堅による研究論文執筆体験談
瓦礫のなかの「彼女」の卒業論文　192
古市真智子

関係性のなかで子どもが教えてくれること　194
榊原久直

私の研究論文執筆と，航海と，私　196
竹田 剛

修士論文作成体験から見えてきた「テーマ決定」のエッセンス　198
近藤龍彰

臨床実践と研究活動の両立──その難しさと意義　200
松浦隆信

編集後記　203

イントロダクション

I

I　はじめに

　臨床心理士の業務のひとつに「研究」があげられている。なぜだろうか。研究で時間を費やすより，臨床実践に打ち込み，経験を積み，技量を磨くことを何より優先すべきではないか。あるいは，研究はしたいのはやまやまだが，現場に出るとそんな時間は欲しくても取れない。さまざまな臨床現場に入ったばかりの臨床心理士からこのような疑問が出てくるのは，当然である。また実践の場に入ると，研究を書きまとめること（アカデミック・ライティング）を指導してもらえる機関やリソースに乏しいことが多い。

　こういった現状にもかかわらず，臨床心理士がなぜ研究をするのだろうか。私たちの現場は多様化し，多職種連携が基本となっている。わからないことがますます増えてきたように思われる。その変容と多様性に対して，従来からの研究方法が追いついていないというのが現状である。解決すべき課題は山積している。現場で起きていることの理解と支援に役立つ方法を開発し洗練させることはまだこれから必要であるし，臨床現場には優れた人材が求められている。研究のための研究ではなく，実践につながる研究，あえて言うと実践即研究というスタンスが臨床活動のベースにある。

研究という実践　論文執筆の前に

森岡正芳 *Masayoshi Morioka* ● 神戸大学

　現場が多様であるからこそ，臨床家たちは，それぞれのやり方で研究への工夫を行っているだろう。研究も臨床活動と同じように，現場での創意工夫が必要であり，研究の仕方に関してテキストに書かれていない現場の知恵が，熟達者から初心者へ伝授されるものである。この増刊号を通して，そのような世代のつながりを作ることが叶うなら幸いである。

II　研究に入る前に

　何か未知のことがある。それを知りたい。知ることへの好奇心。研究にはこの心が何よりも重要である。もちろん研究がノルマとして要請されることも，所属機関や勤務形態によってありうる。しかし，研究は楽しくないと進まない。実践で苦労したこと，生活でなかなか乗り越えられない体験があって，それを何とかしたいと

いうテーマの設定も心理学においてはよくあることだ。自分が現場でつかんだことを何とか形にしたいと願うのは，自分の仕事における使命でもあろう。しかし研究者個人の事情だけでは研究は進まない。公共性への思慮が研究論文には欠かせない。論文は不特定の人々と共有するものであり，誰にどこに向けてその研究を発信するかによって書き方，文体も異なってくる。論文にも宛先がある。研究仲間や学会という組織に向けてのメッセージなのか。それとも，患者やクライエントも含む生活者に向けてのメッセージなのか。あるいは現在すぐには理解されなくとも，将来の世代のために書きたいという宛先もありうるだろう。研究論文は残っていく。アーカイヴ化されるものである。

このような公共性の意識や研究論文の宛先をつねに自覚するためにも，研究することを自分の人生と生活にどのように意味づけているかを，時々は確認したい。

III 研究と実践

研究は実践と切り離して行う。これが一つの方法である。研究デザインをまず立てる。実践に直接役立つかどうかはいったんおいておく。設定した研究デザインの枠のなかでまず研究結果を出す。もっともな態度である。

実践の対象と研究者を引き離し距離をとる。科学研究はまずこのような態度が基本である。具体的事象に対して一般的な法則を探求することが目的であり，科学的なものの見方はまず対象を分類することから始まった。対象は何であるかを特定し分類する知である。これを「についての知」(aboutness knowing) とする。「についての知」は事実を知ることが目標で，合理的な仮説を立て，論理を飛躍させず検証と考察を行う。言葉の定義を明確にし，その言葉の意味が確定したら，その言葉をつねに同じ意味で用いることが推奨される。以上の目的のために科学は，観察対象をその元の場所，つまり生活の場面から切り離す。文脈から離して対象化し，断片化し，データ化する。これは数量化にかぎらない。記述を用いる質的なデータであっても，その質的データが生み出された文脈から離れ，記述がテキストとして切り離されて扱われる。

クライエント，当事者が臨床心理学に求めるのは，確かな専門知であろう。生活者が科学的な研究の積み重ねに裏打ちされた成果を期待するのは当然のことであろう。そして，科学的な検証に裏付けられた研究の積み重ねがあることによって，実践者は安心して自分の実践のよすがとすることができる。実践に見通しが生まれ，距離をとって現場に向かうゆとりを得る。

しかし科学が扱う事象の扱い方によっては，専門家と生活者の間には隔たりが生まれる。医療の現場がその典型である。患者となった生活者は，高度に進んだ専門的検査と診断方法に頼りながらも，理解しがたいものを感じる。生活者はおろか，専門家でも少し領域の違う論文になると読解が至難なこともある。研究と現場の乖離がここに生じる。

IV　臨床現場の特徴

　だからこそ研究は，臨床現場に即して，実践への見通しが描けるものを試みたい。心理臨床の現場には固有の特徴がある。そこで研究するかぎり，現場の特徴に沿った研究方法を工夫したいものである。

　実践ではどのような学派であっても，その学派のセラピーやアセスメントの技法に熟達することがまず優先されるであろう。それを学ぶにあたって，頭でわかるだけではわかったことにはならない。熟達化のプロセスには身体レベルで場になじみこむことが欠かせない。まずは反復すること，そのときはよくわからないことも繰り返してみる。身体で覚えることの大切さが強調される。臨床現場は実務の場なのである。

　心理臨床の場は関係性とプロセスが優位である。そこにおける理解とは，関係とプロセスのなかでの理解である。クライエント自身もそのなかで自己理解を深めることが目標にもなる。関係とプロセスのなかでの理解は暗黙的であり，明示されにくい。関わる人の個性や主観の変化も無視することはできない。

　臨床現場では相手も自分も動いているため，研究の対象を定めるのは困難で，どこをどのようにとらえればよいのか，雲をつかむような話になる。いったん流れを止めて対象を限定しなければ，研究はしにくい。しかし体験は「生成の世界 (-ing)」のなかで生起する。ところが対象を分類し，見きわめる研究視点を導入したとたんに，生成が止まってしまうことがある。

　臨床現場で生じていることを研究によって再現するにあたって，私たちはいつも後追いで，理解は事後的である。しかも私たちはクライエント，対象者たちとの間でのコミュニケーションを通して作られる環境のなかにいつも入っていて，そこから記述しなければならない。

　現場で生じている雰囲気，関わり合い方は，言葉で伝わるというより，言葉の物質性，すなわち声のトーンやイントネーションの強弱などのパフォーマンスに媒介されて把握される。大切なことはむしろ言葉にされずに起きていることも多い。

　また明示された組織の活動よりも，インフォーマルに形成され，暗黙的に共有される場が治療的に意味を持つことが往々にしてある。研究では，この暗黙の知をすくいあげることが望ましい。さらに多職種の専門家の間で，現場での関係プロセスが共有され伝わるように研究の提示方法も工夫されなければならない。

V　いっしょに探る研究

　当事者とそこに関わる人たちの「体験」が，臨床研究の基本的な単位としてある。心理臨床の場で語られる体験はおおむね情動が伴ったものが多い。そのような体験がエピソードとして時間経過のなかで位置づけられることが欠かせない。このような現場の多様な特性をふまえ，その特性に応じた研究手法が求められる。

たとえば，事例研究は実践から生まれた研究法である。発想と方法の出発点にまず事例があった。関わりのなかで生じる主観の変化を積極的に記述する研究法である（村瀬・森岡，2013）。臨床で見聞きし，書きこんできた記録をできるかぎり活かす研究をしたい。事例研究は関係性や，プロセスを描くものとして，とくに心理療法の研究において欠かすことのできないものである。

研究デザインを設定するにあたっては，一つの視点を決め，視点を外さないのが研究では理想であるが，臨床の場をとらえようとすると，誰がその現象をいつどのようにみているのかによって様相が変化する。ここで研究上の困難が生じるが，また面白いところでもある。科学論文にはふつう書き手も対象も個人名は出てこない。人称をもたない。客観性を保持するためである。それによって誰にも当てはまるような知見が提示されることが研究の理想形である。

ところが心理臨床の場面では，その場にいる人の双方の内省内観，すなわち一人称主観，そして主観と主観の間に生じる間主観的なもの，さらに私とあなたとの関係性の要因は，けっして無視できない。また言語的確認よりも，パフォーマンスの次元が現場では優位に働いていることも多い。

以上の特徴からすると，問題や症状がはじめから対象として存在し，前提となる知ではなく，むしろ，対象がどうあるのかを「いっしょに探る知（withness knowing）」が，心理臨床の実践と研究の基本形ではないか。これは実践即研究と言い換えることもできる。

VI　メタ視点を把握しておくこと

臨床実践研究者，専門家の側は，自分がどのようなものの見方をしているかをたえず検証しておくことが欠かせない。患者，クライエント，当事者は，症状や障害が，人生のなかで自分にとって何を意味しているのかを必ずしも知りたいわけではないだろう。まずは端的に，自分はどういう病気で，どうすれば治るかが知りたい。「いっしょに探る知」をはじめから前提にするわけにはいかない。当事者の求めに応じて，まずそこを支えるのは当然である。

専門職の知と，当事者の体験知・生活知は，対立葛藤することがある。また，専門職の援助の過程と当事者の人生，生活にはつねに落差やギャップがあることを前提に，臨床の場に立ちたい。何よりも，力関係の差がはっきりしている。当事者は病院，学校，相談室，施設その他において，構造的に不利な状況におかれやすい。専門職の側は，症状や障害の専門家という役割から，当事者の状態の把握に努める。そのときに既存の知識をもとに理解しようとする立場をとりやすい。専門職の知の体系，分類表，定番のものの見方をたえず自己チェックしたい。分類表にもとづく病気という「現実」を作り出すことに，専門家が一役買ってしまうことは十分にありうる。専門職が自分自身のものの見方それ自体をとらえる冷静な視点，メタ視点を把握しておくことは，実践研究において，専門家としての「私」を支える根拠にもなる。

VII 「わかったつもり」をチェックする

　実践即研究の場では「わかったつもり」は禁物である。「わかったつもり」というのは，対象を自分にひきつけてしまう理解の仕方である。すると対象を小さく，断片化してしまう。世界を卑小化してしまう。「自分がすでに知っていることだけが明らかになるように言語を用いるならば，生はきわめて単純なものになる」（Stern, 1997）。

　専門家の診断分類の言葉は有力で，当事者一人一人に固有の体験であるはずの出来事も，誰にでもあてはまる実体として扱われやすい。すると当事者も専門用語にあてはめて自分の体験を切り取っていく。心理臨床場面でもっとも警戒すべきことは，言葉の自動的習慣的な使用による意味の平板化，固定化である。

　知っていることしか知ろうとしないでいると，そこで思考は制限される。ぼんやりとしたもの，よくわからないものを意味あるものにしていくのが臨床の場であろう。意味を特定できない不透明さを帯びた事柄，未確定のものに対して，意味の確定を急がない。よくわからない未確定のことに潜む可能性にこそ，臨床的意味があろう。よくわからないから，問いが生まれる。そこから研究が始まる。

▶文献

村瀬嘉代子，森岡正芳 編（2013）臨床心理学増刊第5号（実践領域に学ぶ臨床心理ケーススタディ）. 金剛出版.

Stern DB（1997）Unformulated Experience : From Dissociation to Imagination in Psychoanalysis. Burlingame : Analytic Press.（一丸藤太郎，小松貴弘 訳（2003）精神分析における未構成の経験――解離から想像力へ. 誠信書房）

座談会
「研究論文の教室」
―― 臨床心理職が研究論文を書くとき

森岡正芳・大山泰宏・酒木 保

Ⅱ

I　臨床心理学研究の意義

◆森岡＿＿2014年度の『臨床心理学』の増刊号は，金剛出版から「臨床心理職のための「研究論文の教室」」という案をいただき，私と大山先生の編集で企画を進めてきました。「研究論文の教室」というタイトルが「研究論文の読み方・書き方ガイド」というサブタイトルを伴っていることからもわかるように，非常にプラクティカルで，"かゆいところに手が届く"イメージの一冊を目指しました。それにあわせて計画されたこの座談会は，臨床心理職の職域が多様化・複雑化してくるなか，あらためて臨床心理職における研究の意味を問うことを目的に計画されました。かねてより研究は臨床心理職の大事な仕事の一部とされてきましたが，一方で，臨床心理職にとっては，実践の腕を磨き，臨床現場でクライエントを支援することが最優先の課題ですから，「研究のための研究」というスタンスはそぐわないところがある。では，どのようなスタンスで研究すればいいのか。座談会では，まずこの大きな課題に取り組みたいと考えています。

そのうえで，増刊号の編集方針をベースに議論を深めていきたいと思いますが，増刊号では臨床心理学研究を推進している先駆者たちのユニークな研究法や論文の書き方を紹介しています。これはまあ楽屋裏を開陳したようなものですから，個人的にも非常に楽しみな内容になりそうです。

それを踏まえながら，臨床心理学研究における根拠についてのセクションを設けてあります。私たちの職域が社会に広がれば広がるほど，一般市民からの評価が下されることになります。臨床心理実践の公共性についてどのような根拠があるのか，という問いがつねに投げかけられることになります。しかし，科学的な実証性が確保された根拠のみで心理支援を行なうにしては，現場は多様で複雑すぎる。臨床データの集計方法や臨床データに基づく研究スタイルも重要になってくるでしょう。科学的根拠＝エビデンスの重要性を認知しつつ，しかしそれだけに留まらない広義の根拠を打ち立てることは可能なのか――座談会ではこのような点にも踏み込んでいきたいと考えています。

また増刊号では，特に臨床現場に入ってすぐの若手臨床家が実践と研究をどのように両立したのか，その苦労話やヒントなど役に立つエッセイを執筆していただきました。このようなことも踏まえて，座談会ではベテラン臨床家の酒木保先生をゲストにお迎えし，臨床から研究までを横断的に議論していきたいと考えています。

II　観察と記録

◆森岡＿＿酒木先生が旭川医科大学にいらしたときに医師と共同で優れた研究を発表されたのは，もう20年ほど前になるでしょうか。かつて，1997年に『学問の鉄人――大学教授ランキング（文科系編）』（別冊宝島）という本が出版されましたが，臨床心理士たちが目ぼしい候補者にポイントを付けて，臨床心理学を志ざす高校生のために優れた臨床心理士を紹介するという主旨の本でした。そこで挙げられた一人が酒木保先生で，もう一人が家族療法家の東豊先生。酒木先生は誰が見ても実力ナンバーワンで，非常にアイデアマンでもあります。もともとは実験心理学を専攻されていて，知覚心理学の第一人者だった結城錦一の最後の愛弟子だったと聞いています。知覚心理学やそれに付随するアートセラピー，また現象学にも造詣が深く，すぐに臨床現場に研究結果を還元していく力に優れ，対象層も子どもから大人まで幅広い。昨今話題の発達障害に関しても，自閉症児へのアプローチで明確な治療方針を打ち出された筆頭のお一人だと私は考えています。最近は日中韓共同での臨床心理学研究にも熱心で，またAPA

（アメリカ心理学会）でも日本の臨床心理学の黎明期に発表され，後続する日本の研究者のための道を開かれました。

♣**酒木**＿＿私は最初，実験心理学から研究者のキャリアを開始しました。実験心理学のなかでも少し異質な実験心理学でして，先ほどご紹介いただいた結城錦一先生に師事していました。結城先生はその昔，1921年にフーリエ解析をタイガーの計算機を使って手作業でこなした人です。結局その計算だけで半年以上かかってしまったのですが，そこであるとき，瞬間的に即断即決したことと半年以上かけて数量化した結果が変わらないことに気づいて，そこから現象学的研究法に方法を移していきました。私は結城先生に師事していましたが，実験心理学といっても測定はほとんどノータッチ。数学的な発想や展開といっても，数字より，どちらかというと哲学に近いところで研究をしてきました。その意味で現象学的なアプローチは非常に面白かった。現象を発見することに興味があって，少し視点を変えて何かを見ると新しいものが見えてくるという現象にも魅かれてきました。なかでも一番興味があったのは色彩でした。黄色というのは特徴的な色彩で，背景が白だと少しも目立たないのに，背景が黒になると目立って見える。当時はそういった視覚現象の変化をうまく利用して臨床の方法が生まれないかと考えていましたが，今もその発想が研究と臨床のベースになっています。

◆**森岡**＿＿ある意味では，数と論理という最もコアな部分から研究を始めたと言えるのかもしれませんね。

♣**酒木**＿＿そうですね。それからは現象の発見におもしろさを感じるようになって，観察に基盤を置きながら研究を続けてきました。徹底して観るということをベースにしているうち，次第に見えているものだけを観察することから，見えるという現象を細かく記述することに関心が移っていきました。まあこのようなことばかり研究してきましたから，私の発見には整然とした論理がない。論理がないから一般化できないと随分厳しく批判されることもありました。しかし，何かふっと思い浮かんだものを実際目に見えるものに置き換えて観察して，その観察記録だけは細かく執拗に取る。この積み重ねが私の研究の出発点でした。

◆**森岡**＿＿それはまさに科学の基盤ですね。

III　自閉症研究
――観察から理論が生まれる

♣**酒木**＿＿観察と記録をベースに，そこから人の認知の仕組みをもう少し細かく確認できないかと考えるようになりまして，ちょうどそのとき自閉症の子どもと会うようになったのかな。自閉症の子どもの認知の歪みは観察で明らかになるものでしたから，自閉症の子どもの物の見方やその特徴を，観察を手がかりに記録していきました。そもそも実験室でずっと座っているということが，まず彼らにはできないものですから。

◆**森岡**＿＿つまり，自閉症児の認知のスタイルだけでなく生活も含めて観察されていたわけですね。二重観察と呼べるものかもしれません。

♣**酒木**＿＿自閉症児が遊んでいるところを観察していると，ある現象に対してどのように反応するかということも観察していくことになる。すると思いがけないことがわかってくる。この思いがけないことがポイントです。自閉症児の認知の仕組みが健常児の認知とどのように違うのかを考えていくと，自閉症児の思いがけない行動や言葉が観察できる。そこから，思いがけない行動や言葉が起こったときの条件はどのようなものだったのかと，さらに観察と記録と考察を続けていくわけです。記録を続けていくと，このような条件との関係性のなかで自閉症児の存在が確立されるプロセスまでが視野に入ってくる。この一連のプロセスを，研究者として少し距離を置きながら見ていく。あるとき，それが

臨床心理職のための「研究論文の教室」

酒木 保

自閉症児の治療の基盤ではないかと思うようになりました。最近，自閉症の子どもをテーマにしたピーター・レイノルズの"I'm Here"という絵本[注1]を訳したのですが，彼はこの本のなかで，周囲の人間や環境に直接つながってはいないけれど，自閉症児には独自の世界があることを表現しています。絵本の最後に，ある女の子が主人公の自閉症児にアプローチする場面が登場しますが，ここで主人公が彼女に応えるのです。

◆**森岡**＿＿つまり，この応答が生まれた瞬間，一人だけのものだった彼の世界に「他者」が入ってくる。

♣**酒木**＿＿だからある意味で，それが自閉症治療の最終到達点なのかもしれません。支援者は自閉症児が何を感じているのかを脇に追いやって，自分の物差しを押しつけていることがよくあると思いますが，もちろんその物差しと自閉症児とは何の関係もない。私が考えたのは，そこで大きく視点を変えることでした。支援者がいなくても自閉症児は世界に存在している。そのことに支援者が気づければ，それは支援の大きな前進じゃないかって。

─────────
注1）ピーター・レイノルズ［さかきたもつ 訳］（2013）ぼくはここにいる．小峰書店．

◆**森岡**＿＿支援者の物差しが通用しないことが本当に理解できる瞬間があるということですね。

♣**酒木**＿＿そう，そんな物差しはいらないですよね。この物差しに頼っているうちは支援者本意の枠に自閉症児の存在をあてはめているだけで，自閉症児の存在を本当の意味で認めていないということですから。ですから，まず理論があって人がいるのではなく，人がいて理論が生まれる。つまり一人の自閉症児にとっての独自の理論が発生してくるのではないかという考え方です。その子のことをもっと知りたければ，その子に負担をかけずに知るためのアプローチ，知ろうとすることでその子という存在を歪めてしまわないアプローチを考える必要があります。理論や方法というものは，その時点で初めて考案されるべきです。

IV　クライエント中心主義的研究

♣**酒木**＿＿観察から理論や方法が生まれるということで，もう一例挙げてみましょうか。離人神経症なのか統合失調症の症状なのか判然としない患者をどう見分けるか。過去にロールシャッハテストを利用して，この課題に取り組んだことがあります。どちらも離人的な症状を呈するところが見極めを難しくしているのですが，実際にそのような患者にロールシャッハテストを施行すると，D反応ばかりが出てくる。なぜかと思って色々話を聞いてみると，ロールシャッハテストの図版と直接対面できなくて，どうも図版そのものを歪めて見ているということがわかってきました。実際に見方が歪んでいるので空間も湾曲する，だからD反応ばかり出てくる。気づいてみれば実に単純なことですが，これもやはり徹底して観察して初めてわかったことですね。また，ロールシャッハテストでS反応が多いこともわかりました。要は図版の白いところばかりを見ている。図版は白い背景の上にインクブロットが置かれていますから，イン

クブロットの隙間というのは実際には白い背景なのですが，この白い背景の部分で認知的な距離設定をしていることもわかりました。小さなものに注目する認知の癖みたいなものがあって，図版の非常に小さな領域に関して「人間」と反応したりする。小さな領域ばかりを見て大きなものをどこかに遠ざけたいと思っている。そういった認知的傾向を感じましたので，だったらいっそのこと図版を遠ざけてみたらどうかと考えましてね。

◆森岡__実際に試してみたのですか？

♣酒木__ええ，試してみましたよ。図版を遠ざけて反応を聞いてみたら，今度はW反応が非常に多くなっていきました。つまりこの患者は，強すぎる外的な刺激に対する防衛機制として湾曲的空間を自発的につくりだしていたことになります。しかしこれが実は統合失調症の患者にはできないわけ。いくら図版を遠ざけても反応はほぼ一定です。しかし離人神経症の患者は防衛機制が働いているから，図版を遠ざけると反応が一変する。統合失調症患者の場合，この防衛機制が崩壊しているから統合失調症の症状が出てくると考えられるわけです。

　実験心理学の仮説に「大きさ－距離不変仮説」（Size-Distance Invariant Hypothesis）というものがあります。これは，網膜像に写ったサイズが同じならば遠くに見えるほど大きなものに見え，逆に近くに見えるほど小さいものに見えるという仮説です。ロールシャッハテストで考えてみると，被験者がインクブロットを見たとき，網膜上でイメージの距離が遠くにあるとして処理されたらサイズは大きなものとして，近くにあるとして処理されたらサイズは小さなものとして概念化されます。先ほどの例では，インクブロットの小さな領域に注目して，それを大きなものとして概念化しているわけですよね。別の言い方をすると，インクブロットを見ながら見かけの距離をつくろうとしているわけでしょう。これは患者本人にとっては苦渋の選択みたいなもので，だからインクブロットを遠ざけると安心して，それまで全く見られなかった反応がいくつも出てくる。このときは離人神経症と統合失調症を見分けることが目的でしたが，そこから臨床の方法論も導き出せるはずです。ロールシャッハテストの施行法としては型破りのものをあえて試してみたのは，クライエントのニーズを考えてのことでした。これはクライエントがより良く生きるための条件設定を模索することにもつながりますから，そのためのひとつの方法ではないかと考えています。

◆森岡__酒木先生のお話を聞いていると，直感的に豊かなアイデアを思いつきながら，同時に観察や記録や考察を具体化しているけれど，それが後から論理的な整合性をもって結びついていく様子がわかります。研究がテーマになっているけれど，臨床感覚がそれを裏打ちしている。実におもしろい。座談会も始まったばかりですが，早々と臨床の秘訣そのものが呈示されましたね。

V　理論仮説を超えて

✚大山__酒木先生のお話をうかがって，現象そのものから出発するスタンスを大切にしていらっしゃると感じていました。徹底した観察と記録ということもお話しくださいましたが，通常は観察するとき，あらかじめ仮説があって観察することが多いと思うのですが，酒木先生の場合は仮説を措定していない。そして観察したもののなかから表われてくるもの，自分に呼びかけてくるものをじっと待っていらっしゃる。自閉症児研究でも，自閉症児たちと共に過ごし，その眼差しや行動に寄り添いながら，「どうしてこの子たちはこんな行動をするのだろう」という疑問から仮説が浮かび上がるのを待つ。あるいは自明に思っていたものを反省＝省察することで，初めて論理として表われてくる。いわばボトムアップ型の研究ですよね。この根気よく

積み重ねてこられた研究スタンスに感銘を受けましたし，同時に私自身のスタンスと正反対であるところにも興味を引かれました。

◆森岡＿＿それはぜひもっと詳しく聞きたいですね。大山先生の場合，どのようなスタンスで研究をされてきたのでしょうか。

╋大山＿＿私はもともと哲学を専攻していて，理論やロジック，意識・認知のモデルを考えることに興味がありました。大学では現象学を学んでいましたが，そこから臨床心理学に転じたのは，臨床心理学という学問が優先的に「私」について考えると知ったからです。哲学的な思考ですと，最終的にはロジックに収斂させないといけないわけですが，臨床は芸術のような感性的要素も含みながら展開していく。また，哲学で人間に関する知識や真理を得たつもりになっても，それを実際にどこかで実践できるかどうかはわかりません。しかし臨床心理学の場合，臨床実践と往復しながら考えたことを彫琢することができる。この実践と研究の往還性にも魅力を感じて，臨床の世界に入っていこうと思うようになりました。その意味で，私は理論があるフィールドから出発したのですが，臨床実践を始めたばかりの頃，あらかじめ自分がもっていた理論仮説と臨床現場で感じることとのギャップに苦しみました。特に臨床実践を始めたばかりの頃は，自分の臨床事例から何かが書ける気がしませんでした。

◆森岡＿＿このギャップがあるとなかなか研究論文は書けませんね。

╋大山＿＿ええ，実際全く書けない時代が続きました。ですから私の場合，臨床と研究を個別に探究することから研究職のキャリアがスタートしました。

◆森岡＿＿そのギャップをどのように埋めていったのでしょう。

╋大山＿＿はじめは現象学的アプローチで臨床という現象を説明しようと試みましたが，なかなかうまくいきませんでした。一方で，推計統計学の手法による計量研究にも関心がありましたので，心理的尺度などにもとづく研究や態度の測定など，心理学的概念とその他の概念を結びつけながら背景にある心を見る研究を進めていました。ところが，先ほど酒木先生もおっしゃっていたように，計量的研究をいくら積み重ねても，その結果と体験的に観察した知見とが実は差がないことがわかってきました。推計統計学は考案者のウィリアム・ゴセットがギネスビール工場に勤めていたことからもわかるように，A群とB群の平均の差を吟味するものにすぎず，両群にそれぞれ含まれるメンバーすべてに必ず差があるようなものではなく，重なる部分が相当あるわけです。

たとえば，心理療法Aと心理療法Bにおいて方法Aのほうが効果があると統計的にも認められたとしましょう。同じ心理療法を同時に100人に施す必要があるなら，心理療法Aを選択するのが倫理的には正しいことかもしれません。しかし，目の前にいる一人のクライエントに対して無条件に心理療法Aを選ぶのが正しいのかというと，それはもう全くの別問題です。統計的に効果があることがわかっているから選ぶのではなく，現象やクライエントにしっかり向き合って，そこで感じたり思ったりしたことを選択基準にしなくてはならないと気づいてから，私がはじめに立ち止まったギャップが徐々に埋まりはじめていきました。

その後，大学院修了後にはじめて就職したところがFDセンター（Faculty Development Center）でした。大学の授業改善のための機関で，そこで統計も含めて実践的な研究に携わっていました。たとえば，私自身の授業をビデオに撮ったり，観察してもらったりして，学生の行動と対応させて，授業改善のヒントを探っていました。

◆森岡＿＿自分の教授場面が観察対象にされるわけですね。

╋大山＿＿そうです。一方では学生の授業評価を集計し，他方では教員自身が授業風景のビデオを

観て，自分自身がどう感じているのかを語っていく。そして授業終了後はカンファレンスの時間を設けて授業で観察していた人の感想をきくという，マルチメソッドでアプローチする。つまり計量的なもの，質的なもの，ナラティヴ的なものを重ね合わせて現象を見ていっていたわけです。このタイプの実践研究のほかに，FDセンターにいる間に言説研究にも取り組み，大学教育と臨床心理学をつなぐものとして学生支援をテーマに研究しました。現在ではそこから関心も広がって，臨床心理学固有の言説や歴史を洗い直し，臨床心理学の概念形成のプロセスを確認するという仕事をしています。臨床を始めて20年になりますが，最近になってようやく臨床の実践と研究とがリンクしはじめて，事例研究論文が書けるという思いも抱きはじめています。ただ，事例すべてを書きつくすのではなく，その一部分を抜粋したケースビネットという形式ですが，事例のすべてを書くということで，クライエントに与える影響をまだ測りかねているところがあります。

VI　治療としての心理検査

◆**森岡**＿＿大山先生は初期から計量研究のメタ部分を考えることに焦点を当てていて，それが現在の臨床研究につながってきているように思います。臨床研究ひとつとっても，ある概念がどのように成立してきたのかというプロセスを踏まえておくと，研究対象よりクリアに見えてくるところがある。20年間その点を丁寧に注視しながら研鑽を積んできた姿勢に感銘を受けました。一方で酒木先生は，大山先生がボトムアップ型研究とおっしゃいましたが，まさにその通り，観ることを徹底されてきた。見えてくるまでには時間がかかりますし，現象を観るといっても簡単ではない。これはすべての科学者に共通する課題でしょうね。見えてくるまでには驚きも苦しみもあると思いますが，酒木先生には

どなたか指導者や共同研究者がいらっしゃったのでしょうか。

♣**酒木**＿＿いわゆる指導者は結城先生くらいしかいなかったけれど，志を分かち持つ研究者はいました。薬物も使わず白衣も捨てて統合失調症患者の治療に奔走していた，名古屋市精神保健指導センターの精神科医の小山内実さんです。彼とは随分議論をしていましたが，しっかり整ったセオリーはなかなか成立しませんでしたね。観察のなかから見えてきた事実を1つずつ記述していくことを繰り返していくうちに，ある道筋が見える。その道筋が見えたら，事実に照らして今一度確認をする。この繰り返しでようやく自分たちなりの方法がやっと1つ出てくるわけです。

　たとえば，思春期・青年期の子どもたちにロールシャッハテストを施行しても，いまだにわからないことだらけです。「犬に見えたのは？」と聞くと「犬」と応えるのですが，それで反応は終わってしまう。この反応をそのまま診断にかけたら，思考の停止や感情の平坦化ということで統合失調症の診断がついてしまうでしょう。でも実際には統合失調症ではない要素が多々ある。心理検査が必ずしも被験者本人の内的な側面をすべて投映しているとは限らないことにも注目することが大切です。

　もし被験者が言葉でうまく説明できないのだとしたら，インクブロットの原版を置いて，その隣にクレヨンを置いて，「見えた通りに書いてみて」と言って実際に描いてもらいます。すると上手にインクブロットをそのまま写し取り，見えた通りに犬などの表現が描画できたりもします。ということはつまり，言語だけに限らず伝達手段をもう少しだけ広げてあげると，この被験者の認知機能がロールシャッハテストに反映される。これが1点。もう1つは，非常にこだわりの強い子もロールシャッハテストが難しいことがあります。その場合はインクブロットのある部分を指で隠してあげて，そこで

あらためて何が見えるのか尋ねる。ここで何かが見えたとしたら，インクブロットのなかで付け加わった部分が邪魔になって反応を妨げていたということですよね。だから，ただ心理検査をセオリー通りに施行すればいいわけじゃなくて，心理検査を用いて診断結果を考えながら，同時に被験者になっている子どもが健康になれる条件を探していくことも大切なんですよ。

◆森岡__心理検査というものは，それが最終目的のはずですよね。

♣酒木__そうそう，本来それが最終目的なのですから，たとえば極端に反応数が少なかったりしたら，なぜそのような反応しかできないのかを考える。ずっと観察していくと，健康な反応ができる条件が明らかになるはずです。先ほどインクブロットの一部分を指で隠してあげたらちゃんと反応が返ってきたケースみたいに。

◆森岡__心理検査といえど臨機応変に施行条件を変更して，被験者が生きやすい条件というものを同時に探っていく絶好の機会になるということですね。

♣酒木__ひとつの心理検査を施行しながら，いわゆる健康な反応が出せる条件を考えて，そのための条件設定を試していく。こうして試験的に条件設定をしながら，ある条件においてはこの被験者にも健康な反応ができるし通常の認知も成立するとわかったら，今度は設定された条件を獲得できる訓練方法を1つずつ考えていくわけ。

◆森岡__そこまでの深い見通しを込めて心理検査を施行すべきだということですね。

♣酒木__そして訓練を通じて1つずつその条件を獲得していったら，次はその特殊な条件を外していくわけです。この条件が完全に外れたところで治療は終結。こうして私は自分なりの診断法や治療法なりを確立してきたという自負があります。とはいえ，これはあまり人には話していません。どうにも記述するのは非常に難しいことなので……

✚大山__観察にもとづく経験則であって，個々のクライエントごとに異なるオーダーメイドのセオリーですから，なかなか論理的には語れないところがあるでしょうね。

♣酒木__ええ，むしろこれが妙な形で伝わったら，逆にクライエントに悪影響を及ぼしかねないと思います。

✚大山__もし形式化されて何かメソッドのようにマニュアル化されると，そのリスクは高まりかねない。

♣酒木__大切なことはクライエントとの無言のコミュニケーションですから。その前提があって，心理検査のツールを遠ざけたり隠したり工夫しながら，健康になるための条件がそこから生まれてくる。

◆森岡__つまり，クライエントにより近く迫るということですね。現在大勢を占めている心理検査の使用法はそれとは正反対で，心理検査も当日にすべて終えることが求められますし，そうなると検査当日の結果がすべてで，そこから診断もなしくずしに決まっていくことになります。

VII 客観的エビデンスと臨床的エビデンス

✚大山__酒木先生のお話から2つのことが考えられるように思います。1つは，酒木先生が対象を観るというのは，対象となっているクライエントが見ているものを観るということですよね。クライエントの世界の見方を知って，何を思っているのかを直感して，そこからクライエントに迫っていく。これは客観的な観察とは質的に異なる観察だと思います。そしてもう1つは，データの価値ということです。心理検査はエビデンスのある客観的なデータを得ることが目的なのですが，ロールシャッハテストで図版の一部を隠したり図版を遠ざけたりするのは正しい方法から逸脱しているわけですよね。そこから得られたデータを自然科学的モデルによる根拠で解析しようとしても，それは難しい。し

座談会「研究論文の教室」　｜　森岡正芳・大山泰宏・酒木 保

かし，それでもそのデータには説得力があって，臨床家にとって別の意味での強い根拠をもって訴えかけてくる。

◆**森岡**＿それは臨床的エビデンスとでも呼べばいいのかな。そのような臨床的観察からしか得られないエビデンスこそが，まさに目の前のクライエントに迫るための足がかりになる。そのための研究というものが必要だと思いますが，ややもすると研究は対象者を研究する側の論理で進んでいくところがあります。クライエントを対象化して群分けして比較して，いわば一般化を進めていくことでデータが精緻化されていくのですが，そこにはつねに実践と研究の乖離という罠が潜んでいる。この課題をどのように乗り越えるかは難しい問題だと思います。

♣**酒木**＿臨床的エビデンスを文章化するにあたっては，もちろん認知科学なども参照して，できる限り今わかっているすべてをロジックに導入していきます。でも，そこで説明しきれない部分も当然ありますから，そこから先は臨床家が自分で考えていかなければならない。だから，臨床家による独自の根拠というものが必ず後から出てくるということですよ。私自身の経験でも，あるとき1つの方法を思いついて，日々それを実践していても，その実践が一般性と汎用性がある方法としてまとまるのに，まあだいたい10年はかかります。実際5つか6つくらいの研究課題を同時並行的に走らせながら10年くらい経って，ようやく1つ2つと方法論としてお見せできるようになる。

✚**大山**＿酒木先生の実証の方法は，いわゆる論理積のようなものですよね。ある論理と別の論理を重ね合わせながら説明していくという……

♣**酒木**＿たしかに二重螺旋のイメージはつねにあって，ある1つの事象を説明する1つの論証を展開しながら，その反証も展開していき，その結果として双方を包括するようなロジックを最終的にまとめるイメージです。こんなふうに論証に時間も労力もかかるし，2つの論理が同

大山 泰宏

時走行することを同時に解釈してもらいたいのに，どちらか一方だけを取り上げられたりして，最近は研究論文を書くことにとても慎重になっています。文章にならずに課題ばかり積み上がっていますよ（笑）。

✚**大山**＿中井久夫先生が「一人の精神科医の"自然的"限界」[注2]という論考をまとめていらっしゃいますが，後年の付記のなかで，一人の精神科医が一生で診ることのできる患者は数百人程度だとおっしゃっています。重要な理論も提唱している精神科医でも実はそんなに多くの人をみているわけではなく，ある意味で限定された臨床経験からものを言っているというわけです。中井先生はさらに，統合失調症の患者は一人ひとりがきわめて個別的だから，一人の精神科医が丁寧に経過を観察記述して統計的にエビデンスを示すことはほとんど不可能だと述べています。臨床心理学では量的研究や効果研究をもとにエビデンスを求めますが，それは本当に短い治療期間で非常に多くの患者を相手にするか，マクロな共同研究をしなければ不可能です。臨床心理学の事例研究は，ここからすると

注2）中井久夫（1979）一人の精神科医の"自然的"限界．In：中井久夫：中井久夫著作集1——精神医学の経験．岩崎学術出版社（再掲：中井久夫（2011）「つながり」の精神病理．ちくま学芸文庫）

きわめて特殊な領域を対象とする局所的な研究に見えるかもしれませんが、そうでなければ言えないことはたくさんある。

◆森岡＿客観的エビデンスには、マクロのデータのなかから平均値を割り出したにすぎないところがあります。酒木先生も大山先生もおっしゃっていましたが、平均値を割り出す研究の結果が直観的な経験則と大きく異ならないという現象は、ある意味で当然とも言えるところがあります。今では臨床研究というと量的研究が大勢を占めていますが、その研究法がすべてではないし、もちろん問題点もあるということです。

VIII アカデミック・ライティングと研究者の成長

◆森岡＿酒木先生は一方で非常に優れた独創的な弟子を育てていらっしゃって、私も何人も知っていますが、若い研究者の可能性の芽をうまくとらえて育てていかれる姿勢にも敬服します。少しテーマを移して、若手研究者について議論してみたいと思います。クライエントによっては重症化して臨床現場が錯綜するなかで、しかし研究を進めていきたいと願う有望な若手研究者も多くいるはずです。研究者を育てるうえでのご苦労について、酒木先生はどうお考えになりますか。

♣酒木＿ちょっと乱暴な表現だけど、僕のできることをする人は必要ないと思っています。むしろ僕は自分にできないことができる人を大事に育てていくことにしています。人ができないことは、たいていそれまで皆に批判されてきている。しかし発想を変えて、どのように批判されてきたのかを調べていくと、角度を変えて見たときに独自性が生まれてくると思います。ですから画一的なことを研究テーマにするのではなく、まずはより個別的なテーマから入ったほうがいいだろうと思います。とりあえず認められなくてもいいから、自分の研究方針や研究スタイルを追求するのがいいんじゃないかな。僕は若手研究者には「他が認めなくても自分が認めてあげるから研究を続けてみなさい」と言うことにしています。

◆森岡＿なるほど、だから酒木先生には弟子がついてくるんでしょうね。何度研究を発表しても批判されて、徐々に孤立して、現実的には苦しいことも多いでしょうけれど、そこを「自分が認めてあげるから大丈夫だ」と言ってあげるのはすごいな。

♣酒木＿僕もある学会誌に10年間1つの論文を提出しつづけていて、もう行ったり来たりしているから（笑）。

◆森岡＿10年間も報告してるの？

♣酒木＿そうそう、10年間（笑）。

◆森岡＿なんやそれ？（笑）

♣酒木＿もっと長いかもしれないね。査読するほうも引かないんだけど、僕自身も妥協したくないと思っているから投稿しつづけるわけ。僕らの年齢になっても、査読で掲載を拒否されることはいくらでもありますよね。でも、これはものすごく大事なことです。査読コメントをよく読んで、なぜ掲載を拒否されたのかをずっと探っていくと、時間が経過するうちに査読内容が徐々に変わってきていることもわかりますし、査読コメントの内容からまた新しい発想が生まれてくる。

◆森岡＿ちょっと逆説的な形ですが、論文査読には共同作業の部分もあるということですね。

♣酒木＿1～2回査読を拒否されて、もうそこで諦めてしまうようでは、なかなか先へは進めない。

◆森岡＿一度掲載を拒否されたところで参ってしまう研究者も多いでしょうね。どの学会誌でも今は査読制度が完全に行き渡っていますが、ちょっとした批判的なコメントを受け取っただけで書けなくなってしまった場合、その若手研究者にどうフォローされていますか。

✚大山＿私が学生を指導するときは、別の学会誌

に提出するようにアドバイスすることはあります。それから，査読結果は投稿者の考えを否定しているのではなく，投稿者が気づかなかった新しい発想のための別の見方を提示してくれているということは伝えます。

◆森岡＿第三者からの視点ですから，査読コメントには意味があるわけですよね。

♣酒木＿また論文が投稿者と査読者の間を行き来することで，徐々に良い研究に育っていくという側面もありますよね。

◆森岡＿論文の査読者もまた育っていくということですね。

♣酒木＿ああ，それはものすごく大事なことですね。査読者が厳正な審査をしている限りは投稿者も真摯に受け止めて，つらいけれどできればもう1回，査読者の評価に沿って書き加えていくことが必要です。すべての要求に応えようとすると論文のボリュームも増加しますから，今度は投稿規定に応じて圧縮していかなくてはならない。これもまた難しい作業ですが，こうして圧縮していくなかで投稿者の新たな発想が加わって論文が再生する。

◆森岡＿もちろん投稿者としてどうしても外せない主張もあるでしょうけれど，投稿論文である限りは厳密な投稿のルールもあって，その調整が難しくなっていきます。査読者のコメントに合わせた主張なのか自分独自の主張なのかも判然としなくなってきます。若手研究者にとっては産みの苦しみで，悲劇とも感じられるかもしれません。

♣酒木＿とはいえ，僕自身は的外れの査読コメントにはクレームをつけて返却することもありますけれど。

◆森岡＿たしかに査読コメントすべてに応える必要は全くありません。査読者のコメントに沿って修正する部分と自己主張する部分とのせめぎあいですが，このような応答の仕方そのものをトレーニングする必要もあるかもしれません。いわばアカデミック・ライティングですが，日本の臨床心理学研究はこの点もこれからしっかりと取り組んでいく必要があるでしょうね。

♣酒木＿僕が投稿を始めたのは40代に入ってからで遅かったんですが，当初は査読者の評価が二分することが続きました。そして査読結果として，編集委員長から判断に迷うというような意見が返ってくるわけです。あれはうれしかったですね。評価が二分する意味は何かと考えると，一般常識を重視する査読者と新機軸の発想を重視する査読者が査読を担当した場合，評価が二分することは理解できます。問題はその分離をどのように統合していくかということです。この作業に取りかかると，読み落としていた文献もあることに気づくし，そうして文献を読み直したりしているうちに統合も進んできます。

✚大山＿それはかなり丁寧な査読ですね。マイナス評価とプラス評価があると，マイナス評価に比重を置いて評価とするシステムになっている学会誌も多いですから。

IX　新しい知を求めて

◆森岡＿研究論文にもメッセージがあるわけですから，私はつねづね論文もまた一つの書き物であると考えています。たとえ研究論文でも読ませないといけない。そして読み手である査読者も，読んだ感覚を誠実に反映させて評価を返す。この往復が研究論文を精錬させる基本ではないかと考えています。論文には必ず宛先があるものですが，この宛先が特定の方法や知見を推奨する同一集団にだけ向けられているだけでは少し寂しい話ですよね。今は認められなくても将来役に立つ研究論文，最終的に患者を含めた生活者が宛先に据えられた研究論文も増えてくると，臨床心理学も層が厚くなってくるでしょう。評論ではなく根拠がある研究論文には学問的な価値があるとされるのですが，それは最終的にはクライエントに資する研究だからだと私は考えていて，ここに研究論文の最終的な

宛先があると思います。もちろんクライエントが読んですぐ理解できるものではありませんが，臨床心理学の実践領域は多様化しつつありますから，研究論文の書き方もデータの扱い方も研究デザインも多様になるのは当然です。唯一の方法論や狭義の実証主義にもとづくデータにだけ根拠があって，だからこそ臨床実践の効果があるというような研究論文には，私は首をかしげてしまいます。ですから良き指導者であるということには，「自分が認めてあげるから自由に研究を進めてみなさい」というある種の師弟関係を築くことも含まれていて，それはある面で研究に必要なことではないかと考えています。

＋**大山**__たとえばフロイトの論文もフェレンツィの論文も査読なんてほぼ受けていないわけですよね。現在でも古典とされる重要文献にも査読を通っていないものも多々あります。人数もきわめて少ない狭いサークルで認められていたものも少なくない。自然科学の研究論文をモデルとした査読システムがすべてではなく，たとえ狭いサークルでも認められる研究論文の価値をしっかりと認める必要もあるでしょう。また，臨床心理学研究が実践につながることは大切なことですが，その副作用として臨床の知が「すぐに臨床につながって役に立つべきだ」と，あまりに道具的な知に矮小化される傾向があるのは問題です。しかし，学知というものは本来，私たちの心を耕したり認識を変えたりするものもあるべきで，道具的ではない知，感性的な要素を重視した知も認められるべきなのだと思います。残念ながらそれをうまく採択できる査読システムが今のところ確立されていません。

◆**森岡**__非常に重要な提言ですね。先ほどの限定されたサークルのなかで価値を評価されるという点に関していうと，中井久夫先生も，力動精神療法の知的土壌は西ヨーロッパの非常に狭い地域に限られていて，「スイスの北半分，ウィーンとそのごく近郊，オーストリアとハンガリーの国境にある小さなブルゲンラント，アルザス，ロレーヌ，フランス・アルプスのごく一部，南ドイツのヴュルデンベルクとバーデン両州の位置にほとんど尽きる」と指摘しています[注3]。中井先生の発想は天才的ですが，たとえ至近距離のサークルで評価されるにすぎないものでも，歴史に名を残すためには，まず良き集団に参加することです。成果主義が幅を利かせる現代の競争社会のなかでは，仲間内で認められているだけで根拠がないと言われることも多いでしょうけれど，それだけでは，優秀な若手研究者の芽を摘むことになってしまいかねない。ですから，研究の意義を理解してくれる仲間をつくることが重要でしょうね。もう1つ，大山先生がおっしゃったように，学知の質は多様なもので，すべてがすぐに役立つ知見ではない。そのことを意識しながら研究者は育っていきますから，研究論文を1本書くことで成長する部分は大きい。私は，研究論文を書くこと自体が研究者の認識を深めてくれて，できあがった研究論文はその証になりますから，研究論文は臨床の質を高めると考えています。基礎心理学系の研究論文を見ていると，学知を広くとらえている研究論文に出会う機会も多いのですが，それに比べて臨床心理学は遅れをとっていて，臨床現場に即座に還元できる知を追い求める傾向が強いと感じています。

＋**大山**__実践と研究のつながりを意識するあまり，学知に関して原理主義（ファンダメンタリズム）に陥っている。

◆**森岡**__ええ，これは本当に厄介なテーマで，臨床心理学は大きな過渡期の時代にあると考えています。

注3）中井久夫（2001）治療文化論——精神医学的再構築の試み．岩波現代文庫．

X 事例論文の書き方

◆**森岡**＿ここで，これから研究論文を書こうとしている若手研究者に視点に戻して議論を進めていきましょう。現在，『心理学研究』『心理臨床学研究』というような学会誌があるのですが，研究論文を書こうとすると，先行研究をサーベイしながら，ある特定の治療モデルに基づいて書くというのが一般的なスタイルだと思います。ただ，臨床現場で実践を進めながら研究論文を書くときに大切なことは少し違う。ここからは，現場実践から書くうえで大切にしたいことを論じていきましょう。先ほどのお話ですと，事例の扱い方についても，どのように事例をデータ化して可視化するかということに関しても，臨床現場のナラティヴや描画のありのままを分析する方法もあるでしょうし，抽象度を高めて数量化していく方法もあるでしょう。また研究のプロセスのなかで当初のプランとは異なってくるのが臨床研究では当然ですから，データの扱い方もそのつど変動していきます。現実問題として，壮大な研究テーマを設定するのは素晴らしいことですが，実際に研究論文にまとめるときはテーマを一気に特殊化していく必要もあると考えています。この特殊化の作業が大変なんですよね。ここで特殊化と呼んでいるのは，「プレイセラピー研究」というテーマ設定では広すぎて，「プレイセラピーによる自閉症児の感覚過敏性へのアプローチ」のように具体的で，先行研究も踏まえたうえで，なおかつ研究したいテーマを絞り込むということをイメージしています。これは研究指導をするうえでもなかなか骨の折れる難しい作業です。

✚**大山**＿私の研究指導では，研究論文を書くことで臨床能力も育つことを前提に指導しています。研究論文を書くときには，すでに臨床実務に携わっているなら臨床実践からテーマを探し出すのですが，大学院生ではなかなかそうはいきませんから，自分がこだわるテーマから出発することになります。そして個人的な関心にとどめず，一般的な文脈のなかでそのテーマにどのような意義があるのかを考えていくわけですよね。おそらく何らかの先行研究もあるでしょうから，そこにはインターアクションが生じます。研究は絶対に単独ではできないことですから，つねにインターアクションが起こってくる臨床にある意味でとても近い。また，観察や調査によってデータが集まってきたら，まずはそのデータに対して開かれていることも重要です。集計したデータを自分の都合で切り貼りしたりデータを補強したりするのではなく，真摯にデータに向き合い，そこから見えてくるものを実直に探っていく。それはまた研究する自分というものを組み直していくプロセスでもあって，ここでも研究論文を書くことは臨床実践にきわめて近いところがあります。

◆**森岡**＿私自身は河合隼雄先生に師事していまして，もちろん研究論文の書き方そのものを教えていただきましたが，おもしろい研究論文を重視するという姿勢も教えていただきました。指導者におもしろいと評価してもらえることは，若手研究者にとってはモティベーションを高めてくれる。河合先生は指導者として傑出した人物でもありました。臨床も研究もこのモティベーションが非常に重要になってきますから，研究仲間でも指導者でも，モティベーションを高めてくれるコーチングが必要でしょうね。

♣**酒木**＿僕自身が指導しているのは，実際の臨床実践については観察記録を丁寧に残すということです。臨床実践で起こったこと，そのときに思いついたこと，ふっと頭に湧いたこと，そのすべてを記録する。こうして観察記録をつけていくと，結局最後に何がわかるのか。クライエントを観察して記録していたつもりが，実は自分自身を観察しているということです。先ほどプレイセラピーの話をされましたが，プレイセラピーのプロセスをずっと記録していくと，最

終的に自分が「遊んであげるセラピスト」なのか「一緒に遊ぶセラピスト」なのか「遊んでもらうセラピスト」なのかがわかってくる。観察記録から自分自身のアプローチが自ずと浮かびあがってくるんですね。そこから研究論文にまとめていくにはどうすればいいか。まず，なぜそのようなタイプのアプローチになったのかを考えつつ，周辺領域をもう一度洗い直してみる。「遊んでもらうセラピスト」になってしまった必然性が何かあるはずですから，その必然性をしっかり考える。もちろん臨床の最中にそれを意識してはいけませんよ。意識しはじめたらそこでセラピーの自然の流れから外れてしまいますから。わからなくてもいいから記録を残しておいて，後からそれを読み返してみて，そこからロジックが見えてくるのを待つのです。自分は「遊んでもらうセラピスト」だということがわかったら，今度はなぜ「遊んでもらう」ことができたのか，セラピーのプロセスを見直していく。すると研究論文の柱になる部分が見えてくる。繰り返しになりますけれど，観察の先に結論があってはならない。先に結論や決まった方向性があると，恣意的で意図的になって治療者の独善的な操作が発生してしまい，臨床もうまくいかなくなるし，研究論文もうまくいくはずがありません。

森岡 正芳

◆**森岡**＿非常に人工的になって新しい知見も消えてしまいますよね。酒木先生の指導は，観察と記録をひたすら積み上げていくという指導ですね。

╋**大山**＿事例研究の難しさのひとつは，観察記録から研究論文のために取捨選択をせざるをえないところにあるように思います。特にケースビネットは事例全体をある視点で切り分けて紹介するという側面がありますが，それが恣意的にならないための吟味が不可欠ですね。

◆**森岡**＿自分の見たいものしか書いていないとしたら，その研究者の世界が表われているだけです。自分のチャートにもとづいてデータを研究論文としてまとめても，研究者からすれば書きやすいけれど，それでは単なる自己確認の域を出ない。読者に役立つ公共性が欠けてしまっているということですよね。

XI 人称世界という臨床の原理

╋**大山**＿先ほど酒木先生が，観察記録をつけていると自分を観察していることがわかるとおっしゃいましたが，現象に内在すればするほど逆説的に自分を観察していることで，非常におもしろいお話でした。自分という文脈を超えて記述すること，つまり研究論文を書くということは，まずその前提としてどこか徹底的に自分に向き合っていかなくてはならない部分があるということですよね。ケースを記述するとき，普通は「セラピスト」と自分を対象化して書きますが，「私」と一人称で書いてみると全く違う世界が現われる。「私」という一人称で記述することで，ケースの記述のために切り離していたものが息を吹き返す。とても居心地が悪いことだし，自分の見方が一度は崩れるのですが，この作業を一度経て記述することで，ケースが生き生きとしてくる。

◆**森岡**＿それは研究論文のトレーニングにもなるかもしれませんが，もう少し大きな意味があり

そうです。研究において「私」という一人称を導入することは，無人称という科学記述の原則に反するものですが，そこに人称世界を導き入れることになります。臨床現場は人称世界ですから，本来は対話やナラティヴやストーリーが臨床研究と臨床実践を貫く原理のはずです。大山先生がおっしゃった研究論文を「私」という一人称で書いてみるという試みは，もっと重視されてもいいのかもしれません。

♣酒木＿＿それに関連するかどうかは怪しいけれど，以前経験したことがあるケースを紹介させてください。このケースはクライエントではなくクライエントの母親との面接でした。ご自身の息子の不登校の問題で来談して「私にはもう夢も希望もないです」と言っていたのですが，面接も3回目くらいになって私から「どうですか？」と聞くと，下を向いて真っ赤な顔をして怒っている。それで思い切って「どうして話さないのですか？」と聞いてみました。要するに，「あなたはお子さんのことで僕のところに相談に来たのだから，お子さんのことを話してもらわないとアドバイスのしようがないじゃないですか」というような意味のことを伝えたわけですが，するとその母親は「先生もみんなと同じ考えですか！」と言い放って帰ってしまった。その臨床的意味は何だったのかと考えていたのですが，ずっとあとになって臨床実践という枠を超えた事態がそこに発生していることに気がつきました。それまで息子にしがみついてい母親が今度は僕にしがみつこうとした瞬間だったんですよ。僕は「どうして話さないのですか？」とちょっとした批判を含めて質問したのですが，それは母親のしがみつきを僕が拒絶した瞬間でした。ただ，拒絶された瞬間に母親は怒りだしたのですが，それまで没交渉だった夫と話をするようにもなった。その話題は何かというと，ずっと酒木の悪口ばかり（笑）。やがてそうこうしているうちに息子が不登校から脱して自立していった。何とも不可思議な現象ですが，僕はこれを「身代わりセラピー」と呼ぶことにしました。

✚大山＿＿通常言われるのとは異なる意味での転移性治癒ですね。

♣酒木＿＿事象だけを追ってみると，あのとき発生していたのはネガティブな事態ばかり。でも，それが見えないところでポジティブな臨床的要素をもっていた。僕に対して攻撃的になって怒りをぶつけているうちに，断絶していた夫との関係が戻って，息子も不登校から脱しているわけだから。このことで息子さんは解放されたんだと僕は考えています。それまではシンナーをやったり軽いアルコール依存のようになっていたけれど，母親の監視から逃れることができたのをきっかけに，ようやく自立できて，彼女もできて，すっかり良くなった。一見すると失敗としか言えないケースの裏側を考えてみると，僕の経験した「身代わりセラピー」のような事態がいくらでもあると思います。

◆森岡＿＿臨床現場は錯綜した複雑な要素が混在しているはずですが，渦中にいるうちはなかなかそれが見えてこない。しかし，同じ事象でも文脈を変えると全く異なる意味をもってくる。人称性を導入することで研究論文に動きが生まれるというテーマを大山先生がご紹介くださったけれど，そこにも共通するテーマですね。

✚大山＿＿先ほどの「身代わりセラピー」は，「私」に不意打ちのように現われてきたもので，「私」という一人称で研究論文を記述する意義も大きいように思います。またこれは，先ほど森岡先生がおっしゃった研究テーマを特殊化していくということにも関連すると思います。私たちはどうしても局所的な物の見方しかできないわけで，見えないものが支配する全体を捉えることは原理的に不可能です。だからこそ「私」が臨床現場でクライエントに出会うなかで立ち現われてくるものがある。そこで驚き，悩み，苦しんだところに，まさに臨床の知が立ち現われるのではないでしょうか。

◆**森岡**__なるほど。その意味では，先ほどの「身代わりセラピー」は実践即研究／研究即実践の好例ですね。臨床実践で立ち現われてくるものの発見は，もちろん臨床的にも意味をもちますが，それを観察と記述が下支えしている。事例研究のひとつの模範ですね。

XII　倫理と守秘と研究

◆**森岡**__研究論文を書くことと密接な関係があるテーマとして，私が最近関心をもっていて，ここでも共有したいと考えているのは，当事者というテーマです。近年，何らかの症状や障害や困難を抱えた方々が進んで自分自身のことを表現しはじめていますよね。いわゆる当事者研究と言われる，当事者による当事者自身についての研究です。この当事者研究が，支援の公共性や研究の倫理などに鋭く問題提起を突き付けています。当事者研究は広義のフィールドワークとして位置づけられるかもしれませんが，支援者としてもこの動向から力を得て，当事者を研究協力者とする研究ができないかと考えています。当事者と共同で観察記録を読んで率直な感想を聞き，それを研究内容に組み込んでいくような研究論文が，決して珍しくない時代になっていくのではないでしょうか。これは何も臨床心理学に限ったことではありません。医療も看護も福祉も保育も含めたケア全般に共通する課題であり，これからの希望でもあるように思っています。その先駆者は「浦河べてるの家」ですよね。自助グループを含む当事者にも研究に参加していただいて専門家と協働していく作業が始まって久しいわけで，臨床心理学の今後を左右する大きな課題だと思います。

　しかしここで同時に浮上してくるのが研究倫理という問題です。この研究倫理が守秘義務に限定されて考えられる傾向がありますが，それは学問の発展に壁をつくることになりますし，研究論文も人工的で断片的，それこそ人称性も消えてしまったモザイク状の研究になってしまいかねない。今は博士論文が受理されるとウェブ上で公表することが一般的ですが，事例研究論文の場合，ここで研究倫理と守秘義務の問題に衝突することになります。仮にクライエントから事例研究論文にまとめる許可を得ていても，ウェブ公開となるとアクセスもより簡単になって多くの人の目に触れる可能性が生じますから，話は違ってきます。本人が特定されないように個人情報を部分的に伏せたり，場合によっては，どこかの章を削除するようなこともあるかもしれない。これでは他領域から見て，果たして学問的価値があるのかと批判されても反論は難しい。

✚**大山**__クライエントが読んで納得がいく事例研究論文でなければ本末転倒ですから，事例研究がある種の協働研究となるのは必然的なことだと思います。支援者からの理解とクライエントの理解にはギャップが生じて当然だと思いますが，このギャップを語り合いながら擦り合わせていくことで初めて生まれる理解もあるでしょう。ですから，事例をめぐって双方が歩んできた過程を双方の物語として書くのでなければ，そしてクライエントに読ませられないとしたら，たとえクライエントの許可を得たといっても非常に不十分な研究論文にすぎないと私は考えています。

◆**森岡**__クライエントに許可を打診するということも微妙な問題をはらんでいますよね。ほぼ皆さん承諾してくださいますが，あくまでセラピストとクライエントの不均衡な関係のなかでのことですから。とはいえ，クライエントに事例研究を読んでもらうこと，また事例研究を発表すること，これらを含む問題は非常に大きく，この困難な課題をクリアすることが臨床心理学のミッションと言えるかもしれません。

♣**酒木**__ここで少し医学的研究に関しても倫理規約をおさらいしてみましょうか。森岡先生の問題提起にも関連することですから。医療的研究

にも当然制約があって，ヘルシンキ宣言[注4]に基づいて同意書を取得するという手順があります。僕はその委員会の委員にもなっているのですが，会議ではドクターが説明する新しい研究計画に問題点がないかチェックしていきます。これが非常に緻密な作業で，少しでも手順に不備があったら研究計画はリジェクトされてしまいます。

◆**森岡**＿＿徹底して基準を定めて遵守するということは，もちろん患者の公益性を考えてのことで，別の見方をすれば医療訴訟などへの未然の対応でもあるわけですよね。この医療的研究の方針には，臨床心理学も見習うべきところがあるでしょう。少し乱暴な言葉遣いですが，クライエントの利益をかえりみない支援者の「暴走」を規制するという役割もあるわけですから。

♣**酒木**＿＿このタイプの「暴走」は生物科学の世界でも起こりうるもので，たとえば動物実験の規制も細かく規定されていたりします。一方，心理学領域で同じように規定をまとめようとすると，心という目に見えないものを対象としているだけに，明確に定めにくいところもある。だから，臨床心理学においてどのような倫理規定を設定していくかということは，まだ議論の途上でしょう。

◆**森岡**＿＿これはわれわれ臨床心理職の共通課題ですね。

注4) ヘルシンキ宣言は，1947年6月ナチスドイツの人体実験への反省から生まれたニュルンベルク綱領を受け，1964年フィンランドの首都ヘルシンキで開かれた世界医師会第18回総会で，医学研究者の自主規制を目的として採択された人体実験に対する倫理規範。正式名称は「ヒトを対象とする医学研究の倫理的原則」。日本でもすべての大学医学部，医科大学，および主要な研究機関に倫理審査委員会が自主設置されている。ヘルシンキ宣言の基本原則として以下の5項目が挙げられる——1. 患者・被験者福利の尊重，2. 本人の自発的・自由意思による参加，3. インフォームド・コンセント取得の必要，4. 倫理審査委員会の存在，5. 常識的な医学研究であること。

♣**酒木**＿＿そうですね。僕自身，公表したい事例はいくらでもあって，クライエントの許可も得てはいるのですが，研究論文として公表するにはあまりに事態が複雑で過激であって，いつも踏みとどまってしまう。そのような事例を公表すれば臨床心理学の水準も評価も向上するのではないかとも想像します。ですが，今は踏みとどまらざるをえないということは，僕自身にとっても，また臨床心理学の世界にとっても，すべてを受け入れるだけの下地が整っていないということの表われかもしれない。最悪のケースは，臨床心理学の自主規制から外れて独り歩きしたとき。事例の公表については，慎重すぎるに越したことはないというのが僕の考えかな。

◆**森岡**＿＿たしかにこれはクライエントに必ず何らかの影響を与えることですし，臨床現場で生じるさまざまな事象の公表はクライエントの利益になってこそ意味があるわけですから，その点をつねに認識しておく必要がありますね。

＊＊＊

◆**森岡**＿＿与えられた時間も終わりが近づいてきました。研究や実践を根本から考えていらっしゃる二人の先生方と多方面にわたる議論を展開できたことは，私自身，非常に勉強になることも多く，また感動的でもありました。

✚**大山**＿＿私の最大の収穫は，酒木先生のお考えを存分におうかがいできたことです。まさに学問の鉄人と呼ぶべき博覧強記で，次から次へと展開される新たな議論に強い刺激を受けました。

♣**酒木**＿＿今日はお二人とお話をさせていただいて，いくつかの質問にも答えることもできたと思うし，僕自身の考えもより明確になってきたところが多々ありました。本当に今日はありがとうございました。

●2014年6月7日，アルカディア市ヶ谷にて収録

http://kongoshuppan.co.jp/

治療的アセスメントの理論と実践
クライアントの靴を履いて
スティーブン・E・フィン著／野田昌道，中村紀子訳

　治療的アセスメントは，ロールシャッハとMMPIのテストバッテリー，カップルが共同参加するコンセンサス・ロールシャッハを活用し，法則定立的なテスト結果に光輝くクライアントの個性記述的な意味（idiographic meaning）を発見しながら，査定者が治療者となるプロセスでもある。しかし「共感の拡大鏡」を駆使する査定者は，クライアントの根源的な「真実」を探査するのではない。査定者が提示するのは，クライアントの想像を超えたクライアント自身の「物語」である。体系的理論と具体的事例から学ぶ，クライアントへの深い共感に裏打ちされたヒューマニスティックなアセスメントの方法論。　　　　　　　　　　　　　　　　　　　　　　　　　4,500円

いじめサインの見抜き方
加納寛子著

　いじめは常に起きており，多様化しながら子どもたちを取り込んでいる。SNSは新たな"いじめツール"となり，いじめそのものもエンターテインメント化している。これら現代的いじめの特徴を踏まえ，深刻な事態に陥らないよう解決を図っていくためには，早期発見と早期対処しかない。
　第1部では，従来型のいじめはもとよりネット社会におけるさまざまないじめの諸相を15章にわたり解説し，第2部では机，持ち物，表情や言動，そしてSNSなどから予兆を見つける手法を明らかにする。第3部では，関係機関との連携も含めた具体的対応策を提示した。読み進んでいく各章ごとに，読者はいじめの見とりと手立ての鍵を手に入れていくことになる。　　　　　　　　　　　　　　　　　2,400円

MMPIで学ぶ 心理査定フィードバック面接マニュアル
S・E・フィン著／田澤安弘，酒木　保訳　心理テストの後にクライアントと行なわれる，心理査定のフィードバックをいかに進めるかを，わかりやすくステップごとに解説した手引書。　　　2,200円

ロールシャッハ・テスト
J・E・エクスナー著／中村紀子，野田昌道監訳　ロールシャッハ・テストの施行法や解釈の原理，テストの成り立ち，性質，基礎的研究がすべて網羅されるとともにその最新の姿を伝える。　18,000円

認知行動療法を活用した
子どもの教室マネジメント
ウェブスター-ストラットン著／佐藤正二，佐藤容子監訳　教師と親が協力する方法を探る，実践的な学級マネジメント指導書。　　　　　　　2,900円

CRAFT ひきこもりの家族支援ワークブック
境　泉洋，野中俊介著　若者がやる気になるために家族ができることとは？　認知行動療法の技法を応用した，ひきこもりの若者支援に有効な，家族と一緒に取り組める治療プログラム。　　　2,800円

Ψ 金剛出版　〒112-0005　東京都文京区水道1-5-16　URL http://kongoshuppan.co.jp/
Tel. 03-3815-6661　Fax. 03-3818-6848　e-mail　kongo@kongoshuppan.co.jp

（価格は税抜表示です）

私の臨床心理学研究論文の書き方

Ⅲ

私の臨床心理学研究論文の書き方①

大山泰宏 *Yasuhiro Oyama* ● 京都大学

I　はじめに

　臨床心理学は，多様な理論的背景と方法論を含んだ実践的な学問である。とりわけ日本では，臨床心理学とカウンセリング心理学とが分かちがたく融合し，理論的立場も多くのものが混在している。また，臨床心理学の中心を担う臨床心理士の職域も，医療・保健，教育，司法・矯正などに，幅広く及んでいる。それぞれの領域において知見の積み重ねがあり，異なる他職種との協同がある。当然，その実践のなかから蓄積されていく知も多様であり，異なる問題意識にもとづき，時には異なる方法によって探索され，異なる実践者・研究者集団へ向けて発信される。本特集号においても，こうした職域に応じた研究論文の書き方が扱われているように，臨床心理学における研究論文について考察する際には，こうした多様性への目配りが不可欠である。

　その一方で，多様な領域や理論に通底する臨床心理学の研究，あるいは研究論文の特徴というものはないであろうか。心理臨床という概念が，多様な臨床心理学の諸領域をつないでいくアイデンティティであるように，臨床心理学研究のアイデンティティ，あるいは本質のようなものはないであろうか。

　臨床心理学の研究は，臨床の実践と分かちがたく結びついている。研究は実践の場から出でて，実践の場に還っていく。そうした研究と実践との結びつきという問題意識は，臨床心理学の実践家，研究者，臨床心理学を志す者を捉えつづけるテーマである。「この研究は，臨床にどう結びつくのか」という問いは，しばしば自問されるばかりでなく，指導者からもよく言われるものである。しかし，この問いに対してしっかり答えるのは案外難しい。本稿では，このテーマを中心に据えつつ，臨床心理学の研究について考えていることを述べてみたい。

II　統計的研究の限界

　臨床の実践に結びつく研究ということを，もっとも狭い意味で解釈すると，まずは，臨床実践から出てきた知見で，臨床実践にすぐに応用・還元できるようなものということになろう。たとえば，特定の臨床上の技法や介入の効果研究であるとか，他が参考とできるような臨床実践の報告などがそうである。特に前者の効果研究の場合，治験の積み重ねのエビデンスが示しやすく実証的な体裁を纏いやすいため，そうした研究でなければ正統な研究とは言えないと主張するような議論を聞くこともある。しかし，効果研究のような方究

が可能なのは，実は臨床心理学のなかでは，かなり特殊な限定された研究である。精神科医の中井久夫は，「一人の精神科医の自然的限界」(1979)という論考の1982年の付記のなかで，一人の精神科医が27年余の活動期間のあいだに診ることができる患者の数は，そのキャパシティからすればせいぜい数百人に留まるということをふまえ，「(特に)統合失調症のような多様な患者を一人の医師が克明に診察して，その記録にもとづいて，統計的に有意な結論を出すことはほとんどおこりえない」と述べている。これと同じことは，心理療法家にも当てはまるであろう。一人の心理臨床家が一生のあいだに担当できるケース数は，そう多くはない。大がかりな共同研究をおこなったり，比較的短期で終了する技法や方法論でセラピーをおこなったりするのでない限り，推計学的な方法から検証が可能になるだけの十分なサンプル数を個人の臨床家が集めることは，ほとんど困難である。しかも，ひとつひとつの事例を詳細に検討するほど，その個別性は際立ってくる。複数のセラピストがそれぞれに担当した複数の事例をカテゴリーに括って，それらの共通性を抜き出して一般化するようなことは，よほど事例を単純化してしまうか，あるいは，セラピストの関わりの要因を捨象して，事例の見立てに対応した方法論を機械的に当てはめてセラピーをおこなうかといった方法でなければ成立しえない。心理療法の多くの場合，とりわけ力動的な方法論に立つ場合は，比較的少数の事例をもとに知見を見出すような研究をおこなわねばならない運命にある。

III 臨床における実証の方法

では，少数の事例をもとに研究をしていかねばならないとしたら，どのような実証の方法があるのだろうか。筆者は，事例にもとづく研究法に関して，「黒いカラス」型の研究と「白いカラス」型の研究という対比を考えている(大山, 2012)。一言で言えば，前者は仮説実証型の研究であり，後者は仮説生成・発見的な研究に該当する。

「黒いカラス」を証明すること，すなわち「あらゆるカラスは黒い」という全称命題を抜かりなく実証するためには，あらゆるカラスを調べる必要がある。しかしそれは不可能であるため，すべてのカラスという母集団から代表性のある適切なサンプリングをおこない，そのサンプルから得られる知見が母集団全体に対する知見と異なっていない確率(正確には，「異なってしまう恐れ」がある危険率)を計算して，その確からしさで母集団全体に一般的に当てはまる記述を得るという推計学方法がとられる。

これに対して，「白いカラス」を証明することは，「白いカラスもいる」という存在命題を実証するものである。それを科学的に実証するためには，一羽でも白いカラスを発見して提示すればいい。一事例を提示する研究が意味をなすひとつの場合は，このような「白いカラス」型の研究であろう。しかし，この種の研究の場合，はたしてその一事例が新たな発見となりうるのかどうかを見極めるためには，現在の主潮となっている言説や理論，先行研究での到達点をしっかりと知っておく必要がある。「黒いカラスもいる」というあたりまえの仮説では何の意味もなく，また，「私は，ハシブトカラスだけかと思っていたが，ハシボソカラスもいることを知った」ということの報告では，本人にとっては(あるいは訓練的な)意味はあろうが，学術的な意味はない。臨床心理学の研究に引きつけて言えば，自分が論じようとしている対象に関して，臨床心理学の言説ではどのようなことがこれまで言われていたのかに関して，よくよく知っておく必要があるのである。すなわち，「白いカラス」型の研究では，先行研究の吟味が，「黒いカラス」型の研究以上に大切になる。また「白いカラス」型の研究では，その知見が発信される「宛て先」も重要である。臨床心理学の研究の「宛て先」は，その言説を共有している集団，すなわち臨床心理学の研究者・実践者の集団ということになる。こうした実践者集団が，どの

ような知を作り出し継承してきたのか、そしてその到達点と限界はどこにあるのかという、専門家集団の言説を研究する側面を含むことになるのである。

IV　プラクティカルでない研究の重要性

　ここまで述べてきた、臨床実践をもとにした研究では、特定の臨床上の技法や介入の効果研究、あるいは他が参考とできるような臨床実践の報告といった、研究結果がすぐさま臨床実践に還元されることを前提としていた。つまり、「臨床の実践に結びつく」ということを、「プラクティカル（実際的）に役に立つ」道具的な知に限定して考えていた。道具的な知、すぐにでも実践につながるプラクティカルな知を与えてくれるような研究は必要であるが、そればかりでは不十分である。たとえば医学において基礎医学が重要であるように、あるいは工学でも抽象的で数学に近いような研究も重要であるように、臨床心理学においても、すぐに役に立つかどうか分からないような研究でも、臨床の実践につながっていくことはいくらでもありうる。要するに知というものは、道具的な知ばかりではない。私たちの認識や思考法を変えたり心を耕したりしてくれるような知、感性を豊かにしてくれるような知も多くあり、臨床心理学は、そうした知こそを大切にしてきたはずである。

　とはいえ、「臨床に道具的に役立つわけではない研究」が、すべてそのまま、いつかどこかで何らかの形で臨床に結びつくという楽観的な見方ができるわけではない。道具的に結びつくのでないとしたら、では、どのような結びつき方があるのか、そして臨床に結びつくという研究はいったいどのようなものなのかという、よりいっそう困難で厳しい問いかけが待っている。道具的にすぐに役立つわけではないが、臨床の実践や現場につながっていく研究とはどのようなものなのか、そうした研究とそうでない研究とを分けるのはいった

いどのような点なのだろうか。この点を、まだ発展途上で評価も定まっておらず進展しつつある研究自体がもっている性質から論じるのは大変に困難なことである。本稿は「私の臨床心理学研究論文の書き方」というタイトルで、書く側の態度や姿勢について述べることを許されているので、その観点から論じてみたい。

V　臨床につながる研究の諸条件

　臨床の実践と自分の研究とが緊密につながるために大切なことは、まず、内的必然性とでもいうべきものに導かれていくことであるように思える。自分がその研究に惹かれ、探究したいと思う必然性があることであり、別の言い方をすれば、心底面白いと思えるような研究テーマに出会い、それを大切にすることである。こうした内的必然性は、言語的にははっきりと説明できないことも多い。また、私たちがある思いつきをもったり、直観を得たりしたとしても、それはきわめて個人的なこだわりであったり悩みであったりすることも多い。問題はそうした個人的な興味や悩みを、普遍的な水準にまで深めていくことができるかどうかである。そのためには2つのことをやり抜かねばならない。

　ひとつは、自分の着想を検証しつづけ、より広い文脈のなかに位置づけていくことである。自分が抱いている問題意識や疑問と似たような問いを、かつて誰かが探究していなかったかを探り、また、自分の問題意識は臨床心理学の体系のなかでどのように位置付けられるかを探らねばならない。これは要するに先行研究を丹念にリサーチすることである。学生を指導していると、しばしば「先行研究が見つからない」という言葉を耳にする。多くの場合は当人の検索不足であるが、現在のmajor discourseを形成するような研究からは、関連するものが見つけられない場合もある。外国語で書かれた文献や論文、さらには、臨床心理学の近接分野（人類学、民俗学、宗教学など）に、

むしろ関連する研究があったりする。また、まさにぴったりくるものがなかったとしても、こうした検索を続けていると、類似の先行研究では十分に到達できていなかったところや、自分の研究の着想のオリジナリティが見えてくるようになる。そのときに、自分の問題意識は普遍的となり、また、それを言語化することができるようになると言えよう。

個人の内的必然性が学問的普遍性にまで深められていくために、もう一点重要なのは、自分の問題意識に対して、のめり込みすぎず否定もしない、半身の構えであろう。これは、自分の興味や問題意識を批判的に検討しつづけていく態度であり、先行研究のリサーチを続けることを下支えするものでもある。内的必然性から研究をおこなっている際には、果たしてこの研究やテーマには意味があるのか、臨床につながるのかという疑問や不安が、必ずつきまとう。この点が、面白半分の研究と本当に面白い研究を支える大切な点であるように思える。興味本意であったり面白半分から始められた研究は、最初からそうした真摯な不安と批判的精神を放棄してしまっている。不安と逡巡に支えられてこそ、自分の問題意識をもっと普遍的なものに深めていこうという動機づけと行動が生まれてくるのである。

研究をおこなっているとき、はっと驚くこと、閃いて心の底から感動することは、稀ではあるが起こりうる。しかし研究のプロセスのほとんどは、辛抱強さが必要なきわめて地道な作業である。丹念に積み重ねていっても、結果が思わしくなかったり、当たり前のことしか見えてこなかったり、結果を導いていくための検証の積み重ねが大変であったりする。それでも、時に心が動く瞬間があるということを支えに研究は進んでいく。このように、仄かな希望に支えられながら曖昧で先行きの見えないプロセスを歩んでいくことは、心理療法のプロセスにも等しい。

さて、研究がいよいよ次第に形をなしてまとまってきたとき、そこに表れてくるのは、個人差もあろうが私の場合は、「新たなことが見つかった、分からないことが分かるようになった」という興奮というよりも、「自分が見出したり考察したりしたことは、結局は当たり前のことだった」という、多少がっかりした気持ちである。これは私だけでなく、多くの学生たちが、論文を書き上げた後に感じる気持ちでもあるようである。これは後ろ向きの気持ちというより、その研究をしっかりおこなうことができたかどうかを判断する条件となる。というのも、本当の意味で自分の認識が変わることに寄与したり、自家薬籠中のものとなったりしたものは、自分自身にとっては当たり前になってしまうからである。今の自分自身の根拠というようなものになっていれば、それはもはや自明なものであり、新奇さは自分には失われてしまっているのである。

VI　学術論文以外の論文の重要さ

さて、ここまでは、あくまでも論文というものを、学術誌に掲載されるような論文に限定して論じてきた。しかし、臨床心理学の研究論文の場合、心を耕したり感性を豊かにしてくれたりするような論文は、その範疇にはおさまりきらない。たとえばそれを読んで、自分の心が震えるような臨床心理学のエッセイ風の文章、それを読むことで元気が出てくるような論考などが、臨床心理学へ与える意義というものは無視できない。エビデンスのある特定の技法を知ることより、クライエントに関わるセラピストの心が震え、自己確信や意欲が出て、支えられる感じがし、また、凝り固まっていた見方がほぐれていくような論考は、たとえ学術論文でなくとも優れた論文だと言えよう。そうした論文は、査読された学術論文というよりも、もっと自由な立場で書くことのできる紙面に見られるものである。この『臨床心理学』という雑誌は、まさに学術論文としては位置づけにくいような論考も掲載され発信されることが期待されるものであり、その役割をこれからも残して

いってほしいと思っている。

　研究をおこなうに際して、学術誌のスタイルを理想的なものとして、他のスタイルは価値が劣るとしたり、あるいは、学術誌に掲載されている論文こそが優れた論文であると考えたりすることは、必ずしも正しくない。学術論文は、たしかに一定の基準と審査をクリアしたものであり、その点では一定のクオリティが保証されているものであろう。しかしながら、学術論文だけが臨床心理学の論文として質が高いという認識、あるいはそれと同じことだが、学術論文以外の論考は学術的に意味がないと考えてしまうのは、非論理的である。フロイトの書いた精神分析の論文で学会誌の「査読」があったものは、一本もない。他の著者によるものでも、古典と呼ばれる記念碑的な重要論文で査読を経ていないものは多い。もちろん誰もがフロイトのような書き手になれるわけではないし、査読など必要ないと言っているのではない。学会誌に掲載されているかどうか、査読を経ているかどうかといった外的な基準のみに頼ってしまうのではなく、自分でその価値を嗅ぎ分け判断できる知性と感性を育てたいと思うのである。

学術論文とは（掲載された学会誌の査読システムが正しく機能しているという前提であるが）、目利きによる鑑定書がついているようなものである。学会誌に載った論文を読んでいくということは、そうした意味で、自分の目を育てていくことにもつながる。しかし、いずれは、自分の目で判断できるようになることが望ましい。さらに言えば、学術論文であろうが、臨床エッセイであろうが、どれが優れたものであるかを嗅ぎ分けることができる嗅覚のようなものが欲しいところである。それは一種の審美眼といってもよい。そうした感覚をもてることこそが、良い研究をして良い論文を書いていくために何より大切なものだと思える。

▶文献

中井久夫（1979）一人の精神科医の"自然的"限界（1982年付記あり）．In：中井久夫（2011）つながりの精神病理．ちくま学芸文庫，pp.314-319.

大山泰宏（2010）巻頭言――『事例紀要』における「事例研究」の意義．臨床心理事例研究（京都大学大学院教育学研究科心理教育相談室紀要）37；1-4.

私の臨床心理学研究論文の書き方②
伝えたいことを伝えていくために

永田雅子 *Masako Nagata* ● 名古屋大学発達心理精神科学教育研究センター

I　はじめに

　臨床心理学は，"臨床"と冠しているように，日々の臨床実践のなかから得られた問題意識を土台にして発展してきた。私たちが臨床心理士として目の前の人に出会うとき，専門家としてどう出会うのか……それは，職人技のように行っていくものではなく，職能集団として実証データに基づいて，責任をもって活動をしていくことが求められる。また，研究は何のためにあるのか。それは，臨床心理学の学問的発展をめざし，実証に基づいた有効な支援の在り方を広く社会に認めてもらい，より多くの人にとって利益のある学問として臨床心理学を確立していくことにあるのではないだろうか。実践と研究の両立が臨床心理学の命題であり，どちらも切っても切り離せないものであるといえるかもしれない。

　筆者は，大学院修了後，臨床を中心に活動を行い，それから10年以上経って，これまで積み重ねてきた研究を基に博士号を取得し，大学の教員として現在は活動している。本論では臨床実践と研究について，臨床の場のなかで行う研究と教育研究職として行う研究についての違いとその際意識していることを，自分自身の活動を振り返りながら述べていきたい。

II　私の研究事始め

　大学院時代に大学病院の小児科で研修から非常勤として勤務し，研究グループの一員として学会発表や論文執筆を共同で行っていくという貴重な経験を得ることができた。そこでは臨床と研究は同一のものとして存在しており，外来受診した子どもたちの姿から，研究の内容を修正し発展させ，また外来のなかで生かしていくということが当たり前のように行われていた。その経験と並行して，私が大学院を修了して働き始めたのは，周産期医療の現場だった。当時は，周産期医療の場のなかに，臨床心理士がスタッフの一人として勤務することはあまり前例がなく，今まで臨床心理士の参画がなかったために，臨床と共にそこで得た知見を周産期領域に還元するということが求められた。つまり，「周産期領域になぜ心の専門家が必要なのか」「臨床心理学的援助は何の役に立つのか」ということを実証するとともに，臨床心理士からの知見を医療の現場にフィードバックすることを求められていた。当時の小児科の部長は，周産期医療の場のなかに臨床心理士がいることを非常に期待してくれており，全国の周産期医療の場に臨床心理士の雇用を確保し，その地位をつくっていくためには，学会や論文で研究を発表

していかなければならないと強く後押しをしていただいた。臨床心理学的な視点を周産期医療の領域で多職種に理解をしてもらい，家族と赤ちゃんにとって必要な支援を届けていくためには，それを研究としてまとめ，客観的に論理的にも実証していくことが必要であった。研究の目的は，臨床心理学の視点を周産期医療の現場に還元することで，NICU（新生児集中治療室）や産科でのケアを変えていくという「質の向上」であり，周産期医療領域での臨床心理士の地位を確立していくことであった。

実際の臨床においては迷いと問いの連続でもあった。生まれたばかりの赤ちゃんが入院となったとき，お母さんと子どもがどういったプロセスを経て関係を育てていくのか，ハイリスクで生まれた子どもたちがどういう風に発達していくのか，そうしたことが何もわからない状態で臨床が始まった。目の前の赤ちゃんや家族に出会っていくとき，自分を支えてくれる知見が少なく，そうした迷いや臨床のなかで得られた気づきを実証していくというプロセスが，そのまま研究につながっていった。研究の内容は，スタッフの一人として「限定された母集団」のなかで，貴重なデータを得て分析をしたもの，1事例あるいは数事例とのかかわりから丁寧に分析したものが中心だった。たとえば，極低出生体重児のお母さんすべてにお会いし，語られた内容を時系列的に分析することで，その心理プロセスを検討していくという研究につながったものもある。またNICU退院児に被虐待児が多いという報告があるが，そんな印象はないという素朴な疑問から，フォローアップを行いながら関係機関と結びついた事例を検証しなおしていったりするなど，臨床と並行して研究が進んでいった。問題意識や研究の視点の一つひとつは，家族から教えてもらったり，職種の違うスタッフとディスカッションを重ねたりするなかで生まれてきたものも多かった。また，研究発表をする場合は，可能な限りカンファレンスで予演を行い，発表後はスタッフに報告をするということを意識していった。そのプロセスのなかで，心理学領域では当たり前であったことが当たり前ではないこと，心理学の用語が他の職種には伝わらないことを何度も体験した。相手に伝わるようにするにはどうすればいいのかということをいつも問われていたように思うし，心理学の知見をきちんと"伝えたい"という思いが強い研究の動機だったように思う。

少しずつ，医療で活動する仲間が増え，それぞれの仲間が発表をし，周産期医療の場全体が，心理士の活動と役割について共有するようになっていった。2010年，周産期医療整備体制整備指針の改正のときに，これまでの周産期医療に関連した臨床心理士の研究論文の提出を求められ，これまでの実績が認められる形で，整備指針に臨床心理士等臨床心理技術者の雇用が位置づけられた。そして2010年の改正以降，全国の周産母子センターに臨床心理士が急激なペースで雇用されるようになってきている。

日々の臨床のなかでは，その日その日，目の前の人にお会いすることで精いっぱいになりがちである。しかし，研究としてまとめていくということは，一度足を止め，振り返り，もう一度とらえなおしをしていく作業でもある。もしかしたら周産期医療の場のなかにいた臨床心理士が日々の臨床に追われ，そこで得られた知見を学会発表や論文としてまとめていなかったとしたら，いくら私たちや現場が臨床心理士の必要性を訴えたとしても，その実証データに乏しく，社会的に認められなかっただろう。臨床心理学の発展は，臨床心理士の活動領域の広がりと切っても切り離せないものであり，活動領域の広がりと臨床心理学研究の命題の広がりは同時並行的に起こってくるものではないだろうか。

III　教育・研究職の立場で考えていること

　現在は，大学の教員となり，臨床の場から離れたところで研究を行うようになった。スタッフではない今は，臨床データの収集は自分では難しく，研究対象機関に勤務する研究協力者に倫理委員会の申請や必要な手配，調整などを一手にお願いしなければならなくなった。今まで以上に研究の意義を明確にし，相手機関にかける手間に見合うだけの成果を上げることも求められるようになってきていると感じている。またスタッフとしてかかわりながらデータの収集をお願いしていたときは，「○○先生の研究であれば」と協力していただくことができたが，今は別の人にお願いしてもらうことになり，研究者の顔は見えない。そのため研究協力者との信頼関係が構築されていないと研究を進めることが難しいという側面も存在する。今まで以上に関係機関との調整に心を砕き，さまざまな人の協力を得て実施するものとなった。つまり個人や一機関での研究ではなく，共同で他機関の協力を得て実施するものへと変化してきており，違う立場の意見を集約し，議論をし，一緒に研究を進めていくというプロセスへと変化している。そこでは，自分の興味だけではなく，研究としていかに意味のあるものなのかということがより問われているように感じている。

　現実的にも，大学の本務が優先されることもあり，これまでのように臨床の場のなかで生じた疑問や問題意識から，先行研究にあたり，研究計画を立て，臨床場面と突き合わせながら研究を進めていくことは難しくなった。また時間が細切れとなってしまったことで，一つひとつのケースについてじっくりと向き合い，何度も自分のなかで吟味し，このケースから私自身が教えてもらったことを還元しなければならないという強い意識のなかで事例研究としてまとめていくこともできていないように感じている。一方で，学会や研究の会議等のなかで，研究者の立場でさまざまな領域の研究者とディスカッションをしていくことが増え，全体的な流れのなかで，あらためて今しなければならないことは何か，そのなかで自分が取りうる役割は何かということを問われ，自分だからこそ可能な研究をしていかなければならないと感じるようになっている。

　現場から離れ，大学の教員という立場だけで活動していると，知識として入ってくる情報に左右され，何を大事にしなければならないのか，今何が求められているのかということが，本当の意味でつかめなくなってしまう気がしている。そのためにも教員としての肩書を離れ，一人の臨床心理士として臨床の場にかかわりつづけるということが，問題意識を維持し，研究の動機にもつながっていくのではないかと感じている。私は周産期から乳幼児期を専門としていることもあり，目の前にいる子どもや家族がよりよく生きていくために，私が研究として伝えなくてはならないことは何なのかということが，いつも頭の隅にはあるように思う。何を大事にしていかなければないのか，またそれを周囲にもわかってもらえるにはどういったことをしていかなければならないのか，その一つひとつを目の前の出会いのなかから吟味していくことは，これからも忘れないようにやっていきたいと感じている。

IV　研究指導のなかで感じていること

　大学の教員の一つの大事な仕事は，学生や院生の研究の指導である。そのなかで必ず伝えているのは，最初にその研究をしたいと思った原点を大事にしてほしいということである。

　さまざまな領域での人との出会いと関わりから生じた疑問を，いかに研究につなげていくのかということが基本であり，迷ったときはその原点に戻るということの繰り返しを絶やさないでほしいと伝えている。臨床心理学の研究の芽は，人とのかかわりのなかに存在している。いざ研究として

着手してみると，すでに先行研究ではさまざまな検討がされており，研究の発展，そしてオリジナリティは何かと迷うことの連続である。しかし一つの研究ですべてを明らかにすることはできず，自分が目指す方向性に向けて，一つひとつ検証していくプロセスこそが研究である。そのためには先行研究の論文を批判的に読む力が欠かせず，先行研究と照らし合わせて自分が訴えたいことは何なのかということを再吟味していくプロセスが一番大事になってくるのだと思う。

一方で，研究を進めるにあたって学生が調べ，土台にして積み上げていくものは，研究論文として一定の評価が得られたものである。逆にいうと，個人で考え，個人として報告したものは，次の世代の研究の土台として積み上がっていくことは難しい。成果を学術論文として発表し，一定の評価を得ることで，初めて次の世代へと知見を積み重ねていくことができるのだと改めて実感している。研究としてまとめ，発表をし，それを論文として完成させていくプロセスは，多大な時間と労力が必要となってくる。しかし，研究としてまとめていくことで初めて，世の中に還元することができる知見もたくさん存在しているのも事実である。

大学院生によく問われる問いの一つに，「研究が実践に役立つか」がある。この問いにする答えは，"Yes"である。全ての人に心理的援助は難しく，また，援助側が勝手に"よい"と思っている支援が，本当に相手にとって有用かどうかもわからない。社会のなかで，どういう方にどういう形で心理的援助をして，それを誰が担えばよいのか，そうしたことに対して他領域との協動のなかでエビデンスが求められる。「こんな感じがする」では納得してもらえない。臨床のなかで得られた知見を，研究という形を取ることで，初めて社会に還元できることも多いのではないだろうか。

V　おわりに

日々の活動の実際は臨床活動が中心となりやすく，多くの人は研究のために臨床をやっているという意識はないのではないではないだろうか。特に臨床の時間と研究に割く時間のバランスはとても難しく，研究をすることへの理解と後押しがないと，日々の生活に追われ，なかなか研究としてまとめられないことも多い。しかし，臨床心理学が一定の評価を得ていくことは，臨床心理士の活動の広がりと同時に起こってくるものである。臨床心理学の知見を実証とともに還元していくことの責務は，専門家として，ずっと問われていくことなのだと感じている。

臨床心理士として現場で活動をしていた立場から，大学の教員となり，研究・教育が本務となった。臨床の場のなかで問題意識を触発され，同じ意識を抱えた仲間とともに研究のプロセスを共有し積み上げていくという臨床研究の醍醐味は，日々の教育と大学内の業務に追われ難しくなってしまった側面もある。一方で，大学の教員だからこそ可能な研究があり，個人や単一機関では不可能であった関連機関と調整して全体の動きを踏まえた研究体制を整えることができる。その原動力となるのは，やはり現場とのつながりのなかでの"伝えたい""伝えなければいけない"という使命感かもしれない。それぞれの立場と与えられた場のなかで，自分が感じた素朴な疑問や仮説を大事にしてほしい。そして，自分が与えられた場のなかでどういう形であれば伝えることができるのか，その役割を意識してほしいと思う。臨床心理学は"こころ"を扱うからこそ，相手には見えにくい。だからこそ，臨床心理学を専門としていない人にも，理解し，納得してもらえるような学問として確立していかなければならないのではないだろうかと感じている。

私の臨床心理学研究論文の書き方③
量的研究を念頭に

坂本真士 *Shinji Sakamoto* ● 日本大学文理学部

I はじめに

本稿では，量的な研究を行い研究論文を書くことを念頭に置いて，論文の書き方のエッセンスを説明する（以降，本稿で単に「論文」と書くとき，それは量的研究の研究論文を意味する）。論文の書き方については，拙著『心理学論文の書き方』（坂本・大平，2013）で，論文を書く姿勢や論文に関する基礎事項から紹介しているので参照してほしい。

II 正しい事実に基づいて，論理的に正しく主張する

論文で最も重要なのは，「正しい事実に基づいて，論理的に正しく主張がなされている」という点である。これが守られていないものは，論文として成立していない。正しい事実に基づいて，論理的に正しく主張するためには，3つの注意が必要である。第1は，正しくデータを取ることである。データを取ってから，この段階におけるミスを発見してもあとの祭りであり，研究実施前のチェックが欠かせない。第2は，データを正しく分析することである。正しくデータを取っても，データ分析の仕方が不適切ならば，正しい事実を提供できずよい論文にはならない。第3は，事実から，論理的に正しい主張を展開することである。「事実から何が言えるか，どこまで言えるか，何が言えないか」を考えることは楽ではない。たとえば，仮説があってそれを裏付ける結果が得られた場合，多くは「仮説が支持された。その理由は……」と仮説が支持されたことに目を奪われてしまう。しかしこのとき，「結果から仮説が支持されていると本当に言ってよいのか」と，客観的な視点で考え直すことが必要である。つまり，結果の別解釈を検討する必要がある。

臨床実践に多くの時間を割き，研究から遠ざかっていると，研究の勘所を忘れてしまうかもしれない。したがって，研究実施や論文執筆についても指導者を見つけ教えを仰いだり，研究会や学会で発表して間違いを指摘してもらったりすることが有効な対策となる。その人たちの意見を十分参考にし，場合によってはデータ分析のやり直し，結果や考察も見直して，論文に何を書くかを事前に明確にさせておく必要がある。

III 論文の構成は円を描くイメージで

多くの論文は，「序論（問題）」「方法」「結果」「考察」という4つの部分から成り立っているが，それらの構成を理解してもらうために書いたのが

図1　論文の構造

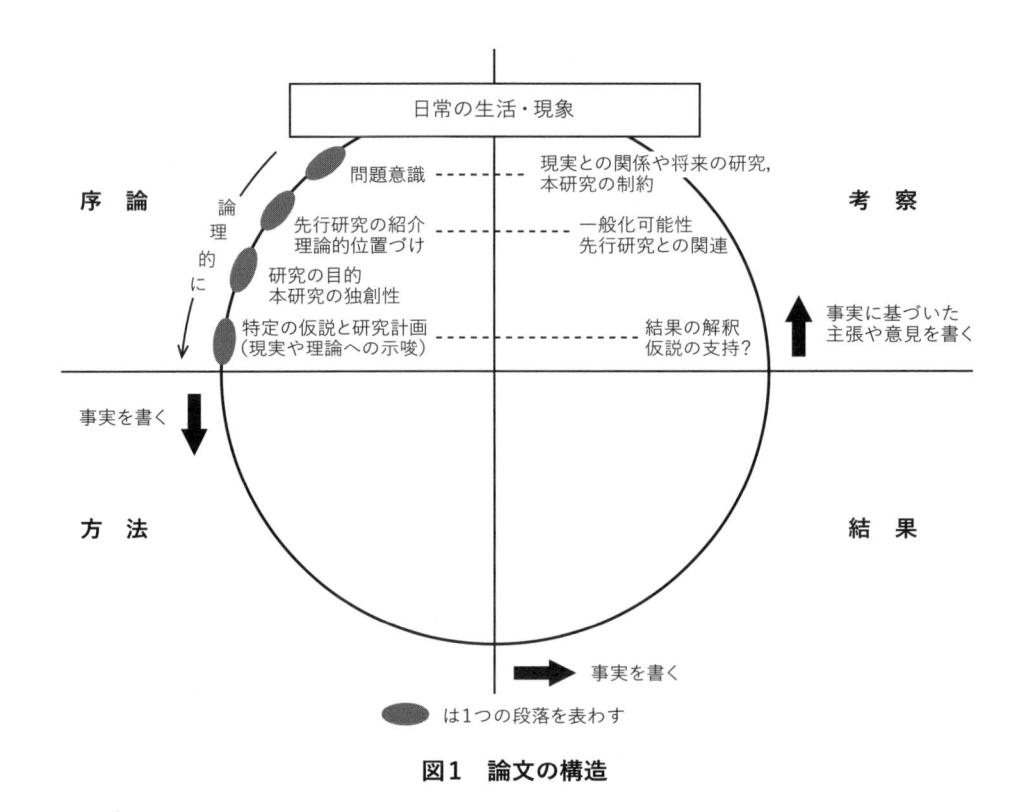

図1である。この図を見ながら以下読み進めてほしい。

要点1——論文の4つの部分

前項「正しい事実に基づいて，論理的に正しく主張する」では，事実に基づいて論理的に主張すべきことを説明し，3点に分けて記述した。第1の「データをどのように取ったのか」については論文の「方法」で，第2の「データをどのように分析したのか」については論文の「結果」で，第3の「データからどのような主張ができるのか」については論文の「考察」で，それぞれ述べることになる。簡単に言うと，論文とは，「方法」および「結果」で示す事実に基づいて，「考察」で意見を主張するものである。そして，読者の興味を喚起し，研究についての背景情報を与え，方法以降のセクションにスムーズに入っていけるようにするため，「序論」が冒頭に設けられている。

図では，下半分に「方法」と「結果」が配置され，この部分で研究本体に関する事実を述べることが示されている。逆に上半分に「序論」と「考察」が配置されているが，これはこの部分では先行研究に関する事実を紹介したり，先行研究や今回行った研究での事実に基づいた主張を述べることが示されている。なお，「方法」と「結果」は原則として過去形で書く。それは，「方法」と「結果」では，研究に関してすでに終わった「事実」に関して記述するからである。

要点2——なめらかなループ

研究の世界に誘うために，先行研究の紹介や理論的位置づけが行われるが，ここで大切なのは，論文で扱っている現象や概念とは直接関係しない背景情報には触れないということである。研究を組み立てる上で，どのような思考をたどってその研究に至ったのかを述べようとする論文に出会う

こともあるが，これは不必要な情報である。研究の焦点を速やかに絞っていくことが重要である。これを視覚化したのが図1の「序論」部分のなめらかなループである。このループは，主張が論理的であることも意味している。「なぜそのようなことが言えるのか」について，「直感・思いつき・なんとなく」だとすると，図のように1つのラインでは描けず，突然新しいラインが現れることになる。

ラインは「序論」，「方法」，「結果」，「考察」を抜けて，再び日常現象に戻るループになっている。論文の最後は，この研究でわかったことが，最初の問題意識と照らし合わせて，現実問題に対してどのような示唆を与えることができるのかを書くことで，日常現象に戻っていくのである。

要点3——段落の構成をまず決めよう

論文を書く際に，いきなり文章を書こうとするとうまくいかない。個々の文章表現はあとでもよく，まずは構成を先に決めておく。「1段落では1つのことしか主張しない」ということを意識して，見出しだけを並べて，どの段落で何をどの順番で述べるかを慎重に検討する。繰り返すが，文章化を急いではいけない。言いたいことを即時に文章としてアウトプットするのではなく，このあと説明するように，冷静に考えて，言いたいことが伝えられるように段落内の文章を構成することが肝心である。その前に，まずは段落間の関係を整理して，論文の内容が伝わりやすいように努める。

見出しや小見出しを立てる場合でも，「方法」，「結果」から着手するほうがよい。論文では事実（データ）をもとに主張を展開するからである。そこで，まず論文を書く前に研究方法がしっかりしていることを確認してから，どのような項目を立てて，どのようなことを書くべきかをメモする。次に，「結果」に移って，どのような分析をしたか，どのような結果が得られたかをメモし，図表として提示するものがあればあらかた作成しておく（この段階では，細部までこだわった図表を作る必要はない）。

「方法」と「結果」で何を書くかを決めたら，「考察」と「序論」で何を書くかを考える。「序論」と「考察」は論文の始めと終わりだが，この両者は関連して述べられるべきである。論文の文章を書いていく段階では，「方法」と「結果」を書いた後，「序論」，「考察」の順に書いていくのがよいと思うが，内容を考える下準備の段階では，「序論」と「考察」のどちらかを先にするというより，両方並行して考えていくほうがよい。これは，「序論」で述べておきながら，「結果」や「考察」で触れられない点（すなわち「序論」で書かなくてよい冗長な点）を見つけ出したり，研究の問題意識と関連させて考察することを肝に銘じておくために有効である。

IV　言いたいことを明瞭にし，ストレートに書く

最後は実際に執筆する際に問題となる文章表現である。論文審査を担当して感じるのは，論文の文章自体がわかりにくいものが少なくないということである。研究の内容がよくても，文章がわかりにくいと，論文の評価が低くならざるを得ないので注意しよう。詳細な留意点については，前述の拙著に記したので参照してほしい。ここでは要点のみ述べる。

要点1——はっきりと書く

記述する際に最も注意したいのはこの点である。日常生活で私たちは，曖昧な言い方をすることに慣れている。自分の意見をはっきり主張せず，周りの意見にうまく合わせるほうが適応的だからだろう。しかし，論文を書くときはこれとは反対で，研究に関して明確な主張をする（「考察」において）。「考察」が明確に書かれていないと，結局何がわかったのか読者に伝わらず，論文にはならない。

書くことを明確にするのは，自分が研究につい

て十分理解しているかどうかを把握するためにも必要である。私たちは、自分でも理解が足りていないときに、無意識に曖昧な表現を使う。「考察」以外でも、研究の意義（序論）、データの取り方（方法）、データ分析と提示（結果）について、自分でも理解し切れていないとしたら、それを放置して曖昧な表現で逃げず、論文執筆や研究に精通している人の意見も参考にしながら明確にし、はっきりと述べるよう心がける。

要点2――自分の伝えたいことを明確に、最初から伝える

日本では、自分の言いたいことをはっきり言うのではなく、曖昧にぼかして相手に何となく伝えたり、相手に判断を任せたりすることが「よい表現」になる。しかし、論文ではこの展開は好ましくない。最初から言いたいことを提示し、あとから理由づけや補足をしていくという展開が好ましい。

論文の書き手は、研究の発想、途中経過、そして結末まで知っている。しかし、読者は研究領域について知識は持っていても、その論文の研究についてはよく知らない。十分な知識もない異国で道を知らない旅人のようなものである。「この新幹線は東京駅から新青森に向かう」と行き先が知らされていれば、安心して旅の展開を見ていけるだろう。論文で言えば、最初から言いたいことが述べられていれば、その主張が正しいかどうか、論を追っていくことができる。一方、「この新幹線は東京駅からまず北を目指す」と言われても、東海道新幹線に乗車していないことは明らかになるが、長野、新潟など行き先にはいくつかの可能性があり、停車駅に止まるたびにどこに行くのか考えることになる。論文で言えば、何が主張されるのかわからないまま、出てくる文章を読んでいくことになる。研究者は忙しいので、小説を読むように論文を味わう時間はない。よって、最後まで結論がわからない"起承転結"型の文章では読者に無用な負担を強いるため、よい論文とは言えない。

要点3――読者との対話を心がけよう

論文は情報を読者に伝えるが、「書き手が大勢の読み手に一方的に情報を伝え、読み手は書き手の流す情報を受け身的に読む」というイメージは持たないほうがよい。ともすると、私たちは権威者の話は黙って聴くものだと思っており、それが論文を書くときに文章に出てしまう。ところが、論文を読んだり書いたりするには、論文の筆者あるいは読者と会話しながら進めていく姿勢が求められる。

読者と対話するかのように論文を書くためには、自分が読者になったつもりで、書きながら意図が伝わっているかをモニターするとよい。その際、"起承転結"型よりも"結論先出し"型のほうが論文としてはわかりやすい。たとえば、以下のような構成が考えられる。第1文「まず簡潔に結論」→2文（「もう少し詳しく教えて」という読者の声を予想して）「言い換えによる説明」→3文（「まだわかりにくい」という声を予想して）「例などを用いた補足」（必要があれば、さらに説明が続く）→4文「最後にもう一度まとめ」という構成が考えられる。あるいは、第1文「まず簡潔に結論」→2文（「もう少し詳しく教えて」という声を予想して）「言い換えによる説明」→3文（「私はその結論に反対」という声を予想して）「その結論を導いた理由1」→4文（「まだわかりにくい」という声を予想して）「その結論を導いた理由2」（必要があれば、さらに説明が続く）→5文「最後にもう一度まとめ」という構成もありうる。あくまでも、「読者に説明し説得する」ことを想定して、対話をするかのように論を進めていくことが肝心である。

V　さいごに

研究論文に関しても、人の数だけアイデアがあると思う。真剣に臨床に向き合って実践から思いついたこと、考えたことは実に貴重で、是非とも社会に発信してほしいと思う。しかし、個人の意

見表明だけでは多くの実践家や研究者に説得力をもって伝えることはむずかしく，より説得力のある「論文」という形に加工するためには，論文執筆の技術を覚えることが大切である。論文執筆の技術を覚えること（すなわちデータに基づいて意見を主張し，自分の考えを客観的に整理し，論理的に主張する技術を覚えること）は面倒かもしれない。しかし，臨床家個人の判断が要求されながらもその判断の検証を常に迫られる臨床実践にとって，論文執筆の修行はプラスとなるはずだ。読者の皆さんにも，論文執筆の技法を是非身につけてほしい▶注。

▶注

　この段落は，あえて"起承転結"型で記述したが，何となく言いたいことは伝わったかもしれない。しかし，メインの主張（論文執筆の技術を覚えることが，臨床実践にもプラスに働くこと）の根拠がはっきりと示されていない。このような文章はエッセイ向きであり論文向きではない。論文にするには，主張に沿った根拠を明確化し，その根拠からなぜそのような主張が可能なのか論理的に説明する必要がある。上記の文章を論文に変えるためにはどう直せばよいか，練習問題として取り組んでいただければ幸いである。

▶文献

坂本真士，大平英樹 編著（2013）心理学論文道場．世界思想社．

私の臨床心理学研究論文の書き方④

岩宮恵子 *Keiko Iwamiya* ● 島根大学教育学部 心理・発達臨床講座

I 研究論文ではなく，臨床エッセイ

　研究論文の書き方。このお題をいただいたとき，これは到底，私に書けるテーマではないと一度お断りした経緯がある。どう考えても，私が日頃書いている文章は，研究論文ですと胸を張って言えるものではないからである。ではいったい何なのかと冷静な目で分類すると，「臨床エッセイ」という部類に入るのではないかと思う。

　では「エッセイ」という文章の定義はいったいどういうものなのだろう。これは，体験などから得た知識をもとに，それに対する感想や思索をまとめた散文を示すものらしい。そしてエッセイの語源になっているフランス語のessaiは「試み」という意味であることから，「試論」という意味を含んでいるということだった。

　なるほど，確かに私が書いているものは，これである。あくまで臨床体験をもとにした感想や思索の「試論」であり，それがどれほどの普遍性を持つのか数値的な検証をしているわけでもないし，文献研究を綿密に行っているわけでもない。研究論文という構造化したものに至る前段階のものと言えるだろう。

　そういうものしか書いていないため，この稿で紹介できるのは，私が日々臨床のなかで感じていることを試論として文章にするときに，どういう準備をしてどういうふうに言葉を探しているのかということだけである。そのため，これは臨床仲間に向けての私信のような文章であることをお断りしておきたい。

II 文章を書く訓練の場としての病院臨床

　私が臨床のスタートを切ったのは，大学病院の精神科だった。精神科の研修医とともに臨床の初期訓練を受け，新患の予診も最初の一年はほとんど毎日のようにとっていた。生育歴を聞き，そのなかから現病歴につながるエピソードをどう拾っていくのか，複数の見立ての仮説を立ててそれを検証するために必要な情報の穴を埋めるためにはどう聞けばいいのか，最初はまったくわからず苦労した。しかし，この予診をとるという体験は，今の病状に至るまでの人生の物語のなかにどんなエピソードがあるのかを知る貴重な体験だった。

　そうして予診で取得した情報を初診医にプレゼンし，陪席して逐語録をカルテに記すのである。診断のためにはどんな質問が必要なのか，それを初診医はどのように判断しながら聞いているのかなど，会話を記録するなかで学んだことは本当に多かった。

やがてケースを担当するようになると、50分間の面接の中身を詳細に思い出して逐語録をつけるようになった。しかし逐語のなかのどの部分をカルテに書くと一番いいのか、どの程度面接での内容を書いたらいいものなのか、その判断には本当に毎回悩んでいた。

今はもうどこの病院も電子カルテになり、全科の誰でも見ることができるカルテに詳細は書きにくくなっているだろう。しかしその当時は紙カルテだったので、ドクターのなかにも診察の内容を精しく書く人がおり、主治医によって記載の特徴が違うところなど、読み比べるのがとても興味深かった。さまざまなカルテを読み込むうちに、カルテというのは、いろいろな職種の人が患者の共通理解のために書くものなのだという、ごく当たり前のことに改めて気づいたのである。そして「自分さえわかっていればいい」というトーンで書かれているカルテではダメなのだということもよくわかってきた。

医学の専門用語は他職種と共有できても、心理学用語はなじみのないものも多い。そのため臨床心理的な見方は、どうかするとわけのわからないことをごちゃごちゃこねくり回しているカルト的なものというふうに受け取られてしまうか、わかりやすくしようと心がけると看護職の見方と差がなくて専門性がはっきりしないと思われてしまう危険があるということもだんだん見えてきた。

そういうことが見えてくるにつれて、患者の発言や面接での様子から、どんな状態であると読み取ったのかを積極的に記すようになった。夢や描画や箱庭などが資料としてあれば、そこから何が言えるのか、そしてそれを踏まえて看護実践では何に気をつけてもらえばいいのかなどを毎回、必死で考えて短くまとめて書くよう心がけた。今思うと、気負ってほとんどこじつけのようになっていた部分もあって赤面ものだが、それでもこれは他職種の人に伝わるように臨床心理の仕事内容を文章で表現していくためのとても大事な訓練になったと思う。

また心理検査の所見の書き方も、オーダーした医師のニーズに合わせて表現をいろいろ工夫することを徐々に覚えていった。心理検査のフィードバックは臨床心理の腕の見せ所であると思うが、そこでも「どんなニーズをもっている誰に向けて、何をどんなふうに伝えたら伝わるのか」ということを押さえて所見を書くというのは、のちに臨床に関する文章を書くうえでの貴重な訓練になったとつくづく思う。そして、8割は相手のニーズに応えながら、あと2割はマニアックな踏み込んだ読みというスパイスを入れるのも大事だということが徐々に感覚としてわかってきた。この2割の部分はスルーしてもらってもいいし、面白いし役に立つなと思ってもらえたらそれはそれでありがたいと思っていた。この案配は今に至るまで、文章を書くときの指針になっている（この頃に書いていた心理検査所見やカルテに書くための考察の下書きがノートに残っている。たまに見返すと、けっこう今につながる臨床のヒントがあったりする）。

そうした地道な努力をしているうちに、医師や看護師からいろいろと臨床心理的な見方について話しかけられることが増えてきたり、看護のカンファレンスの仲間に入らないかと声をかけてもらえるようになってきたのである。

その「場」で働いている他職種の人たちに、専門用語をできるだけ使わずに、心理療法を通じて考えた見通しや読み筋を表現すること。これは、その後、スクールカウンセラーとして学校現場に出たときにも同様に求められることだった。臨床心理学の専門用語が使えたら一発で通じることを、他職種の人に対して言葉をどう開いて伝えるといいのかということは、常に頭に置いておかねばならないことである。連携とかコンサルテーションと言われるものは、まさにこのことではないかと思う。

また、特に専門家以外も読むことがある臨床エッセイを書くときには、これはどうしても必要となってくるポイントである。臨床体験をもとに

文章を書くというのは，ある意味，読者との間のコンサルテーションなのである。そのために必要な訓練は，病院臨床での予診とりと心理検査の所見書きとカルテ書きのなかでしていたように思う。

III　現在の臨床記録の実情

今の私の臨床の実際を紹介すると，島根大学附属こころとそだちの相談室とスクールカウンセラーでのケースをあわせて，だいたい週20から25人のクライエントとお会いしていることになる。それに加えて院生が相談室で担当しているケースのバイズや毎週のカンファレンス，そして教育現場から持ち込まれるさまざまな問題についてのアセスメントなど，臨床の現状に触れる機会は多い。

しかし，他の仕事の合間に面接を隙間なく入れるしかないため，精しい記録などほとんどつけられない。夢を紙面報告される方などには，その紙に連想を書き込むこともあるが，ほとんどの場合，面接が終わったあとに1行か2行，走り書きをするくらいがせいぜいである（ただ，医師と詳細な情報交換をする必要性が高いクライエントは精しく記録をとっている。またきちんと意識的に記録をとっておかないと，私自身がクライエントの無意識的な力に圧倒されて現実が崩れてしまう危険を感じるような場合も詳細な記録をつけている）。

現実的な部分での1, 2行の記録とは別に，印象に残った言葉や出来事や疑問を自分のメルアドに送るようにしている。

たとえば「イツメンとはいつものメンバー。イツメンイコール友だちでないこともある」「ぼっちとはひとりぼっち。すごくこれが恐いらしい」「なぜ，土日に家で遊ぶ子と学校でのイツメンが違うのか」「ぼっち恐怖と対人恐怖の違いは？」「マスク男子。表情を読まれなくて安心とのこと。対人恐怖とは何か違う」などが，自分のメルアドに送った文面である。クライエントの名前などは書かない。なぜワードでなくメールかというと，件名をすべて「記録」としているので，検索すると送信日時に沿ってずらっと表示され，必要であればどのクライエントのことかは予定表と合わせるとわかるし，時系列で流れを掴みやすいからである。

病院臨床のときと違って，これは「自分だけがわかればいい」という思いつきメモである。このような断片的な臨床の感覚や疑問を，毎日，メールのなかに雑然と放り込んでおくのである。そして原稿に取り組むときに，そのバラバラの情報を有機的に再編成していく作業を行うのである。それは，少し大げさに言うと自分の臨床を再構成するような体験でもある。

IV　臨床「記憶」のアーカイブ

「人の悩みを聴いているとしんどくなりませんか。そのストレスはどうやって発散しているんですか」これは臨床の仕事をしている人ならば，一度は（もしくは職業が知られたときには必ず）投げかけられたことがある問いだろう。

共感や専門的知識によって相談者の悩みが速やかに何らかの解決に向かうのであればそれはとてもうれしいことであるし，自分で発見的な展開を繰り広げていかれるクライエントや，自分の問題に真剣に向かい合っておられるクライエントと会っているときには，こちらが浄化されるような気持ちになる。だから臨床をしていても無闇にストレスがたまることばかりではないのだが，当然のことながら，そうではないことのほうが断然多い。

誰でもそうだと思うが，重い課題を抱えておられるクライエントの話を真剣に共感的に聴いていると，自分にもそのプロセスを追体験する感覚が起こり，精神的にも身体的にも非常にきつい想いをすることがある。また周囲は困り切っているのにクライエント本人はまったく悩んでおらず，来談しても何も話す気がないためどう働きかけても見通しが立たないこともある。このように臨床を

していると，いちいち挙げればきりがないほど，自分の力の限界を突きつけられることが多い。みなさんは，臨床で抱えたこのような無力感に満ちたストレスをどうしておられるのだろうか。

私は，臨床でのストレスは，普段の他の生活のなかで感じるストレスとは種類がまったく違うと感じている。日常で背負うストレスは，とにかく何とかそれをうまく肩から降ろすように心がけているが，クライエントと会うことで抱えたストレスは何だか簡単に発散してはいけないような気がするのである。いや，「発散」しようと思っても，到底，そんなことはできない。それよりもそのときの感情や感覚，そして会話の内容や考えたことなどとともに「集束」して，どこか心の深いところに大事な記憶としてアーカイブしておくことでしか，日常生活や他の仕事に影響を与えないようにするすべはないように思っている。これは，担当するケースが多くなり，そして重いケースが増えるに従って，必要に迫られて身についてきたことのように思う。

そして，臨床エッセイという形で自分の臨床を言語化するときには，この記憶のアーカイブスにアクセスすることが必要になってくるのである。

V 文章を書くときにすること

だいたいにして私はひとりでいるとき，何も考えず，何も意味のあることをせずにただひたすらぼ～っとしていることがある。執筆予定の原稿があるときは，締め切りの10日くらい前から，そのぼ～っとするモードに拍車がかかる。そしてぼ～っとしながらメールを検索して，自分に送った言葉の断片を読み返したりする。そんな時間を過ごしていると，臨床記憶のアーカイブにアクセスすることができるのだ。

そこにアクセスできると，さまざまなクライエントの記憶がどんどんクリアに立ち上がってくる。その記憶と自分の感覚を呼応させるのである。その作業は深夜にしかできない（外から見ると，ただひたすらぼ～っとしているだけである）。ちょっと怪しいが，ある種のトランス状態になっているように思う。このときには，具体的な文章の流れをどうするのかなどということは，まったく思いついていない。ただ，ぽわぽわと浮いている雲のように，面接のなかで語られたエピソードやそれにまつわる感覚を追体験しながら，一緒にふわふわしている感じなのである。

先ほど，文章を書くときには，メールでのメモのようなバラバラの情報や臨床記憶を「有機的」に再編成していくことが必要になってくると言ったが，「有機的」というのは，辞書的にいうとき「多くのものが集まり，それが一つのものを創り，その各部分が互いに影響を及ぼし合っているさま」である。このようにして臨床記憶のアーカイブにアクセスしていると，多くのクライエントについての臨床記憶のそれぞれが互いに無関係ではないのだということを痛感する。

文章にするためには，記憶と感覚の呼応のなかで見つけた「何か」の「感じ」を言葉にして持って戻ってこなくてはならない。この「何か」の「感じ」はあくまでも主観的な「感じ」であって，それを人に説明することはとても難しい。浮いていた雲がだんだんひとつにまとまって雨雲になり，現実的なテーマに即した言葉が雨として降ってくるのをひたすら待っているような感じがある。

文章に向かう度にこんなことをしているので，毎回，何を書けばいいのか，書き始めるまで自分でもまったくわからないことが多い。正直，「書きたいこと」が最初からあることなど，ほとんどないのである。

私の場合は，事例の流れという物語に託すのが，この「何か」の「感じ」を一番，表現しやすい。しかし，臨床エッセイは専門家以外の人が読むことが多いので，実際の事例をそのまま書くわけにはいかない。本に精しく書かせてもらった事例については，本人に前もって読んでもらった上で許可を得ているが，事実は変えながらも真実はそのまま残るよう配慮するのには，いつも非常に

苦労をしている。

　そうして書いたものについて，自分の担当事例とほとんど一緒だったので驚いたとか，自分のことが書かれているのかと思ったという，見知らぬ人からの感想をもらうことがある。結局，表面的に現れている事実はどんなに多様であったとしても，その内側にあるものはつながっているのだとそういうときに実感する。

VI　おわりに

　臨床のことを文章にすることに躊躇があったり，とても苦手だったりする方のなかには，臨床感覚が非常に鋭い人がいる。それは自分が臨床で掴んでいる「何か」の「感じ」を専門用語に置き換えたとたん，無味乾燥なものになってしまって，大事なことが伝わらないもどかしさを人一倍，感じてしまうからかもしれない。そこを越えて表現にチャレンジできるようになるためには，小説などのさまざまな文章をインプットして，自分のなかにたくさんの言葉や物語を入れ込んでおく努力を日常的にすることも必要だと思う。今はすぐに書けなくても，日々の記録の書き方や他職種への伝え方など，その臨床のすべてが未来の執筆の準備になると思う。

　臨床を言語化することは，「そんなことじゃわからない」と叱咤してくる脳内のとても難しいクライエントに，こちらの考えていることを必死で伝わるように言葉を尽くして説明するという作業でもあるように思う。そのため書くことは自分の臨床の意味を査定しなおすような厳しさがある。だからこそ苦しいのであるが，この苦しさに定期的に向かいあうことは，何よりも臨床の訓練になるように感じている。

私の臨床心理学研究論文の書き方⑤
楽しいフリーライティングから
緻密なフォーカストライティングへ

岩壁 茂 *Shigeru Iwakabe* ● お茶の水女子大学

「私の論文の書き方」というテーマをいただいたが,「私の」執筆法と呼べるものが筆者のなかで確立しているとは言いがたい。筆者もどうやったらよい文章が書けるようになるのか,論文に必要な論理的文章や展開ができるようになるのか,考えたり,本を読んだり,数多くの著書を世に送り出している研究者に聞いたりしてきた。しかし,「これだ」という答えはない。筆者自身もいつも「実験中」である。この「実験」はなかなか答えが出ないが,やりがいのある作業であることは確かだ。さまざまな種類の論文があり,さまざまなテーマがあるのだから,一つだけの良い方法というものはないかもしれない。

なんとも心許ない書き出しとなったが,筆者は,国内外数誌の査読委員や編集委員を務め,(名誉挽回のために言うわけではないが)数多くの投稿論文を読むことによってどのような点が論文の執筆のポイントとなるのかということを学ばせていただいている。これはとても幸運なことである。そこで,本稿では,自分の執筆実践について「実験」し,このような貴重な機会から学びつつあることについて自由にまとめてみたい。

I 論文執筆の実情

論文執筆は,骨の折れる作業とみられがちであるし,実際に難しさを感じない人は少ないだろう。実のところ,論文指導をするアカデミックな立場にいる教員でも,一部を除いて論文を数多く執筆しているわけではない。それは日本だけでなく,心理学が早くから発展してきた北アメリカでも変わりはない。Morrow-Bradley et al.(1986)によるアメリカ心理学会心理療法部会の会員279名を対象にした調査によると,臨床心理学領域で博士号の学位を取得したサイコロジストの掲載論文数の最頻値は1であった。つまり,学位取得後に研究活動や論文執筆をやめてしまった人たちが大多数を占めたことになる。また,実証研究に基づく論文を重要な情報源としてみなさない臨床家も少なくなかった。研究に関してより長期的な訓練を受けた人たちもこのような状態であるから,臨床訓練に重点をおいた日本の2年間の修士課程で訓練を受ければ,さらにこの傾向が強くてもおかしくない。

臨床家の多くは,スーパービジョンをはじめとして自らが学んできたことを後輩たちに教える機会を大切にしている。また,事例発表をはじめとして学会や勉強会で学ぶことにも積極的である。

しかし，論文執筆となると尻込みしてしまう傾向がある。事例発表の直後は志気が高まり，論文化しようと誓うが，そのあと数年経ってもまとめられないことさえある。

臨床心理学の訓練の一部として，修士論文研究があるが，ここにも少し残念な状況がある。すばらしい研究だと指導教員にほめられ，投稿を薦められても，それが実現しないままになってしまうことが少なくない。修士課程修了後は，就職や資格試験などで確かに忙しく，論文執筆の時間など取れない，というのも納得できる。しかし，優秀な研究の多くが，日の目を見ることはなく，ただ大学の図書館でそのまま眠るために生まれてくる不幸な運命にある。学生の努力も惜しいし，より広く公表されないことの社会・学術的損出も少なくない。

II　執筆の誤解を解く

論文執筆に関するいくつかの誤った前提・思い込みがある。まず1つ目は，臨床心理学の専門的な訓練が論文執筆の力に直接結びつくという考えである。研究や臨床の訓練があっても文章構成力を高める訓練はなく，十分な指導がないことも多い。

次に，論文は締め切りを目指して書き上げるという考え方である。この考え方は一夜漬けのレポート提出の名残りともいえるだろう。学生時代は通用したかもしれないこの方法は，専門家レベルの論文には歯が立たないことが多いし，論文執筆がとても困難で無理な作業であるという印象を植え付けてしまう。

論文は1週間やそこらでは仕上がらない。論文ではその名の通り論を展開する必要がある。字数は1週間では埋まっても，論はそう簡単に展開できない。アイデアはすぐ明確な論の形をとるわけではない。何度も書き足し，書き直しながら，少しずつその論を磨いていかなくてはならない。現象学アプローチの研究法の代表的な解説書を著した van Manen（1990）は，執筆すること自体に発見があり，そのなかでアイデアが磨かれていくと述べている。そして「書くことは，書き直すこと」（p.131）とも述べている。

実際には，時間的な制約もあって理想的な条件で執筆できることはなかなかない。しかし，論文は執筆してからしばらく時間をおき，異なった視点から眺める時間を取れるほうがよい。このような時間も執筆の一部である。そうすると，より客観的に自分が書いたものをみることができるため，論理的整合性をつけやすく，異なる解釈の可能性をよりしっかりと検討し，十分な根拠がないまま結論を押しつけたりしなくなる。

III　着想・構想の時間を楽しむ

論文を執筆するためには，何よりもその基礎となる着想が必要だろう。音楽家が作曲するように，芸術家が絵画を描くように，執筆にも想像を働かせ，自分の考えを発展させていく必要がある。そのためには，データを手にそれをどんな角度からまとめるのか想像したり，図や表を作って結果の全体像をうまくつかもうとしたり，さまざまな発想法を使って自分の考えを発展させることが役立つ。この段階では，実際に発表の予定がなくともパワーポイントなどにまとめて，自分のアイデアの軸となるような部分を明確化していくと良いだろう。この段階では文章を執筆することは特に意識せず，考えをはっきりさせていくことに集中する。

IV　執筆のバリエーションを試す

執筆することが習慣となり，それ自体が研究と臨床活動の一部として定着するためには，定期的に，そして頻繁に書く習慣をつけることが重要である。執筆する習慣といってもぱっとこない人も多いかもしれない。決められた時間，コンピュータまたはノートに向かい，あるトピックについて

書いてみるのである。毎日というわけにはいかないかもしれないが，スポーツの練習のように定期的に，間隔を空けすぎずに続けるほうがいい。

執筆といっても，常に論文を仕上げる勢いで机に向かうわけではない。さまざまなやり方で，執筆の仕方に幅をもたせる。その一つの方法はフリーライティングと言われている。作家になるための練習に使われるフリーライティングは，その名の通り思いつくことをそのまま次々に書いていく。デリートのキーは押さずにただ，前へ前へと書き進める。トピックが次々と変わろうとも，単語を並べるだけの不完全文でも構わない。むしろ，自分の気持ちと注意がふれることをそのまま文章にし続けることがフリーライティングの目的である。

次にフォーカストライティングがある。フォーカストライティングでは，フリーラインティングで書いたときに出てきたトピックを取り上げて，それについてより掘り下げて執筆する。このようにして自分の考えを発展させて，焦点化させていく。

V　批判的ではなく肯定的になる

文章を書くことと批判は切り離しにくい。論文の書き出しは，必ずといっていいほどこれまで先行研究には，まだこんなところが足りないという批判からはじまるし，科学的な姿勢の一部は批判的な姿勢を取ることでもあるからだ。アカデミックな環境では論理的な批判ができる能力が重視される。しかし，この批判的な姿勢は執筆活動において必ずしも役に立つとは限らない。少なくとも早い段階ではこの批判的姿勢のために筆が重くなったりする。一つの論を立てれば，それとは反対の説や意見がほぼ必ず思いつくだろう。そのため，批判的な視点をもちながら執筆することは難しい。また，さまざまな批判したい人の顔や著名な臨床家の顔を想定し，自分がいかに経験不足であるかなど自分の足りなさを意識することも役に立たない。まず，自分の考えのおもしろさ，良さを最大にあらわそうとすること，そのような自己肯定の姿勢から執筆をはじめることを勧める。

VI　人に説明する・フィードバックを得る

筆者は何かアイデアがあると，それを研究仲間や同僚に話してみることが多い。自分のなかでしっかりと形作られた考えでなくとも，人に説明しようとするとよりはっきりとしてくることがある。また何が自分が考えていることの根幹にあるのか，ということが見えてくることが多い。論文を書くことはコミュニケーションの一種であり，自分が言いたいことを言うだけでなく，人にどのようにしたら分かってもらえるのかという基本的なことに気づける。

VII　投稿に向けて

本誌『臨床心理学』の実践研究論文のコーナーでは，従来の慣習にとらわれない発想で，幅広く心理学の実践研究論文を募集している。読者の皆さんにも是非投稿を勧めたい。そして，本誌が臨床心理学の発展に寄与する交流の場となり，さらに意義のあるものになっていくことを願っている。臨床心理学の発展には，数多くの臨床家・研究者が研究活動に携わり，自らの実践活動と研究の間に橋渡しを試みることが不可欠である。以下に研究論文の質を高めるためのチェックポイントを挙げた。すべてを満たすことは必要ではないが，論文をより良いものへと修正・加筆していく上で，また専門誌への投稿の際に，参考にしてほしい。

研究論文チェックリスト

問題と目的——研究の文脈と目的が明確に示されている。

• 研究テーマ，領域，概念の重要性，意義が明確

に述べられている。
- 社会的に意義があるトピックを選んでいる。
- 先行研究のレビューは，先行研究が時系列的に羅列されているのではなく，テーマ別，研究の目的との関連から整理されている。
- 先行研究のレビューでは重要な研究が挙げられている。
- 先行研究のレビューは，ある特定の理論に偏ることなく，広くそのテーマ全体を包括した上で，より焦点化したテーマに到達している。
- 研究の必然性は，ただ，先行研究が欠如しているから，というような漠然とした理由ではなく，より具体的に述べられている。
- リサーチクエスチョンは，先行研究のレビューから論理的に導かれ，その意義が明確である。
- 研究目的・リサーチクエスチョンは，明確に，そして具体的に示されている。

方法――協力者への十分な尊重と配慮のもと適切な方法が選択され，その根拠や手続が具体的に述べられている。
- 協力者から適切なインフォームド・コンセントが得られている。倫理審査を受け，該当する機関・学会などの倫理規定に沿って研究がなされている。
- 研究を通して，協力者への尊重が維持されている。協力者のさまざまな状況に対応できる柔軟な研究計画を立てて実施している。
- 協力者から得たデータが個人のプライバシーや人格に関わる情報であるという重さを理解し，情報の管理を徹底している。
- サンプル，尺度・インタビュー（データ収集法）およびデータ分析法は，リサーチクエスチョンを検討するのに適している。
- サンプルはどのようにして選んだのか十分な説明がある。サンプルの特徴も具体的に明確に示されている。
- なぜそのデータ収集（尺度，インタビュー法，など）・分析の手法（因子分析，ナラティブ分析，会話分析，など）を選んだのか十分な説明がある。
- 研究の手続きが具体的に描写されている。そのプロセスや手続きの根拠が述べられている。
- 尺度が使われる場合，妥当性・信頼性などに関する情報が提供されている。
- インタビュー・観察の場合，その手続き・手法について述べられている。
- 方法の真実性をチェックするための方法が述べられている。質的研究の場合，監査者によるデータ分析のチェック，トライアンギュレーションなどの手法とその結果を述べている。
- 質的研究の場合，研究者の理論的背景や立場が示され，研究者の先入観などがどのように影響しているのか，読者が判断できる。
- 研究方法の限界が明確に認識されている。

結果
- 必要な情報が簡潔に効率的にまとめられている。
- 結果はリサーチクエスチョン・仮説との対応から順序立ててまとめられている。
- リサーチクエスチョンとは関連のない分析が後付けで加えられていない。
- リサーチクエスチョンにどの程度答えられたのか，読者が判断するのに十分な情報（統計的情報，質的研究では協力者の発話の引用など）を提示している。
- 提示されている表，図，グラフは結果を効果的に伝えるために必要であり，結果の解釈のために必要な情報（サンプル数，平均値，標準偏差，検定結果，統計的有意度，統計分析の結果）が見やすく提示されている。その提示の仕方は投稿規定に沿っている。
- 図やグラフは，読者が見やすいように工夫されている。
- 図やグラフは，差が強調されたり誇張されたりしていない。
- 結果は，筆者の解釈や考えを排除し，できるかぎり分析の結果を客観的に，そして明確な形で

記述している。

考察
- 結果の意義は，理論，実践，研究，訓練という視点から検討されている。
- 結果の解釈とそのインプリケーションは，問題と目的において論じられた先行研究との関連から論じられている。
- 臨床的意義・インプリケーションは，実践に関する貢献はどのような臨床家が，どのような現場において，どのような対象者に対する援助に役立つのか，という点から具体的に論じられている（漠然とした全体論となっていない）。
- 結果の意義は，客観的に評価されている（過小評価，拡大解釈，過大評価されていない）。
- 研究方法の限界を客観的にとらえ，次に必要な研究課題やステップを示している。

全体を通して
- 論文は，わかりやすく論理的に記述されている。専門用語，概念には明確な定義が与えられている。
- 先行研究のレビュー，リサーチクエスチョン，方法，結果，考察のあいだに論理的一貫性，整合性がある。
- 必要以上に複雑な語を使っておらず，一文が長すぎない。
- 必要に応じて小見出し，段落をつけている。
- 先行研究の引用，文献など体裁が整っている。

投稿・再投稿に際して
- 論文のテーマや問題は，その専門誌に適している。
- 投稿誌の投稿規定に沿って体裁，図表，文献リストなどをまとめ，要約，キーワード，字数制限，1ページあたりの語数，文字間隔などの基準を満たしている。
- 再投稿にあたり，修正対応表など査読者が修正・加筆点についてわかりやすいようにまとめている。
- 再投稿にあたり，査読者のコメントすべてに答えている。査読者のコメントに沿って修正していない点についてはその理由を具体的に述べている。

▶ 文献
Morrow-Bradley C & Elliott R（1986）The utilization of psychotherapy research by practicing psychotherapists. American Psychologist 41 ; 188-197.

van Manen M（1990）Researching lived experience : Human science for an action sensitive pedagogy. Ontario, Canada : University of Western Ontario.

http://kongoshuppan.co.jp/

医療専門職のための研究論文の読み方
批判的吟味がわかるポケットガイド
イアン・K・クロンビー著／津富　宏訳

　本書は，医療関係者が研究論文を科学的かつ合理的に読みこなすために書かれた，コンパクトな手引書であり，〈批判的吟味〉と言われる「読み方」が簡潔にわかる格好の1冊でもある。「サーベイ」「コホート研究」「臨床試験」「ケース・コントロール研究」など研究デザインごとに，いかに研究結果を解釈したらよいのかが理解できる。また批判的吟味のためのチェックリストもついており，専門的な統計学の教育を受けていなくても，統計データに惑わされずに正しく論文を読むことが可能になる。
　医師，看護師，薬剤師，保健師，心理士，作業療法士，理学療法士などの医療実務職のみならず，ヘルスケア専門職にも有用な手引書。　　　　　　　　　2,200円

初心者のための臨床心理学研究実践マニュアル（第2版）
津川律子，遠藤裕乃著

　臨床心理士や臨床心理学を志す読者に向けて「研究の進め方と論文の書き方」を解説した好評既刊マニュアルの第2版。事例研究の留意点や統計データの集計法，文献の集め方，クライエントからの事例発表許可の取り方，読みやすい論文の仕上げ方，投稿時の注意点などが詳細に取り上げられ，初心の研究者からベテラン臨床家まで堅実な研究論文を書き上げることができるよう配慮されている。また，チェックリストや用語集，ワンポイント・メモなども収録され，初心の研究者への論文指導のマニュアルとしても有用といえる。そして今回の改訂増補にあたって，倫理規定の改訂などにともない，より高水準のエヴィデンスをたたえた研究論文執筆のためのマニュアルとしてリニューアルされている。　　　　　　　　　　　　　　　　　　2,600円

臨床実践のための 質的研究法入門
J・マクレオッド著／下山晴彦監修／谷口明子，原田杏子訳　カウンセリングや心理療法における質的研究に用いられてきた方法の紹介をはじめ，実際に質的研究を行なう際のポイントを詳説。　3,800円

事例でわかる心理学のうまい活かし方
伊藤絵美，杉山　崇，坂本真士編　ケーススタディで学ぶ基礎心理学の臨床応用。附録・心理学単語集で心理学用語を整理しながら臨床力のバージョンアップを図る。　　　　　　　　　　　　　　2,800円

精神科臨床における心理アセスメント入門
津川律子著　六つの視点を通じて成っている立体的な像＝臨床心理学から見たその人の全体像のなかでクライエントとセラピストが共生するイメージこそが，真の心理アセスメントである。　2,600円

臨床心理アセスメント入門
下山晴彦著　全23回の講義を通して，臨床心理アセスメントの進め方を，最新の知見も交えて解説しており，総合的に心理的問題を把握するための枠組みが理解できる入門書。　　　　　3,200円

Ψ金剛出版　〒112-0005　東京都文京区水道1-5-16　URL http://kongoshuppan.co.jp/
Tel. 03-3815-6661　Fax. 03-3818-6848　e-mail kongo@kongoshuppan.co.jp

（価格は税抜表示です）

臨床心理学研究における根拠づけ

IV

歴史をふまえる
臨床心理学研究のこれまで

サトウタツヤ *Tatsuya Sato* ● 立命館大学文学部人文学科心理学専攻

I 歴史を学ぶ意味

1. 実生活への応用を視野に入れた手続的知識としての歴史

　学問の歴史のことを科学史・学問史と呼ぶが，歴史的思考の基本は，複数の出来事がどのように影響を与え合って歴史を織りなしてきたのか，ということの理解にある。歴史は一回性をもつ出来事であるが，ある1つの具体的な歴史を知ることができれば，それが，確固たる必然的なものではなく，むしろ偶然と必然が織りなして実際に現出したことだ（実現したことだ）と実感することができる。そして——より重要なことなのだが——，実現してきた歴史のほかに，もしかしたら他の可能性もあったのだ，と実感することができるようになる。歴史を学ぶことの意義は，事実を固定して考えることではなく，他のありうる可能性のなかで，どのように具体的な歴史が実現してきたのかを考え，そうした考え方を実生活に活かすことにある。もちろん臨床心理学実践に活かすこともできる。

2. 遡及的影響仮定の禁止

　さて，歴史的思考の最も大きな特徴のひとつは，出来事を時間的順序にしたがって理解することである。その基本は，後に起きた出来事は，前に起きた出来事に影響しない，ということにある。これを遡及的影響仮定の禁止と呼んでおく。ファンタジーの世界であれば，未来の出来事が私を導く，というようなことはあり得るかもしれないが，歴史的思考では，後の出来事が遡って前の出来事に影響すると考えることをしない。だからこそ，歴史は，年号だの何だのやたら時間の記述にうるさいのである。

　たとえば，ちょっとした知り合いX君が恋人Aさんと別れて新しい恋人Bさんとつきあうようになったという例を考えてみよう。この場合，いつ新しい恋人と知り合ったのか，ということは，出来事の（歴史的）理解に決定的な意味をもつ。(1) 新恋人と称する人とすでに知り合っていたから前の恋人と別れたのか，(2) 前の恋人と別れた後に新しい出会いがあったのか，という2つの可能性があり，そのいずれであるかを決めるのは，いつ，誰と会ったのか，という時間情報にほかならない。このことは，日常生活では自明であろうし，(1) なのか (2) なのかによって，X君に接するときの態度が変わってくることも理解できるだろう。また，新恋人Bさんが，恋人Aに振られて落ち込んでいるX君を励まし続けて新しい彼女になったのか，恋人のいるX君にモーションをかけて恋人の座を奪ったのか，によってBさん

に対する評価も違ってくるだろう。

実は，こうした思考は歴史的思考を用いたと言えるのである。そして，学問史はこうした歴史的思考を学問の領域に対して行うものであり，その手法を身につけたと実感できれば臨床心理学にも有用であろう。

II 臨床心理学史の古くて新しい考え方

1. ケースフォーミュレーションのための歴史

臨床心理学の総体が何であるのかを言い切るのは，現在では非常に難しい。しかし，その実践に求められることは「ケースフォーミュレーション」という語でまとめられるのではないだろうか。

目の前に現れた人の訴え（解決してほしいこと）を見立て（アセスメント），適切な技法を選び介入する。その際には，個人の内面を追求するというよりは，文脈と行為，個人と家族，コミュニティとエコシステムという多重な関係のあり方に注目して，目の前の人にふさわしい介入技法を選ぶことになる。近年では，効果に関するエビデンスに目配りする必要もある。また，介入すべき現象に関する理論（モデル）が必要となる。精神分析が主流だったときには，治療の見通しを立てて治療をするだけではなく，発達の理論や性格の理論をベースにして人間を理解していた。性格という構造理解および発達というプロセス理解のための理論を構築して理解をしつつ，介入技法を選び，先を見通すということが「ケースフォーミュレーション」なのである。

さて，介入技法を選んだ後はどうするか。その選んだ技法に習熟している必要はあるが，いわゆるマニュアル人間のようになってはならない。個々のケースのプロセスにおいては，自らの過ちの可能性を考慮しながらスーパーバイズを受けることで柔軟性を確保しなければならない。介入効果の有無についても，介入する側の自己満足であってはならず，透明性の高い判断が必要である。透明性のある判断には，臨床家が自信をもって行えばすむ問題と，他の人たちにも判断を共有してもらい，他の人たちにも同じことができるようにするということが含まれ，後者は研究による説得が必要となる。研究には質的研究と量的研究がある。いずれも，透明性の確保（ひとりよがりにならないこと）が重要である。

臨床心理学における効果は，来談理由（主訴）の消失がその指標だと思われる。ただし，こうした定義では問題の自覚がない人を対象に含めることが難しくなるから，十全な社会生活への復帰が効果の指標だ，という言い方もできるだろう。

では，このような臨床心理学はどのような起源をもつと考えればいいのだろうか。

2. 臨床心理学史の神話，心理学史の神話をこえて

さて日本において臨床心理学の歴史について扱った論文・著書はそれほど多くない。一方で臨床心理学を扱う成書や事典の一部に歴史を扱うセクションがあることは少なくない。こうした論考の多くが，精神分析やその前史としての催眠療法から臨床心理学史を始めている。具体的にはCharcotとFreudが現在の臨床心理学の起点になっている。こうした歴史もひとつのあり方であろうが，特に日本の臨床心理学の現状の広がりを考えるとき，精神分析が起点で良いのか，という疑問も生じる。医学ではなく心理学との接続について考えていく必要があると思うのである。

一方で，心理学史についてもまた支配的言説があり，それはFechnerの精神物理学などを経てWundtが実験心理学を打ち立てることによって近代心理学が成立した，というストーリーである。これは心理学史家Boringが打ち立てたという意味で，「ボーリング史観」（サトウ・高砂, 2003参照）と呼ぶべきものである。

Boringは測定（Measurement）と量化（Quantification）を「正しくも」ほぼ同義に使っており，測定が心理学に導入されたことが心理学を他の学問と異なるひとつの学範（ディシプリン）として

成り立たせたのだと主張する。そして，Fechnerの精神物理学パラダイム（1860），Dondersの反応時間パラダイム（1862），Ebbinghausの記憶・学習の研究（1885），Galtonの個人差研究（1883）を心理学の学範成立の重要事項として重視する。近代心理学の父と呼ばれるWundtは，こうした流れのなかで「生理学的心理学」を打ち立て（1873），ライプツィヒ大学に心理学実験室を設立し（1879），多くの学生に心理学を学ばせ，その成果を世界に普及することを可能にしたアントレプレナー（起業家）として位置づけられ，高く評価されている。

本稿ではこうした神話を少しずらして考えてみたい。そのために現状の臨床心理学を5つの問題系を含むものとして考えて，その歴史を考えてみたい。

3. 臨床心理学の5つの問題系とは何か？

本稿では臨床心理学のなかに少なくとも5つの問題系を考える必要があると考えてみる。

(1) ひとつは，「狂気」をめぐる問題系である。医学的心理学というカテゴリーを経て，あるいは技法としての催眠などを経て，精神分析へと至る流れである。かつて医学的心理学と呼ばれたこともあったし，現在では精神病理学と呼ばれることもある。1953年に向精神薬が誕生することによって，躁うつ病と統合失調症が臨床心理学の対象から除外される傾向になったことは，医学的心理学から精神分析的な臨床心理学へという傾向に拍車をかけたとも言える。精神分析とその流れをくんだ心理療法が多くの批判を受けているのは事実であるが，ドイツの心理療法士などでは精神分析的な流れをくむ深層心理を用いた心理療法を行っている人は少なくない。

(2) 次が，子どもの適応，特に，障害をもつ子どもや非行児と呼ばれる子どもの適応に関する問題系である。これはアメリカの臨床心理学がWittmerによる学習障害児向けのクリニック（1886）を臨床心理学の起点とすることによく現れている。移民の国アメリカでは国籍が出生地主義であることからも分かるとおり，（ヨーロッパ大陸とは異なり）生まれた子どもたちの未来に対して重大な関心が寄せられていた。児童ガイダンスやコンサルティングも社会生活の躓きを心理学的に支援するという側面から見れば，こうした流れのなかにあるものである。

(3) 3つ目が，心理学的知識に基づく介入法である。身体的な侵襲を伴わないものであり，一言で言えば心理療法ということになる。身体的に非侵襲的な心理療法にはさまざまなものがあるが，その代表は行動療法である。心理学における行動主義は1913年に明確な形となったが，その源流はイギリスの経験主義やヨーロッパの反射研究にさかのぼる。機能主義と結びつくことによって，症状除去という非常にわかりやすいスタイルを確立することに成功した。行動療法は，現在では認知行動療法が主流になっている。そして効果測定の透明性や効率という観点を取り入れながら地歩を確立している。このほか，Rogersによるカウンセリング的心理療法，子どもに対する遊戯療法など，心理学的知識に基づく非侵襲的心理療法は臨床心理学の中心的な位置を占めている。なお，精神分析的心理療法は，医学と心理学の接点であり対話を用いるという面からすると非侵襲的な心理療法であるとも言えるが，医師が行うことを重視するという意味では精神病理学的かつ医学的精神療法でもある。

(4) そして，以上3つの動向を支えているものとしての，心理学的な検査・測定である。1905年に最初の形式が出現したBinetとSimonによる知能検査やその他の知能検査，1920年代に現れ始めた各種性格検査やロールシャッ

ハテストなどの投影法検査などである。DSM（アメリカ精神医学会の診断と統計の手引き）におけるパーソナリティ障害の診断基準もここに加えられるかもしれない。こうした検査を用いた人間の理解を必要としたのは，実のところ心理学者だけでなく，現場における教育者や医師であったかもしれない。しかし，検査を整備して使用を促進したのは心理学者に他ならず，病院という現場における心理学者の雇用を促進したのは，心理検査という領域だったと言ってよいだろう。

(5) 最後が，人の生活を支える心理学的支援である。精神病の寛解者，いわゆる精神遅滞をかかえる成人，危機的な出来事に遭遇した人々の生活を支える役割は，心理学者だけに与えられるものではないが，心理士（師）の仕事のひとつであることは日本でも認識されつつある。負の状態をプラスにするのではなく，生活をより悪化させないための心理学的支援の重要性は社会に認識されつつある。このことは，医療における心理学の適用範囲を広げる可能性をもっている。慢性病や難病の患者の生活支援という新しい領域である。

4．「臨床心理学と効果」の歴史

次に，角度を変えて，効果ということから臨床心理学の歴史を見てみよう。臨床心理学やその実践技法である心理療法が社会において広がりを見せるにつれて，その効果の有無が問題になるのは当然のことだったと言えるだろう。

臨床心理学における効果の問題を鋭く切り出し，重要問題として提示したのはEysenck（1952）であった。彼は行動療法の実践者ではなかったが，その開発者の1人であった。彼は精神分析的な心理療法の効果に対して疑問をもち，さまざまな文献を比較検討することで，精神分析やその他の心理療法が自然治癒率よりも低いのではないか，という批判を提示したのである。

一方，プロセスとしてのカウンセリングが果たしている役割について実証的に検討しようと考えていたのがRogersであった。彼は，カウンセリングの対話を録音し，それを聞き直すことでカウンセリングプロセスの検証をしようと考えたのである。当時，録音する機械はレコードしかなく，彼は何枚ものレコードにカウンセリング場面を録音したのである。彼自身の努力は，効果指標のようなものを生み出すことには向かわず，カウンセリングの中核条件として結実した。第一は，セラピストが自分らしくいること，第二はクライエントに対して無条件の肯定的関心をもつこと，第三は（カウンセラーの見方ではなく）クライエントの内的準拠枠（見方）からクライエントを理解すること，である。

もう1人，1950年代に異なる角度から心理療法の効果について提案をしたのがMilton Ericksonである。彼は催眠療法で知られるが，会話から催眠誘導を行うなど，それまでの催眠とは異なる手法を開発した。彼は心理療法において問題解決を重視する立場であり，カウンセラーとクライエントの人間関係などよりも，クライエントが解決を望む問題を素早く解決することが重要だと考えた。そのためには可能な限りの利用可能な技法を用いるべきだと提案し，実際彼はさまざまな技法を駆使した。短期療法（ブリーフサイコセラピー）の原点は，1954年に刊行された彼の『短期催眠療法の特殊技法』であるとされている。

効果に関する研究は，現在では多様な角度から大量に行われているが，効果に真摯に取り組んだ，Eysenck, Rogers, Milton Ericksonがいずれも1950年代に活動していたことは興味深い。こうした効果への取り組みの結果として，現在では，異なる心理療法に共通の要因が存在することは広く共有されている。すなわち，現在では，異なる理論を背景にした実践であっても，心理療法には効果をもたらす共通要因があるという見解が一般的である。実は，こうした考えを打ち出した最初の

1人がRosenzweikであった。絵画フラストレーション検査の開発者として知られる彼は1936年の時点で、さまざまな心理療法の効果はほぼ同じであり、何か共通の潜在要因が存在すると示唆していた。ちなみに心理療法の共通効果についてドードー鳥効果と呼ぶことがあるのは、Rosenzweikの最初の論文の副題にドードー鳥を含むタイトルをつけたからである。『不思議の国のアリス』に出てくるドードー鳥は競争の審判をしていたが「みんなが勝ったから全員賞品がもらえる」ということを言ったのである。これを参照しながらRosenzweikは、心理療法は競い合うことも重要だが、それぞれに効果がある、ということを示したかったのであろう。

なお、心理療法において効果研究が盛んな国の1つにイギリスがあげられる。イギリスで効果研究が盛んな理由としては、経験主義の母国であることに加え、イギリスの国家的医療制度（National Health Service：NHS）が心理療法にかぎらず全ての医療に関して費用対効果に敏感だということがあげられる。そして、イギリスの医療において、EBMに対してNBM（ナラティブに基づく医療）が一定の意味を持ち始めているように、心理療法でもナラティブという概念にも光が当たるようになった。イギリスにおいてナラティブ的な取り組みに光があたっているのは、入手できる根拠のみに基づくエビデンスベースドな志向をもつ実践に一定の限界があることが実感されているからだと思われる。つまり、根拠に基づく実践とナラティブに基づく実践が相補的に用いられることの意味が理解され始めたのはイギリスにおいてであり、それが現在にまで波及しているのである。

III 臨床心理学史・心理学史を語源から考えてみる

1. 起源を探る意味

臨床心理学の起源をどこに置くのか、これは心理学史的な問いである。一般的な意味でも、始まりの決定は意味をもつ。ただし、始まりを決めるということ自体が、特殊な行為である。長くつづいたからこそ、始まりを決める価値が出てくるのである。すぐに別れてしまったカップルが恋愛の始まりを決定したとしてもムナシイのみであることからも、そのことがわかるだろう。

現在続いている臨床心理学とは何か、その内容については5つの問題系や効果の問題として、本稿ではすでに見てきた。そこで、ここでは角度を変えて語源を探ることを考えてみよう。

2. 心理学の語源

まず、心理学である。心理学＝Psychologyを分解するなら、ギリシア語で魂を意味するpsycheと理法を意味するlogosとから成る。ちなみに、ギリシア神話にはプシュケ（psyche）という女神がいる。心の機能を具現化した神である。用語としてのpsychologyの始まりについては、16世紀の人文主義者Marulicの著作の題名である"Psichiologia"（1520年頃）が最も古い用例だとされる。16世紀以降、感覚の問題がしきりに哲学で取り上げられるようになる。17世紀頃に行われていた論争のひとつにMolyneux's Problem（モリヌークス問題）というのがある。これは「立方体と球体を触覚で区別できる生まれつきの盲人が、成人してもし目が見えるようになったなら、見ただけで（視覚だけで）両者を区別できるか」というものである（サトウ、2007参照）。この問題は、理性主義の立場から考えれば、目が見えるようになった瞬間から区別が可能であると予測された。経験主義によれば、開眼だけでは区別が不可能だと予測された。そして、当時行われた13歳の少年の手術事例報告などを経て、経験主義の立場が正しいという認識が共有されていくようになった。この例は、感覚の問題が、17世紀に至って（思弁ではなく）実証的な検討によって解決されるということを示した例である。18世紀には『理性心理学』『経験心理学』などが刊行され、19世紀になると、実証的な方法を取り入れたド

イツのWundtにより，心理学が1つの独立した学問として認知されるようになっていった。

3．クリニック・寝台

一方で，clinicの語源であるギリシア語のκλινηとは，もともと人がその上に横たわる寝台，ベッドを指している。医療においてクリニックを旗印にして改革を進めた時代があったのは，ベッドとは遠く離れていた医療があったことを意味する。やや戯画的に説明するが，目の前の病人を治すのではなく，神の恩寵としての病気を慈しみ，死後に解剖を行うことで病気を理解しようとしていた時代があった。治さない医療の時代である。寝台ではなく書物を，という時代があった。

そうではなく，実際の病者のあり方を見て医療を行っていこうとしたのがクリニカルな医療である。この「クリニカル」の精神を心理学において重視して接頭辞として用いたのがアメリカのWittmerであった。では彼は寝台に横たわる心理学を目指していたのだろうかといえばそうでもない。カウチ（長いす）に横たわらせることを好んだのはFreudであり，その意味でまさに臨床心理学なのだが，Wittmerは文字通り寝台に寝かせるという意図をもっていたわけではなかった。

4．1986年頃に臨床心理学の起源があると考えてみよう

本稿で採用する仮説としては，Wittmerがペンシルベニア大学に「心理学クリニック」を創設した1896年頃を臨床心理学の起点にしてみたい。これは，多くの臨床心理学の歴史が前提にしているFreudやCharcotを起点にするという考え方とは明確に異なっている（ただし，時期はあまり変わらない）。言うまでもないことだが，学範（ディシプリン）は一人の偉人によって打ち立てられるものではない。この時期，臨床心理学に関することだけでも実にいろいろな試みがなされていた。

たとえば，ドイツではWundtのもとで心理学を学んだ精神科医・精神医学者Kraepelinが自ら創刊した"Psychologische Arbeiten"（心理学の仕事）に「精神医学における心理学的試み」という論文を発表した（1895）。オーストリアではFreudが『ヒステリーの研究』を公刊した（1895）。フランスでBinetが『心理学年報』を創刊したのが1895年であった。ロシアではBekhterevが1985年に最初の実験心理学研究所を創設した。Bekhterevはもともと医学を学んでいたが，ドイツのWundtやフランスのCharcotのもとに留学し，実験心理学や精神症状学を推進した人である。

このような動向のなか，アメリカでは前述のようにWittmerが1896年に心理的クリニックを設立したのである。臨床心理学の成立というような大きな出来事は個人の努力や業績にだけ帰せられるものではなく，より広い文脈で考えるべきものであることがわかる。

また，歴史の起点を描くときには，起点の前の歴史（前史）を考える必要が出てくる。いきなりWittmerの1896年から始めるわけにはいかない。それを準備した文脈というものが存在するからである。ただし，本稿では前史に関しては割愛せざるをえない。

IV　臨床心理学史の必要性

1．本稿の提唱する臨床心理学史

本稿では，1986年頃を臨床心理学の始まりとして置いてみることを提唱し，また，そこから大きく育った幹として，精神分析療法に至る流れとその展開，カウンセリング・ガイダンス・コンサルティングに至る流れとその展開，認知行動療法に至る流れとその展開，それを支える心理検査に至る流れとその展開，心理学的介入が必要な人への総合的支援がある，という考え方を提示した。

集団精神療法は臨床心理学ではないのか，家族療法やシステム志向は，矯正心理学はどうなのか，最近はナラティブや質的研究の影響もあるではないか，という声や問いも無視できないとは思

うが,歴史として扱うには時期尚早かもしれないのである。

2. 臨床心理学史の意味

ほかならぬ臨床家としての自分自身が臨床心理学を実践するのと同じように,過去にも多くの人がそうしていたし,あるいはそこで用いる技法を創始した人がいる。そのことに思いを馳せ,敬意を払う必要がある。あるいは,歴史上では,良かれと思ったことが悪い結果になっていたこともあるだろう。率直な反省と再発防止こそが必要である。こうしたプロセスの考察については臨床心理学史の出番なのである。特に失敗の直視と再発防止は個人では行いにくいことなので,心理学史のような学問の存在価値はそこにもある(決して受験勉強の丸暗記のためにあるのではない!)。

ケースフォーミュレーションの力をつけるために,歴史を含む思考を活用してほしい。

▶ 文献

サトウタツヤ(2007)近代心理学の成立と方法確立の関係——「心理学的方法」前史序読. In:渡邊芳之 編:心理学方法論. 朝倉書店, pp.31-67.

サトウタツヤ, 高砂美樹(2003)流れを読む心理学史——世界と日本の心理学. 有斐閣.

量的データの集め方と扱い方

竹林由武 *Yoshitake Takebayashi* ● 広島大学大学院総合科学研究科
杉浦義典 *Yoshinori Sugiura* ● 広島大学大学院総合科学研究科

I はじめに

　量的データは，不安尺度の得点や発話の回数など，数量化されたデータの総称である。データを数量化することによって，介入の前後でどの程度それが変化したかを容易に把握することができ，あるいはデータ間の関連を見ることが可能になる。量的研究では，仮説を検証する際に統計的方法が用いられる。統計的方法を用いることで，特定の集団から得た結果をその集団を代表する母集団にまで一般化し推論することが可能になる。ただし，量的研究では，データを収集する一連の過程で結果の一般化を困難にする数多の要因が存在する。それらを研究デザインによって適切に制御しなければ，いくら優れた統計的手法を使用したとしても，得られた研究成果から明確な結論を得ることができない。そのため，量的研究の結果を根拠づけるためには，統計的手法に精通することも必要ではあるが，その前に研究デザインへの理解を深める必要がある。本稿では，量的研究のデザインを概観した上で，研究知見の妥当性を担保する要因を述べる。また，量的研究の問いも深める工夫もいくつか紹介する。

II 量的研究の種類

　量的研究は，実験研究（experimental study）と観察研究[注1]（observational study）に大別される。両者の違いは，実験研究では，ある結果の発生（例えば疾病の発症）に関わる要因を介入によって変化させるなど，人為的に操作するのに対して，観察研究ではそのような操作を行わない点である。例えば，実験研究に該当する心理療法の効果研究では，心理療法を実施する条件と実施しない統制条件にうつ病に罹患している対象者を割り当てて，各条件間で抑うつ症状の改善度を比較する。このように，効果研究は介入の有無が研究者によって操作されるため，実験研究に該当する。また，喫煙（要因）による癌の発症率（結果）を明らかにする研究では，喫煙の有無は倫理的に研究者によって操作することが不可能である。そのため，観察研究に含まれる。なお，以降の研究デザインの分類は，Grimes & Schulz（2002）に基

注1）心理学のなかで，「参与観察」や「自然観察」など，データ収集の方法論を指して「観察」という言葉が用いられることがあるが，ここでは，実験的な操作を伴わない「非実験的な研究」を総称して観察研究としている。観察研究は，調査研究，あるいは調査観察研究と称されることも多い。

づく（図1）。

1. 実験研究──無作為化比較試験vs非無作為化比較試験

実験研究は，対象者を無作為に要因に割り当てる場合は無作為化比較試験（randamized controlled trial：RCT），無作為化を行わない場合は非無作為化比較試験（non-randomized control trial）あるいは準実験（quashi-experiment）と呼ばれる。対象者を無作為に介入群と介入なし群に割り当てることで，各群で対象者の特徴が均一化する。各群で対象者の特徴が均一であれば，介入と結果との関係が，対象者の特徴によって生じているという見かけ上の可能性を排除することになる。例えば，対象者のある特徴が介入群の対象者において平均的に高かったとする。その場合，介入群が介入なし群よりも症状が改善していたとしても，それが介入による効果なのか，個人のもつ特徴による効果なのか判断できない。

このように，操作した要因以外で結果に影響を与える要因は交絡要因（後述）と呼ばれる。無作為化しない場合には，少なくとも対象者の特徴といった交絡の影響を排除できないため，無作為化を行わない場合に比べて介入と結果の因果推論が弱くなる。

先に述べたように，心理療法の有効性を評価する場合に無作為化比較試験は有効である。実際，異なる介入方法のどちらがより有効であるかを無作為比較試験によって検討することも多い。例えば，Bögels（2014）は，社交不安障害患者を，力動的精神療法を実施する群と認知行動療法を行う群に割り当てて，社交不安障害の改善度を無作為化比較試験で検討している。その結果，いずれの群でも社交不安障害の改善がみられ，その改善の程度に統計的に有意な群間差は認められなかったことを明らかにしている。

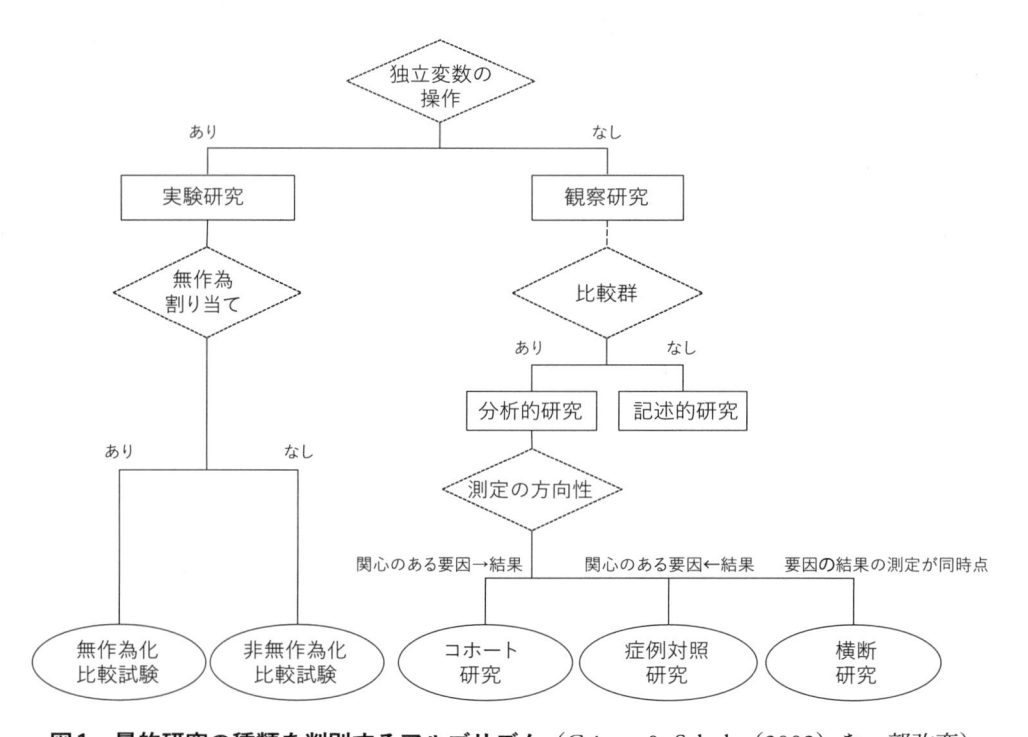

図1　量的研究の種類を判別するアルゴリズム（Grimes & Schulz（2002）を一部改変）

2. 観察研究——コホート研究・症例対照研究・横断研究

観察研究は，比較対照を伴う場合と伴わない場合で，分析的研究（analytic study）と記述的研究（descriptive study）に大別される。さらに，分析的研究は，コホート研究（cohort study），症例対照研究（case control study），横断研究（cross sectional study）に分類される。例えば，喫煙（要因）と肺がんの発症（結果）の関連を調べる場合，コホート研究では，肺がんに罹患していない対象者を喫煙者と非喫煙者に分類した後に，一定期間追跡し，肺がんの発症率を比較する。症例対照研究では，肺がんを罹患している者と非罹患者で群を分け，過去の喫煙状況を調べて比較する。コホート研究と症例対照研究は，要因と結果の測定時点が異なるため，縦断研究に分類される[注2]。コホート研究は，関心のある要因と結果の因果関係について，観察研究のなかでは最良の情報が得られる。一方，症例対照研究は，長期の追跡を必要としないため，コホート研究と比べて実施が容易でコストが少ない。症例対照研究は，要因と結果の因果関係はコホート研究に比べて劣るが，発生頻度がまれな現象（あるいは疾患）の研究に有用な方法である。

横断研究は，要因と結果を同時点で測定し両者の関連を検討する。この場合，要因と結果については，因果推論を行うことができない。有病率調査は，これに該当する。横断調査は期間を置いて繰り返すことで，時間経過に伴う動向を把握することも可能である。

記述的研究は，特定の疾患について病歴，経過，検査結果，特徴などを報告する研究であり，要因と結果の関連は検討を行わない研究である。

例えば，死亡統計などが該当する。

III 量的研究の妥当性を高める

量的研究の成果は，ある要因が特定の結果に影響を与えているかどうかの推論の正確さにかかっている。しかし，量的研究では，データ収集から解析という一連の研究の流れのなかで，多くの誤差が紛れ込む可能性がある。したがって，量的研究で得られる結果の根拠を強めるためには，誤差を最小限に留めて，その影響を正確に見積もる努力が必要になる。

1. 偶然誤差を最小限にする——適切なサンプル数の確保，精度が高い測定法の使用

誤差には，偶然誤差と系統誤差がある。偶然誤差は，統計解析による推定値と真の集団値（母集団の値）との間で偶然によってのみ生じる誤差である。偶然によって生じるということは，プラス方向にもマイナスの方向にも誤差が生じる。そのため，測定数を増やす，すなわちサンプル数を増やすことで平均の値は0に近づき，偶然誤差は少なくなる。また，要因や結果を測定する方法も常に正確ではなく，偶然誤差が伴うため，そのなかでも極力正確性や精度の高い測定法を用いることで，偶然誤差を減少させることができる。

適切なサンプル数を確保することで，偶然誤差を減少させることができるが，これは，単にサンプル数が大きければ大きいほど良いということを意味しない。むしろ，仮説を検証するのに不必要なほどにサンプル数を確保することは，研究対象者への負担を増大し，研究にかかる労力や費用を無駄に消費することになるため，倫理的な問題がある。また，統計的に群間の差や要因と結果の関連を検出できないほど少ないサンプル数しか確保できない場合には，統計的な方法による差や関連の検討を行っても無意味である。

統計的手法を用いて仮説を検証するための適切なサンプル数は，①統計的な有意水準（α），②

注2）コホート研究は，前向き研究（prospective study），症例対照研究は後ろ向き研究（retrospective study）と呼ばれることもあるが適切ではない。コホート研究は，過去のデータを利用して要因が将来の結果に影響しているかを検討する場合もあり（既存コホート研究（historical cohort study）），後ろ向きと前向きの双方が存在する。

検定力（$1-\beta$），③検出しようとする効果量（群間における結果の差または要因と結果の関連の度合い）を設定することで，比較的簡単に算出することが可能である。①は，真の結果において差がないのに，研究結果において差があるというエラーが発生する（第一種の過誤）確率であり，慣例上.05に設定されることが多い。②は，真の結果において差があり，研究結果でも差があるという正しい結果が得られる確率であり，.80に設定することが推奨されている（Cohen, 1988）。したがって，適切なサンプル数を算出するために集めなければいけない情報は，③のみとなる。これは，先行研究，あるいは予備調査を通じて得られた効果量についての情報を参照すれば良い。このように適切なサンプル数を計算することは比較的容易であり，それに特化したフリーウェア（G*Powerなど）も存在する。研究実施前のサンプル数の設定は，諸外国または国内の一部では，研究費の申請や，研究の倫理申請を行う際に義務化されるようになっている。

2. 系統誤差（バイアス）を制御する

系統誤差（systematic error）は測定値が真の値から系統的にずれる場合の誤差を指し，これはバイアスと呼ばれる。系統誤差が少なければそれだけ測定が正確であること（accuracy：真度）を示し，真度はサンプルサイズの影響を受けない。系統誤差（バイアス）の原因にはさまざまなものがある。これまでに30以上ものバイアスが報告されているが，選択バイアス（selection bias）と測定バイアス（measurement bias）に大別される。選択バイアスは，調査の対象者として抽出された人とされなかった人の間で，その特性が系統的に異なっている場合に生じる。例えば，喫煙の影響に関する調査に自主的に参加する人と参加しない人で喫煙習慣が異なり，ヘビースモーカーの人は，そのような調査に参加しない傾向が高いといった場合である。

測定バイアスは，要因や結果の測定が不正確である場合に生じる。そのなかには，例えば，症例対照研究で発生しやすいリコールバイアス（recall bias）がある。心臓疾患と運動不足に深い関連があることが専門家以外にも一般に広く知られている場合には，心臓疾患あり条件となし条件の対象者の間で，情報の思い出し方に違いがあり，心臓疾患条件の対象者は，運動不足だったことを疾患がない条件の対象者よりも強く記憶している可能性がある。

量的データを収集するにあたっては，さまざまなバイアスが存在するが，それらはデータが収集された後では調整することができない。そのため，データを収集する前段階である研究計画を立案する時点で，バイアスの制御を考慮した研究デザインを行う必要がある。

IV　第三の変数に着目する

多くの研究では，関心のある要因と結果の関連という2つの変数間の関連に研究の焦点が置かれる。ただし，それら2つの変数間の関連の仕方に，その他の要因（第三の変数）が関係している場合がある。そのような場合，第三の変数を統計的な解析に含むことで，両変数の関係性がより明らかになる。第三の変数には，交絡要因，媒介要因，調整要因があり，関心のある要因と結果との関係性が各々異なる。

1. 交絡要因を制御して，関心のある要因と結果の関連を明確にする

交絡要因は，関心のある要因と結果の関連を検討する際に，その要因と結果の双方と関連があるその他の要因を指す。この交絡要因の影響を，分析や研究デザインによって制御しない場合には，関心のある要因と結果の関連が誤って解釈される可能性がある。図2のAが交絡関係を示している。喫煙は，関心のある要因と結果の双方と関連するが，関心のある要因との関連の仕方は，双方向的である。この場合，コーヒーを飲む人には煙

A）交絡関係

- 喫煙（交絡要因）
- 喫煙はコーヒー摂取との関連、コーヒー摂取の結果ではない
- 喫煙はコーヒー摂取と独立して、心疾患と関連する
- コーヒー摂取（関心のある要因）
- 心疾患（結果）

B）媒介関係

- 喫煙（媒介要因）
- 喫煙は、コーヒー摂取の結果である
- 喫煙はコーヒー摂取と独立して、心疾患と関連する
- コーヒー摂取（関心のある要因）
- 心疾患（結果）

C）調整関係

- 喫煙（調整要因）
- 喫煙によって、コーヒー摂取と心疾患の関連が変わる
- コーヒー摂取（関心のある要因）
- 心疾患（結果）

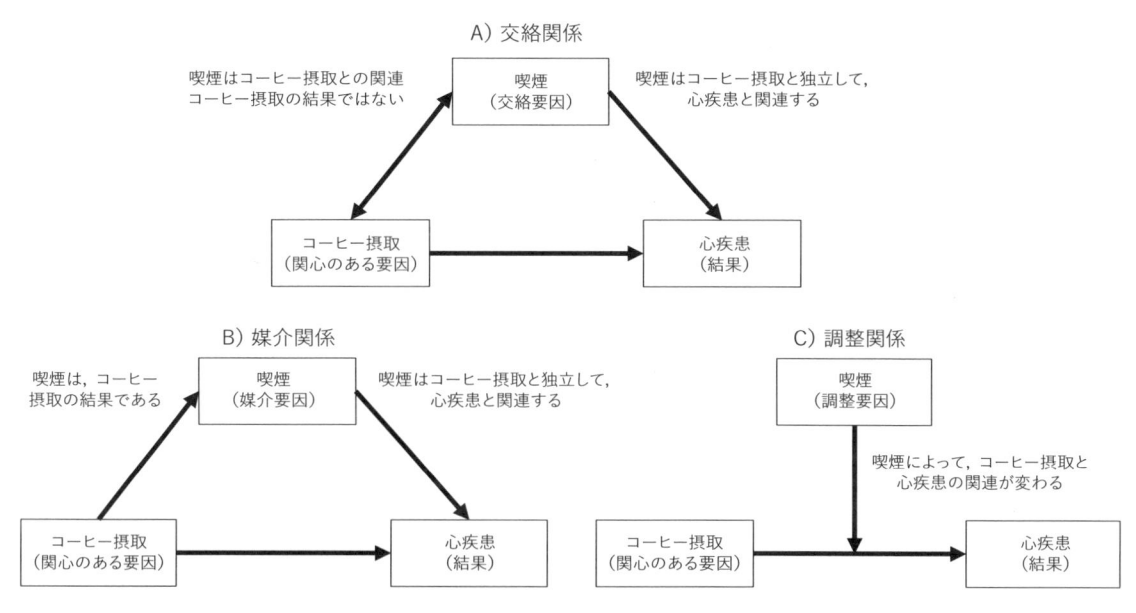

図2 第三の変数（A：交絡，B：媒介，C：調整）

草を吸う人が多いという関係がある。そして，喫煙は心血管疾患の原因として知られている。そのため，コーヒー摂取と心疾患の関連は，喫煙と心血管疾患の関連を反映しているにすぎない可能性がある。喫煙と心疾患の真の関連を明らかにするためには，コーヒーの摂取を研究デザインで測定に含め，その影響を制御して分析を実施する必要がある。

実験研究における無作為割り当ては，この交絡要因を制御するための代表的な方法である。観察研究では，無作為割り当てを行うことができないが，既知の交絡要因であれば，交絡要因も測定することで制御することができる。しかし，観察研究では，未知の交絡要因に対しては対処することができない。無作為化比較試験が観察研究よりも因果推論に強いのはこのためである。

交絡要因を制御する方法には，例えば，症例対照研究では，交絡要因の条件が似るように対照群を選択するマッチング（matching），あるいは交絡要因をカテゴリ別に解析する層化（stratification）と呼ばれる方法が存在する。しかし，これらの方法は，マッチングや層化を行う方法が恣意的になることや，交絡要因が多い場合にはサンプル数に限界があり実施が困難になる，といった問題点がある。

近年，Rosenbaum & Rubin（1983）によって提唱された傾向スコア（propensity score）を用いて交絡要因を制御する方法が注目されている。傾向スコアは，複数の交絡要因の得点によって，調査対象者が関心のある要因の特定の条件（例えば，条件1が喫煙，条件2が非喫煙）に該当する確率を推定した値を指す。その推定値を用いてマッチングや層化を行うことで，擬似的に無作為割り付けの状態を作ることができ，観察研究であっても強い因果推論を行うことが可能になる。そのため，New England Journal of MedicineやLancetなどトップジャーナルでも応用例が多く掲載されている（星野・岡田，2006）。

2. 媒介要因を検討して，関心のある要因が結果に影響を与えるメカニズムを明確にする

　関心のある要因と結果の双方と関連がある要因は交絡要因であったが，関心のある要因との関連の仕方は，交絡要因が関心のある要因に影響を与える，あるいは，双方向的な関連であった。結果と関連する他の要因が，関心のある要因の結果によって生じている場合，その他の要因は交絡要因ではなく，媒介要因となる（図2のB）。つまり，関心のある要因と結果の関連は，媒介要因を経由していることを意味する。関心のある要因と結果の関連を媒介する要因を検討することで，「なぜ，その要因が結果をもたらすのか」といった，結果が発生するメカニズムについての知見が得られる。媒介要因を考慮したモデルを検討することは，単に理論的な知見を充実させるだけでなく，臨床応用においても重要な意味をもつ。例えば，Hedman et al.（2013）は，社交不安障害に対する認知行動療法を1対1の個人形式で実施する場合と集団形式で実施する場合のそれぞれで無作為化比較試験を実施している。この研究では，集団形式よりも個人形式で実施したほうが効果が高いことが示された。そして，各形式での介入の効果を媒介する要因を検討したところ，両者に相違点がみられた。個人形式では，回避行動，自己注目という要因が介入と社交不安症状の改善の関係を媒介し，集団形式では，自己注目と反芻という要因が媒介していた。自己注目は，両形式で介入の効果を媒介する要因であったことから，社交不安障害に対する介入の要素としてより重要であることが示唆される。また，集団形式で回避行動が媒介要因にならなかったということは，集団形式では回避行動の改善が適切に行われておらず，そのために介入の効果が個人形式に劣っているという可能性が示唆される。このように，効果が生じるメカニズムやプロセスの理解が進めば，その理解に基づいて，技法そのものをより有効なものに改善していったり，有効な適用のための条件を明確にしていったりするなどの可能性が広がる（南風原，2010；杉浦，2009）。

3. 調整要因を検討して，関心のある要因と結果が関連する条件を明確にする

　交絡要因と媒介要因は，それらの要因が関心のある要因あるいは結果と関連するという関係性であった。これに対して調整要因は，関心のある要因と結果の"関連の仕方"に影響を与える。例えば，喫煙者では，コーヒー摂取と結果に関連があるが，非喫煙者では，コーヒー摂取と結果に関連がないという関係が，調整効果の典型例である。この場合，コーヒー摂取を調整要因と呼ぶ（図2のC）。

　適切な調整要因に検討を加えていくことは，「集団全体で見られる傾向がどの程度，個に一般化できるか」という，個を重視する観点からも臨床的な意義がある（南風原，2011）。例えば，Newman et al.（2013）は，全般性不安障害に罹患している患者を3種の介入法に割り当てて，その有効性を評価する無作為化比較試験を実施している。介入法は，複数の介入技法が組み合わされて実施される認知行動療法，認知行動療法の認知的要素に焦点をあてた認知療法，そして，応用リラクセーションという単独の技法による介入の3種類であった。そして，各介入の有効性の調整要因として複数の要因を検討した。その結果，全般性不安障害の罹患期間によって，有効な介入方法が異なるという知見が得られた。罹患期間の長い患者では，単独の技法（応用リラクセーション）による介入が症状の改善に対して有効であり，罹患期間の短い患者では，複数の技法を組み合わせた介入（認知行動療法）が有効であることが示された。このように，調整要因を検討することで，患者個々人の特徴に応じてどのような介入方法が有効かを判断する材料となる有益な知見が得られることも多い。

V　おわりに

　量的研究では，数量化したデータを単に収集して統計解析を行うというだけでは，その結果から根拠のある結論を導くことができない場合が多い。研究計画の段階で綿密に偶然誤差やバイアス，あるいは交絡を制御する工夫を行った上で初めて，統計解析によって示される結果が意味をもつようになる。近年，国際誌においても偶然誤差，バイアス，交絡の制御が不十分である研究が多いことや，論文を報告する際にそれらの制御方法について明記していないために，研究で示している結果が妥当なものであるかを査読者が判断できないケースが多く，問題視されている。その問題に対処するために，観察研究や実験研究などの「研究の報告の質を向上するためのガイドライン」が整備されている（例えば，Srengthening the Reporting of Observational Studies in Epidemiology：STROBE声明，Consolidated Standards of Reporting Trials：CONSORT声明）。研究を実施する前にこれらに習熟することは，量的研究の質がどのようなポイントで損なわれるのかを理解することに役立ち，意味のある研究知見を得るための研究デザインを設計する足がかりになるだろう。

▶文献

Bögels SM, Wijts P, Oort FJ & Sallaerts SJ (2014) Psychodynamic psychotherapy versus cognitive behavior therapy for social anxiety disorder : An efficacy and partial effectiveness trial. Depression and Anxiety 31-5 ; 363-373.

Grimes DA & Schulz KF (2002) An overview of clinical research : The lay of the land. The Lancet 359（9300）; 57-61.

南風原朝和（2011）量的研究法．東京大学出版会．

Hedman E, Mörtberg E, Hesser H, Clark DM, Lekander M, Andersson E & Ljótsson B (2013) Mediators in psychological treatment of social anxiety disorder : Individual cognitive therapy compared to cognitive behavioral group therapy. Behaviour research and therapy 51-10 ; 696-705.

星野崇宏，岡田謙介（2006）傾向スコアを用いた共変量調整による因果効果の推定と臨床医学・疫学・薬学・公衆衛生分野での応用について．Journal of the National Institute of Public Health 55 ; 230, 243.

Newman MG & Fisher AJ (2013) Mediated moderation in combined cognitive behavioral therapy versus component treatments for generalized anxiety disorder. Journal of consulting and clinical psychology 81-3 ; 405.

Rosenbaum PR & Rubin DB (1983) The central role of the propensity score in observational studies for causal effects. Biometrika 70-1 ; 41-55.

杉浦義典（2009）アナログ研究の方法．新曜社．

語りからデータを得て実証する

野村晴夫 *Haruo Nomura* ● 大阪大学大学院

I ナラティヴ,実証,構成

　執筆の機会を頂戴したこの題目,率直に言って,どこかちぐはぐで,しっくりこなかったのだけれども,しばらく眺めている内に,僭越ながら戦略的で魅惑的に見えてきた。かつて筆者の研究発表が,「エビデンス・ベーストなナラティヴ」との評を受けたことがあるが,題目に最初に感じた違和感は,その時に生じた感覚に少し似ている。どうも,「語り」と「実証」の語が並んでいる構図に関係していそうだ。研究上,語り・ナラティヴは社会構成主義と,そして,エビデンスは実証主義とセットで扱われやすい。臨床実践上も,ナラティヴに関わり深いセラピー(e.g.: Anderson & Goolishian, 1992)は,社会構成主義の実践と目される(より幅広いナラティヴ・アプローチについては,森岡(2002)や野村(2002a, 2004)を参照)。題目に覚えた違和感の由来は,とかく対置されやすい異質な概念の組み合わせにあるようだ。しかし,臨床という実践の基盤を成すナラティヴ・ベーストやエビデンス・ベーストは,対立から調和に向けた努力がなされている(斎藤,2012)。研究においても,それはあてはまるだろうか。たとえば,ナラティヴによる実証とは,どのように可能となるだろうか。筆者のさ さやかな研究を振り返ると,上に紹介した「エビデンス・ベーストなナラティヴ」の評にもある通り,本稿のテーマを検討するための素材があるかもしれない。もっとも,自身の研究の基盤が,実証主義にあるのか,社会構成主義にあるのかといった立場に自覚的であったとは,およそ言い難い。一方,ナラティヴ・アプローチがドミナントな学知や実践の相対化に発揮してきた特質のひとつは,自省性(reflexivity)にあると思われる。そこで,自身の研究の基盤を振り返り,関連する先行研究を参照しながら,臨床心理学において語りからデータを得て実証することの可能性と課題について考えてみたい。なお,語り・物語(以下,ナラティヴ)とは,「時間的前後関係にある複数の出来事を一定のコンテクストの中で関連付ける」(野家,2005),もしくは「二つ以上の出来事をむすびつけて筋立てる」(やまだ,2000)行為やその産物のように,出来事にまとまりを持たせるための編集過程,あるいはその過程を経た産物を指す。本稿で取り上げるナラティヴ研究は,こうしたまとまりを持った発話を中心としつつも,幅広く発話に関心を寄せる研究を含む。

II　ナラティヴと観察者の関係性

　まず「実証」を可能にする哲学的前提について，確認しておこう。科学哲学の領域で科学的実在論の擁護を試みる戸田山（2005）によれば，科学的実在論とは，科学を含む人間の認識活動とは独立した世界の存在や秩序を認める「独立性テーゼ」と，それらの秩序について科学によって知り得ることを認める「知識テーゼ」の両者を前提としている。また，心理学を支える哲学を論じる渡辺（2002）によれば，歴史的に心理学の根底にある哲学は，現象学に代表される主観性を重んじる立場と，生物学的心理学に代表される客観性を重視する立場に分けられる。後述する「臨床の知」（中村，1992）をめぐる議論にみられる通り，臨床心理学においては必ずしもあてはまらないかもしれないが，心理学全般では，後者の立場が優勢といえるだろう。そして，客観性を「観察対象と観察者が別であること」（渡辺，2002）と捉えるならば，客観性を重視する心理学の研究は，やはり「独立性テーゼ」を前提に，往々にして研究者自身である観察者が，自身とは別個の対象者について探求を試みるという形をとる。

　こうした科学的実在論や客観性を重視する態度に，「実証」は馴染みやすい。そこでは，観察者から独立した経験的事実に基づいて，仮説を検証し，モデルや理論を構築することになる。そして，ナラティヴによる実証の可能性を吟味するには，この独立性テーゼの妥当性や，観察対象と観察者との関係性に対する研究者の立ち位置を問うことが求められるだろう。そこで本稿では，観察対象と観察者との関係性によってナラティヴ研究を整理し，ナラティヴによる実証の可能性と課題を考察することを試みる。その関係性の第一は，「観察されたナラティヴ」であり，観察対象と観察者との間が明別され，しかも観察者自身は研究に登場しない。言い換えれば，観察者は特定の人物ではなく，誰が観察するかは棚上げにされている。第二は，「『私』に観察されたナラティヴ」であり，やはり観察対象と観察者との間は明別されつつも，特定の人物である観察者自身が研究に登場する。第三は，「『私』と構成されたナラティヴ」であり，観察対象は観察者による影響下にあって，そこでのナラティヴは観察対象と観察者の双方によって協同構成される。そして，やはり特定の人物である観察者自身が研究に登場する。第四は，「『私』が構成したナラティヴ」であり，観察対象と観察者は同一であり，そこでのナラティヴは，観察者が自身を対象に観察して構成される。なお，ここでいう「観察」は研究者が研究対象に向ける眼差しのあり方を指しているので，研究法としての狭義の観察法に限らず，面接法や実験法も含んでいる。また，取り上げる研究例は，臨床心理学とその隣接領域から，筆者が関心を寄せるアイデンティティや記憶想起・回想の研究，心理療法の事例研究やプロセス研究を中心とする。

III　観察されたナラティヴ

　筆者は，高齢者に対する回想法（Butler, 1963）の基礎研究として，地域在住高齢者の生活史に関する自己語り（self-narrative）を面接法によって収集したことがある（野村，2002b）。回想法は，いわゆる「自我の統合」（Erikson et al., 1986）として課題に挙げられるアイデンティティに働きかける可能性がButlerらによって指摘されながらも，その証左は必ずしも十分に得られていなかった。そこで，臨床群への回想法がアイデンティティに影響力を有するならば，健常群においてもアイデンティティの達成度と回想との間に関連が見られるのではないかと予測した。そして，回想を自分の特性やライフイベントについての自己語りと捉え，自己語りの構造（語り方）に着目した。一方，アイデンティティの達成度は，既存の質問紙によって測定し，自己語りの構造とアイデンティティ達成度との関連を調べた。その結果，アイデ

ンティティの達成度による，自己語りの構造上の差異が明らかとなった。具体的には，アイデンティティ達成度の低い高齢者は，自己の否定的な性格特性について語る際に，過度に明細化されて冗長になったり，その主題から逸れたりしていた。この調査研究では，ナラティヴはアイデンティティの様相を知るための素材とみなされている。

アイデンティティのナラティヴ・モデルを哲学の領域から支えるRicœur（1985）によれば，物語は人の生涯にわたる同一性を正当化する装置であり，その結果獲得される同一性には物語的同一性という語が当てられている。こうした着想に基づいて，特に世代継承性（generativity）に代表される成人期のアイデンティティを人格心理学領域においてナラティヴから検討している研究者に，McAdams（1985）がいる。彼によれば，アイデンティティとは，人生に単一の意味を与える過去・現在・未来の物語による統合であり，物語同様，アイデンティティにも良い形式（form）があると考えている。そして，彼は人生上の転機や絶頂期などについて語られたライフストーリーの形式や構造と，世代継承性との関連を明らかにした（McAdams et al., 1997）。そこでは，ライフストーリーが，悪い出来事や否定的感情に続いて良い出来事や肯定的な感情が語られる「救済型（redemption sequence）」と，良い出来事や肯定的感情に続いて悪い出来事や否定的な感情が語られる「汚濁型（いわば転落型）（contamination sequence）」に分けられ，その出現頻度が調べられた。同時にまた，語り手である成人の世代継承性を，職業や尺度によって把握している。そして，ライフストーリーの構造と世代継承性との関連を調べたところ，世代継承性の高い成人は，救済型の構造によってライフストーリーを語りやすいことが明らかとなった。このようなアイデンティティとナラティヴとの関連は，青年期や高齢期も含め，生涯発達的関心からも注目されている（e.g.：McLean, 2008 ; McLean & Breen, 2009）。

これらの研究は，日常生活上で人々のアイデンティティを形成・維持する源泉がナラティヴであるという前提のもと，研究上ではナラティヴを素材としている。観察者（研究者，聴き手）は，研究方法の記述において限定的に登場するに留まり，その登場の仕方も，原則的には観察（質問や聴取）の手続きに限られる一方，観察者である「私」の属性や状態は言及されない。観察者が誰であろうとも，同様の研究方法に従えば，おおむね同様の結果が得られることを目指す。こうした意味で，ナラティヴは一般的他者を前に語られており，研究者は観察者の立場に徹しているといえよう。

IV 「私」に観察されたナラティヴ

前節の「観察されたナラティヴ」の立場の研究では，観察対象のナラティヴに観察者は不特定の影響を与えるようなことはなく，両者は切り離して考えられている。しかし，この前提は心理学におけるナラティヴ研究では，どれほど成り立ち得るだろうか。研究対象者が語っている場面に，録画・録音機材を持ち込んで観察を始めただけで，その語りが変質することは想像に難くない。ましてや面接法のように面接者が対象者の眼前に居座る研究方法を用いるならば，面接者の振る舞いや応答が対象者のナラティヴに与える影響を，棚上げにしてよいものだろうか。上述した研究同様，高齢者の生活史のナラティヴを収集した別の研究（野村, 2005）では，こうした観察者に由来すると思われる成分を棚上げにせず，分析に組み込むことを試みた。この研究では，一人の高齢女性による人生上の転機のナラティヴから，その構造を抽出した。彼女は転機を生家の歴史上に位置づけるなどして時間的に順序立て，また，転機の原因を故人や神仏といった超越的他者に帰属するなどして因果的に関係づけ，さらに転機にまつわる俳句を挙げるなどして転機の主題を集約して表現していた。こうした時間的，因果的，主題的な構造化によって，説得的に転機を語ったナラティヴを

読み返すうち，筆者は，そこに暗に明に登場している「私」すなわち筆者を見出す。すなわち，彼女は孫ほどに年齢が離れた「私」の理解を確かめ，時として，より平明な表現に言い直し，さらには，語る目的が研究協力にあることに言及しながら話題を取捨選択してもいた。つまり，観察者が「私」だからこそ現れていたと推察されるナラティヴが含まれていたのである。そのため，筆者はこれらの観察者に由来すると思しき状況依存的な要素を加味して，ナラティヴの構造を抽出し直した。このような研究は，ナラティヴが特定の人物による観察のもとに得られたことを認める意味で，いわば「『私』に観察されたナラティヴ」の研究といえるだろう。

前節の「観察されたナラティヴ」に挙げた研究例は，たしかにナラティヴ・アイデンティティのように，ナラティヴに特異な機能性を想定してはいるが，研究方法上の扱いとしては，ナラティヴではなく，発話と称されたとしても，さして支障はない。しかし，ナラティヴに発話を超えた含意が与えられることも珍しくはない。たとえば能智（2006）によれば，ナラティヴは，「見出されたり引き出されたりする何かであり，そのような積極的な働きかけのなかで，はじめて現れてくるもの」，「初めからあるものというよりもむしろ，それに対して関心が向けられる状況の中でなるもの」である（p.25）。また，社会構成主義的な物語論の観点からは，ナラティヴには，語り手と聞き手との間の協同生成性や即興性が欠かせないと考えられている（e.g.：Cohler & Cole, 1996）。これらの提言に依拠するならば，観察者の存在を棚上げにしたのでは，「ナラティヴ」という語の社会構成主義的な含意は薄らぐのかもしれない。観察対象が観察者から独立しているのではなく，その影響下にあることを認める「『私』に観察されたナラティヴ」の研究は，ナラティヴ研究の独自性の一端を表していると思われる。しかし，「『私』に観察されたナラティヴ」だからといって，観察者としての「私」の数だけ観察対象やそ

こから得られる結果があり得ると考えるわけではない。上掲の筆者の研究例では，たしかに観察者由来の成分は認めつつも，それはあくまでも観察対象を修飾する成分であり，その成分を考慮すれば，誰が観察者であろうとも共通して見出せる観察対象や結果の存在を想定している。

V 「私」と構成されたナラティヴ

ここまで参照してきた研究例は，筆者自身によるものも含め，観察対象者のアイデンティティやナラティヴに関心を寄せた調査であった。そこで解明が目指されたものは，あくまでも観察対象者に属していたのであって，観察者や両者の関係性に属していたのではない。そして，前節の「『私』に観察されたナラティヴ」も，観察者によって変動はしつつも，一定の観察対象を見出し，一定の結果に到達できる可能性は保たれていた。だが，ナラティヴの協同構成的，即興的性質を，より積極的に取り入れるならば，ナラティヴは観察されるものではなく，構成されるものとみなすことになるだろう。そして，その構成は，特定の人物である研究者（「私」）と対象者との間でなされる。これはもはや，対象を明らかにする研究を超え，対象を共につくる研究であり，実践に関する研究にふさわしい考え方でもある。こうした協同構成的，即興的性質を取り入れた研究は，たとえば臨床面接の事例研究である。筆者がセラピストを務めた臨床面接の事例研究では，クライエントである母親が発達に遅れを持つ子どもの養育上の悩みを相談するなかで，当初断片的に語られていた子どもの盗癖や暴力など，親にとって問題行動といえる出来事が，しだいに筋立てられて語られるプロセスが提起された（野村，2006）。そこでは，クライエントのナラティヴ・プロセスと，主訴が解決されたり変更されたりした推移との関連が検討された。だが，対象をそのまま掬い取ろうとする調査面接とは異なり，対象の変化を促す臨床面接では，研究者を兼ねたセラピストによる介入が

欠かせない。上述のクライエントのナラティヴ・プロセスは、より実状に即して捉え直すならば、クライエントとセラピストとの間で協同的に出来事を筋立てて構成したプロセスであろう（野村,印刷中）。

ただし、このような「『私』と構成されたナラティヴ」という発想は、実は日本の心理臨床の事例研究においては、さして新鮮味はないのかもしれない。たとえば河合（2001）は、近代科学の方法論の限界を見極めた上で、心理臨床においては「治療者自身が『固有の存在』なのであり、それが同じく固有の存在としてのクライエントに会い、そこに『関係の相互性』が生じてくるのだから、これは一回一回の記述に頼らざるを得なくなるのも当然である」と考え、「臨床の知」の追求に際した事例研究の必要性を説いた。事例研究では、研究者・実践者が何を思い、狙い、語ったかを含め、クライエントとの協同構成的作業への言及が不可欠であり、実際に多くの事例研究はそれらに積極的に言及している印象がある。なお、社会構成主義に基づくナラティヴ・アプローチでは、セラピストの臨床家としての歩みに関わる「臨床家そのひとの物語」を担当事例の物語に併記する（小森・野口・野村,2003）など、一般的な心理臨床の事例研究に比べて、ナラティヴの協同構成的性質をより徹底して活かそうとしていると思われる。

VI 「私」が構成したナラティヴ

最後に挙げる「『私』が構成したナラティヴ」とは、観察者である研究者が自分を観察対象として構成したナラティヴ、いわば研究者による自己語りを指している。研究者が研究者自身を観察対象とすることは、研究が萌芽期にあったり、方法が困難であったりした場合には珍しくはなく、たとえば、日常生活場面における記憶想起が研究者自身による日誌記録から探索された例がある（e.g.：Linton, 1975；神谷,2003）。しかし、ナラ

ティヴのような高次な認知機能の所産の場合は、語り手の意識的な操作が多分に入り込みやすいため、観察者と観察対象が同一の研究は多くはない。心理学の隣接領域まで広げれば、オートエスノグラフィに類した研究が、これに相当するだろう。たとえば人類学者のMurphy（1987）は、脊髄の腫瘍による進行性の麻痺により、死に至るまでの自身の体験を綴っている。また、社会福祉的な実践として知られる浦河べてるの家の当事者研究（向谷地,2006）も、自身の体験を研究している点では、「『私』が構成したナラティヴ」と呼べるだろう。

VII ナラティヴによる実証の可能性と課題

観察者と観察対象の関係性に基づき、ナラティヴに関連した研究を4種に分けて概観してきた。実証主義を背景とした狭義の実証には、おそらくは冒頭に挙げた「観察されたナラティヴ」の研究の立場がもっとも馴染みやすい。だが、実証を指して、根拠に根差した説得的主張のように、広義に捉えるならば、社会構成主義的なナラティヴ・アプローチを加味した、他の3種の立場による実証の可能性も開けるだろう。このようにナラティヴによる実証の道筋を探ることは、データや研究の意味の問い直しを私達に迫ると思われる。「データ（data）」のラテン語の原義は、「与えられたもの」にあるという。遠藤（2002）は、研究者の主観性を排除し、「誰の目にも明晰判明な『固い事実』だけをデータとする」旧来の自然科学的アプローチを、とりわけ個別性や実践性を伴う心理学にそのまま適用することの方法論的限界を指摘している。個別性と実践性を必然的に伴う臨床心理学においては、ナラティヴによる実証研究は、心理学が自然科学に近づこうとしてきた歴史において排除されてきたものを取り戻そうとする機運と相通じる。

ただし、実証研究の幅が広がるということは、

質の多様な研究の無秩序な氾濫を招くことと表裏一体でもある。相対主義的な趣きの強い社会構成主義を背景にしたナラティヴ・アプローチは，研究者という「私」の物語としての研究群を，互いの優劣を問うことなしに量産するおそれもあるだろう。こうした懸念に通底して，佐藤（2008）は，質的研究ブームの中で量産された研究の質を問題視し，粗雑な「薄い記述」と言わざるを得ない研究を類型化している。たとえば研究者の主観的な印象や感想が中心の私的エッセイに近い「読書感想文型」や，研究者の体験談や主観的体験が前面に出過ぎて研究対象の姿が見えてこない「自己主張型」などが挙げられている。これらの類型からは，観察者が「私」を過剰に表し，研究が観察者の独り語りに陥る問題がうかがえる。

　実際に，筆者自身，臨床事例研究においては，発達心理学的事例研究（野村，2005）に比べて，そもそも何をデータとみなし，どれほど研究者・実践者の主観性を取り入れて記載するか当惑した覚えがある。臨床実践におけるクライエントに対するセラピストの自己開示にも似て，臨床研究における読者に対する研究者の主観性の開示には，歯止めが要るのだろう。上掲の「『私』と構成されたナラティヴ」のように，クライエントとセラピストの間の協同構成的性質を研究に組み込む際に，この歯止めは無視できない課題である。こうした研究者・実践者である「私」の表し方を斟酌するためには，たとえばクライエントというもう一方の当事者や，他の研究者という他者の視点を積極的に取り入れるメンバー・チェックに類した工夫も必要なのかもしれない（野村，2013）。研究という営為が他者との知見の共有を目指す以上，特に二者関係を重視する臨床実践の研究に際しては，それを三者関係に開放し，公共性に配慮することが求められよう。

▶ 文献

Anderson H & Goolishian H（1992）The client is the expert : A not-knowing approach to therapy. In : S Mcnamee & KJ Gergen（Eds.）Therapy as Social Construction. Sage, pp.25-39.（野口裕二，野村直樹 訳（1997）クライエントこそ専門家である──セラピーにおける無知のアプローチ．In：ナラティヴ・セラピー──社会構成主義の実践．金剛出版，pp.59-88）

Butler RN（1963）The life review : An interpretation of reminiscence in the aged. Psychiatry 26 ; 65-75.

Cohler BJ & Cole TR（1996）Studying older lives : Reciprocal acts of telling and listening. In : JE Birren, GM Kenyon, JE Ruth, JJF Schroots & T Svensson（Eds.）Aging and Biography : Explorations in Adult Development. New York : Springer Publishing Co, pp.61-76.

遠藤利彦（2002）問いを発することと確かめること──心理学の方法論をめぐる一試論・私論．In：下山晴彦 編著：心理学の新しいかたち──方法への意識．誠信書房．

Erikson EH, Erikson JM & Kivnick HQ（1986）Vital Involvement in Old Age. New York : Norton & Company.（朝長正徳，朝長梨枝子 訳（1990）老年期──生き生きとしたかかわりあい．みすず書房）

神谷俊次（2003）不随意記憶の機能に関する考察──想起状況の分析を通じて．心理学研究74 ; 444-451.

河合隼雄（2001）事例研究の意義．臨床心理学1-1 ; 4-9.

小森康永，野口裕二，野村直樹（2003）セラピストの物語／物語のセラピスト．日本評論社．

Linton M（1975）Memory for real-world events. In : DA Norman & DE Rumelhart（Eds.）Explorations in Cognition. San Francisco : Freeman, pp.376-404.

McAdams DP（1985）Power, Intimacy and the Life Story : Personological Inquiries into Identity. New York : The Guilford Press.

McAdams DP, Diamond A, de St. Aubin E & Mansfield E（1997）Stories of commitment : The psychosocial construction of generative lives. Journal of Personality and Social Psychology 72 ; 678-694.

McLean KC（2008）Stories of the young and the old : Personal continuity and narrative identity. Developmental Psychology 44 ; 254-264.

McLean KC & Breen AV（2009）Processes and content of narrative identity development in adolescence : Gender and well-being. Developmental Psychology 45 ; 702-710.

森岡正芳（2002）物語としての面接──ミメーシスと自己の変容．新曜社．

向谷地生良（2006）安心して絶望できる人生．日本放送出版協会．

Murphy RF（1987）The Body Silent : The Different World of the Disabled. W.W. Norton.（辻信一 訳（1992）ボディ・サイレント──病いと障害の人類学．新宿書房）

中村雄二郎（1992）臨床の知とは何か．岩波書店．

野家啓一（2005）物語の哲学．岩波書店．

野村晴夫（2002a）心理療法における物語的アプローチの批判的吟味──物語概念の適用と運用の観点から．東京大学大学院教育学研究科紀要42 ; 245-255.

野村晴夫（2002b）高齢者の自己語りと自我同一性との関連──語りの構造的整合・一貫性に着目して．教育心理学研究50 ; 355-366.

野村晴夫（2004）ナラティヴ・アプローチ．In：下山晴彦 編著：臨床心理学の新しいかたち．誠信書房，pp.42-60.

野村晴夫（2005）構造的一貫性に着目したナラティヴ分析——高齢者の人生転機の語りに基づく方法論的検討．発達心理学研究16 ; 109-121.

野村晴夫（2006）クライエントの語りの構造——臨床事例に基づくナラティヴ・プロセスの検討．心理臨床学研究24 ; 347-357.

野村晴夫（2013）心理療法のプロセス研究におけるナラティヴ・アプローチの意義——研究者の「私」の表し方，クライエントの視点への近づき方．N：ナラティヴとケア4 ; 9-15.

野村晴夫（印刷中）ナラティヴ・アプローチが照射する心理臨床の主観と客観——協同構成される物語の方向性と共有可能性に着目して．人間性心理学研究.

能智正博（2006）語りと出会う——質的研究の新たな展開に向けて．ミネルヴァ書房.

Ricœur P（1985）Temps et récit. Paris : Edition du Seuil.（久米博 訳（1990）時間と物語III．新曜社）

斎藤清二（2012）医療におけるナラティブとエビデンス——対立から調和へ．遠見書房.

佐藤郁哉（2008）質的データ分析法——原理・方法・実践．新曜社.

戸田山和久（2005）科学哲学の冒険——サイエンスの目的と方法をさぐる．日本放送出版協会.

渡辺恒夫（2002）心理学の哲学とは何か．In：渡辺恒夫，村田純一，高橋澪子 編著：心理学の哲学．北大路書房, pp.3-20.

やまだようこ（2000）人生を物語ることの意味．In：やまだようこ編：人生を物語る．ミネルヴァ書房, pp.1-38.

臨床心理学における「実験」

佐々木玲仁 *Reiji Sasaki* ● 九州大学人間環境学研究院

I 「実験」のカギカッコ

　本論に与えられたタイトルには,「実験」というふうに,実験ということばにカギカッコが付けられている。まずはその含意について考えることから論を起こしていこうと思う。

　通常の意味での実験は,ある統制された状況を作り出し,その統制された条件の下で対照群との比較を行いつつ,ある事象についての知見を得ようとする試みである。しかし,臨床心理学において実験という言葉が用いられるとき,おおむね「臨床事例研究以外の研究法を用いた研究」という非常に広い意味を含んで用いられることが多い。また,この実験という用語には,研究としては成立しているが臨床実践とはかけ離れた「研究のための研究」であるという含みもあり,またそれは臨床状況という複雑な現象を過度に単純化し,シンプルで見栄えはいいが,臨床実践の場には還元できないものである,という含みさえある言葉でもあるといえるだろう。

　上記のように広義で用いられる実験は,「非臨床研究」と言い換えることができると考えられるが,ここでカギカッコがついた「実験」というときには,「臨床場面や臨床事例は直接扱わないが,臨床実践とはかけ離れておらず,知見を臨床の場に還元可能である」研究のことであろうと筆者は理解した。そこで,このような研究のことについて本論では論じていくことにしたい。

　筆者はこのような「実験」を主な研究方法として用いて,心理臨床場面で施行される描画法（風景構成法）の研究を行っているが,筆者自身は特にこのような研究方法を用いるとき,特にデータをとる場面に関しては「実験」と呼ばずに「調査」という言い方を好んで用いている。これは,筆者が行っている描画法を対象とした研究は,特殊な実験室状況を作り出して研究する自然科学の研究よりも,未知の社会構造の解明を目指したり,既知と思われている社会や人間の振る舞いについて研究を行う人類学の研究に近いと意識しているからである。被検者を面接室に招き入れるまでは実験と変わらない手続きで行うが,面接室内で行うことには統制を加えるわけではなく,被検者の行動を観察,記録し,そのような状況で人はどのように振る舞うのかということを,人類学者が「参与しながらの観察」を行うように観察する,これが筆者のスタンスである。具体的な研究の例は後で示すとして,ここではその調査について考えていくことにしよう。

II　非臨床研究

　ここで注意しておきたいのは，筆者が行っている研究はいわゆるアナログ研究とは一線を画していることである。この点は誤解されがちなので，ここで明確にしておこう。

　アナログ研究とは，健常群と臨床群の連続性を仮定し，健常者における個人差と臨床的な病理の差が質的には異なっていないことを前提としている研究である（杉浦，2009）。この考え方に立てば，筆者の行っている描画法の研究では，いわゆる非臨床研究を行って得られた描画と，臨床現場で来談者が描いた描画には連続性があり，健常群の描画から得られた知見はそのまま臨床群の描画にも適用可能であるということになる。このこと自体は，前提としては否定されるべきものではない。いくら臨床実践上の経験から，健常群の絵を見てなんと臨床現場で見る絵と異なることか，という印象を持ったとしても，それをもってして臨床現場での絵と健常者の調査での絵は質的に異なるという断定はすべきではないだろう。臨床家の印象をもって事実の記述として足るのであったら，そもそも研究などは必要ないということになる。しかし，実際にそのように臨床状況で描かれた絵と調査状況で描かれた絵が異なる印象を与えるということも事実である。

　以上から，臨床群と健常群の絵に質的に差はないとはずという断定も，臨床群と健常群の絵は質的に異なる（から研究しても意味がないという）断定も同様に行うべきではないだろう。問題にすべきなのは，臨床群と健常群の描画が異なるとしたら，どこがどのように異なり，また連続しているのかということである。このような意味で，アナログ研究とは異なり少なくともそのある部分は非臨床群と臨床群の絵は質的に異なると仮定したとき，それでも非臨床群を研究する意味はあるだろうか。この問いには，人類学者が研究を行うときに，類人猿もその対象としていることが一つの答えとなる。人類の特性を研究するときには人類と類縁だが人類でないものを研究することで，人類であることの特性が初めて明らかになるということと類似していると考えられる。臨床状況での描画の特性を研究するためには，臨床状況でない場面での特性も研究しなければ，臨床状況特有の現象を研究したかどうかを確認する術がないのである。このことから，ここでいう非臨床研究では，アナログ研究の発想とは違い，非臨床群に起こることは臨床群で起こることとは異なるからこそ意味がある，というふうに捉えることができる。

　一方，非臨床群の描画が臨床群の描画と少しも重なるところがないのであれば，それは確かに臨床実践に関係しない研究になってしまうことになる。しかし，これらの描画が完全に異なるということもまた考えにくいのも確かである。描画法でいうと風景構成法や星と波テストなどの具体的な手順や道具が同様のもので生じる事象の結果が臨床群と非臨床群で少しも重ならないとは考えにくい。そこで，対象とする技法の中で，臨床現場で起こることのうち，何が臨床現場でしか起こり得ず，何が臨床現場でなくても技法の手順によって生じるのかということを検討することが重要になってくる。

　佐々木（2005）ですでに言及していることだが，個々の臨床事例を詳細に研究できる臨床事例研究の価値は疑うべくもないが，そこからこぼれ落ちてしまうものも多々あることもまた否定できない。臨床場面は臨床場面として独立して存在しているために，研究のために有効な工夫を入れることができないこともその一つである。その工夫をいくつか挙げてみよう。まず考えられるのは，記録の問題である。風景構成法の研究においてはそのプロセスを研究することが決定的に重要であるが（皆藤，1994；佐々木，2012），そのためには映像記録をとることは不可欠である（佐々木，2007，2012）。これは映像が客観的なデータだから重要だというのではなく（映像もある固定した角度からしかフレーミングできない以上，純粋無

垢の客観性を標榜するわけにはいかない)，プロセスにはあまりにも多くの要素が含まれているために，その場での記憶だけでデータ化することはどのようにしても不可能だからである。映像記録を研究しようとしたことのある研究者は，映像はどのような視点から見るかによって全く異なった側面を見せることに気づいているだろう。逆に言うと，映像に収めない限りその場面に含まれている多様な側面は収集不可能だということである。さて，話を臨床心理面接に戻すと，臨床心理面接の場で風景構成法が行われた場合（これは何も風景構成法のような描画法の研究に限るわけではなく，例えばそのときの気分をここぞというときに質問紙で記録に残すわけにはいかないだろう)，その記録に気をとられるわけには行かない。臨床心理面接の間は臨床心理面接のことを考えているのであって，どうやったら風景構成法を上手く記録できるかなどということは一瞬でも考えることはできない。つまり，相談内容の守秘という倫理的な問題だけでなく，記録ということに気が削がれることによって，肝心の臨床心理面接そのものに影響が出てしまうと考えられるのである。

　もう一つの工夫は，研究の方法そのものを他分野の研究者との協働で行っていく可能性である。これについては実際の研究例を後に挙げるが，研究の立案，データ収集，分析まで，臨床心理学の分野以外の研究者とのコラボレーションにより，心理臨床家だけでは思いつかないような研究方法や心理臨床家の手には負えないようなデータ分析を導入することができる。これは臨床心理学における「実験」という枠組みだからこそ可能になるもので，心理臨床面接の実践の場において他分野の研究者の手を借りることは実際上不可能である。

　このように，研究を行っていくための自由度の確保という意味で，非臨床研究を行うことには有効な意味があると考えられる。先にも述べたが，この自由度の下で得られた知見をどのように臨床の現場に還元していくかという問題がこれとは別に生じるが，これは心理臨床家の研究者としての側面と，臨床家としての側面の両方が協働して考えていくべきことであって，直接的に臨床的場面を扱わないことそのものは研究という行為を進める上では阻害要因にはならないのである。

III　非臨床研究の例

　ここで非臨床研究の例として筆者らの行った研究を挙げておくこととしよう。ここで採り上げるのは，風景構成法の描画場面を映像でデータ収集し，その描画プロセスの進行上に起こる描き手の身体の動きと見守り手に生じた描画場面の評価との関連を検討した研究である（長岡ほか，2013)。

　この研究では，非臨床研究として研究のために被検者（＝描き手）を募集し，個別法で風景構成法を施行している。描画が行われたのは実際の心理臨床が行われている部屋ではないが，研究施設の中の実験室で，内装，調度は可能な限り実際に心理臨床面接が行われる面接室に近づけてある。この中で，論文の第二著者である筆者が見守り手として描画場面に入り，20人の描き手に対して風景構成法を行った。風景構成法は通常の施行手順にしたがって，準備段階としての会話の後，見守り手によるA4用紙への枠づけ，教示，描き手による10のアイテム（川，山，田，道，家，木，人，花，動物，石）の描画，付加物（描き足したいもの，描き足りないもの）の描画，クレヨンによる彩色，そして描画を振り返っての話し合いである。また，風景構成法が終了した後には調査場面全体を振り返ってのインタビューも行っている。

　この論文では，検討に用いた指標は大きく分けて2つある。まず1つ目は，見守り手による描画場面の事例評価である。見守り手は，それぞれの描き手との間の関係性の成立と，描き手の中でのイメージの賦活度について主観的に評定を行った。つまり，どの程度描き手との間に心理的なやりとりが生じたかについての評価と，描き手の中でイメージがどの程度生き生きと動いていたかについて，見守り手の立場から主観的に判断して評

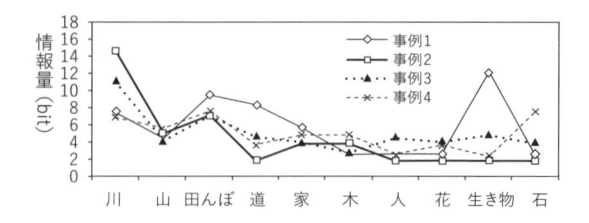

図1 「関係性がよく成立し，描き手の中で
イメージが賦活した」群の特異性変動

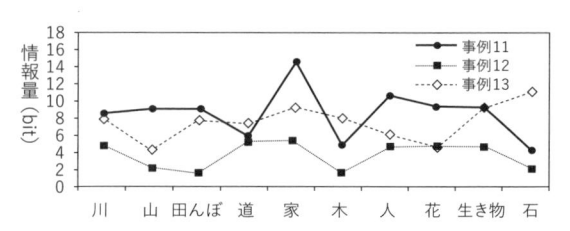

図2 「関係性が成立せず，描き手の中での
イメージも賦活しなかった」群の特異性変動

定を行っているのである。この様相から，この20事例のうち17事例を6つのグループに群分けを行った。もう1つの指標は，描画プロセス中の描き手の身体の動作の様相である。この描画場面の映像記録から6名の評価者（見守り手の事例評価は聞かされていない）が，各アイテム描画終了から次のアイテム描画の間に描き手に生じた身体動作（「上体を起こす」「手を両膝の上に置く」など）をコーディングした。コードされた行動は，行動の生起・不生起の確率に基づく選択情報量としてその特異性が数値化された。この特異性は，各アイテムの後でその描き手の中での稀な行動が起きれば大きい値をとり，よく生じる行動が起きれば小さい値をとる。

その結果を示したのが図1および図2である。6群のうち，見守り手により「関係性がよく成立し，描き手の中でイメージが賦活した」と主観的に判断された群の行動の特異性の変動が図1で，「関係性が成立せず，描き手の中でのイメージも賦活しなかった」と判断された群の特異性変動が図2で示されている（他の群については元の論文を参照していただきたい）。図1の「関係性成立，イメージ賦活」の群は，描画プロセスの進行に従って，はじめ高かった特異性が一旦「山」で下がり，再び上がってから次第に下がってきて安定するという傾向がある。つまり，この群の描画場面では，描画プロセスが進むに従って描き手がアイテムを描き終わったときの動作が一定していっているということがわかる。また，図2の「関係性不成立，イメージ非賦活」の群にはこのような傾向は見られず，描画プロセスが進行してもアイテム終了後にはその都度異なった身体動作を行っていたということが言える。このことから，仮説として見守り手と描き手の関係性が成立し，描き手の中でイメージが賦活していると考えられる描き手は，求められたアイテムを描き終わったことを見守り手に明示的に示し，ターンを見守り手に譲ろうとするということが推測できる。詳細は省略するが，このことはこれらの描き手が具体的に行った動作からも推測することができる。したがって，風景構成法のアイテムを描く10回のやりとりは，それが充分に成立すると，見守り手と描き手のいわば「呼吸合わせ」の機会として機能するということが推測できるのである。

ここに筆者らの行った研究の例を挙げたが，この研究で重要な役割を果たしているのは，風景構成法の施行そのものや事後インタビューとともに，映像の分析と見守り手の内省である。映像の取得は当然のことながらこのような「実験」状況でないと行なうことができない。そもそもこの研究は探索的に行われ，行動指標に注目したのもデータ収集を行った以後のことである。視点の探索を行うために可能な限り描画場面全体を捉えようとしたため，カメラは4台（真上，真横，描き手向き，見守り手向き）設置して描画場面の設定を行っている。このようなデータ収集は「実験」場面でないと行うことができないだろう。また，見守り手の内省は臨床場面では必ず重要なものとして記録されるが，その指標として「関係性の成立」と「イメージの賦活」のように分化して言語

化し，それを指標化するようなことは臨床場面では行わない。むしろその臨床心理面接の流れ全体の中で風景構成法施行を位置づけることに意味があるのであり，研究のために風景構成法を単体として扱うのであれば臨床心理面接として本末転倒になってしまうだろう。

このようにして得られた，「風景構成法のプロセスが描き手と見守り手の呼吸合わせのプロセスである」可能性は，臨床家であればある程度納得のいく仮説になっているのではないだろうか。むしろ，「言われてみれば」臨床家としては当たり前のことといえるかもしれない。しかし，その当たり前のことも，言語化し，指摘をされてみないことには，当たり前だと思うこともできないのではないだろうか。この研究は第二著者（筆者）が臨床心理学研究者かつ心理臨床家で，第一著者と第三著者は認知科学の研究者であるが，そもそもの着眼点として「なぜ見守り手は描き手がアイテムを描き終わったことがわかるのか」ということを第一著者と第三著者に指摘されるまで，専門家のはずの第二著者＝本文の筆者は「当たり前すぎて」着眼することがなかった。このようにして得られた結論は，臨床場面で風景構成法を用いるときに，充分に役に立つものになっているのではないだろうか。

ここでは，非臨床場面を研究することで臨床場面に還元することのできる研究を行うことが可能であることの一例を示した。これ以外にも，佐々木（2007），長岡ら（2011），nagaoka et al.（2013）などがこのような研究の例として挙げることができるだろう。

IV　映像データについて

ここで，「実験」研究で有効だと考えられる映像データについてもう一度触れておこう。映像データを扱う際に注意をしなければならないことを3つ挙げておく。

まず1つ目は，映像は現実そのものではないということである。指摘するまでもない当然のことと思われるかもしれないが，「カメラはカメラの撮れるものしか撮ることができない」。これは，一つはフレーミング，すなわち撮影角度の問題がある。これに対しては，カメラを複数台用意することである程度は解決できる。しかし，カメラを何十台用意したところで，その場の雰囲気といったような臨床的に重要なものまで写りこむわけではない。撮影しているからといって安心せず，記録をカメラ任せにしないことが重要である。

2つ目に重要なのは，先にも指摘したが，一つの映像でも着眼点が異なれば全く違うものに見えるということである。言い換えると，着眼点が適切でなければ，映っているものも研究者の目に入ってこないということになる。このことについて，臨床心理学の研究ではないが，細馬ら（2014）を例にとって説明する。この研究（「人はアンドロイドとどのような相互行為を行いうるか」）では，劇団青年団の公演である『アンドロイド版三人姉妹』の稽古の状況を研究対象とし，劇中に登場するアンドロイドと，（人間である）俳優との相互作用についての分析を行っている。この中では複数の分析が行われているが，その都度，ある場面やある登場人物に焦点を当てて分析を行っていることが明示されている。例えば分析1-2には「トランスクリプト1を，真理恵（登場人物：引用者注）の動作に注目してみると」，分析2では「さらに人称代名詞の問題として捉え直すべく」とあり，さらに分析3では「一方，発話連鎖に注目すると」と，それぞれの観点からの分析が行われていることがわかる。映像は静止画と違って時間的構造を持っているため，まず時間的にどの部分に着目するかという自由度があり，また着目する時間的な幅が決まった後もその二次元的な映像のどこに，あるいはどの登場人物に，またどのような観点に着眼するかによって全く異なったものが見えてくるのである。このような多くの自由度がある映像を分析するにあたっては，漠然と映像を眺めて視点を発見するという方法だけでなく，

細馬らも使用しているような映像解析ソフトウエア（細馬らはELAN（Max Planck Institute）を使用している）を用いて，多視点からの分析を行うことが必要になるだろう。

3つ目に重要なのは，映像の分析には時間がかかるということである。これは文字通り映像の膨大な情報量を分析するのに手間ひまがかかるという意味と，映像をデータとして収集してから分析に手を付けられるようになるまでにはある一定の時間が経ち，映像が取り扱い可能な「対象」として成立するまでに時間的懸隔が必要であるという意味と2つの意味がある。人類学者である菅原（2010）は，映像の分析について，自らのデータの分析の過程で「ビデオの映像を見つめ始めたとき，自分が悪夢の世界に入り込んだような感覚に襲われた」と述べている。また，「凍結保存されている現実の似姿を目の当たりにすることは，観察者にある種の畏怖の念を起こさせる」とも書いている。菅原の同書には，データの収集から分析までそれぞれ17年，16年，19年の間隔があいているものが収められている（17年のものは映像データではないが）。これは，必ずしも映像による「悪夢の世界に入り込んだような感覚」や「ある種の畏怖の念」からのみ時間が必要だったとは書かれてはいないが，データの対象化にせよデータ分析に必要な理論的成熟にせよ，膨大な情報量を含んだデータを分析するには，それだけの心理的距離が必要だということなのではないだろうか。もちろん，一般的にデータは採ってからすぐに分析するに越したことはないだろうが，映像という莫大な情報量を含んだものの分析においては，むしろ時間が経ったからこそ見えてくるものもあるだろうし，そのためにはそのデータから何かを読み出し得るのだということを心理的に保ち続けることが必要になってくるのではないだろうか。

V　臨床心理学における「実験」を阻害するもの

話を臨床心理学の「実験」そのものに戻そう。ここで，この種の研究を行うことを阻害する最も大きな要因について述べておく。それは，この種の研究の開始段階，あるいは中途の段階で研究の「臨床的意義」について詰問を受けることである。このように問われることで，研究者は「現在やっている研究と臨床のつながりを即答せよ」と迫られる。

これまで述べてきたように，この種の研究は，おおまかに臨床への接続を指向しているとは言え，それが具体的にどのように臨床と接続しどのように臨床的に有意義であるのかは分析がある程度進んで解釈を行ってからでないと明示できないことが多い。Bateson（1972）が，自身の研究に関して「わたしが携わってきたような研究は，研究が進んだことの結果として，はじめて何を研究していたのかが分かるという手合いのものなのだろう」と言ったように，膨大な情報量を扱うことになる可能性のある研究はその臨床的意義や仮説については研究途中の段階でははっきりということができないことが多い。臨床心理学の研究に対して「臨床的意義」を問うということは，臨床的意義のない単なる研究のための研究を批判する真摯な言葉として有効だった時代もあるかもしれないが，この現代（2010年代）においては，現在持っている問題意識では捉え切れないものを捉えるために研究を行おうとする勇気ある（多くは若い）研究者を萎縮させるものとして機能してしまう。研究の検討の場でも論文査読の場でも，ある研究に対して臨床的意義を問うてみたくなった人には，それが単なる習慣的発言ではないか，開きかけた新しい研究の芽を無造作に摘むことになっていないかどうか一度考えてみることをお薦めしたい。

もう一つ問題なのは，仮にある研究が臨床に役

立たなかったとして，それは臨床に役に立たない研究を行った研究者の責任なのか，それとも研究を臨床に役立てられない臨床家の責任なのかの線引きはかなり難しい，ということである。優れた臨床家は全くの他分野，例えばスポーツや将棋などの勝負事や，美術，音楽，映像，文学などの芸術などからも自分の臨床へのヒントを見つけてくるものである。臨床家次第で全ての研究から意味があることを読み出し得ると主張したいわけではないし，実際にこの現在においても自己目的的な研究のための研究が多数存在していることも否定はしないが，上記のことを考えれば，一見直接臨床に接続しないような研究も何らかの点で臨床に結びつかないかを積極的に考える姿勢が研究の読み手としての臨床家には必要なのではないだろうか。

VI 「実験」を活かすために

最後にまとめとして，臨床心理学での「実験」研究を行う研究者に必要な構えについて述べておく。「実験」研究，非臨床研究を行う研究者として必要なことは，自身が行っている研究の条件が必ずしも臨床現場で起きることとは一致しているとは限らない，むしろ異なっていることの方が多いことを明瞭に自覚することである。そして，臨床現場とは異なる対象を研究しているということを強く意識することで，その研究がどのように臨床と類似し，あるいは相違し，またどのように臨床に接続可能かを考えながら研究を行うという姿勢が重要なのではないかと思われる。このことは，実際の臨床現場と「異なる」と意識することでより強く考えることができる。臨床場面と異なるからこそ手が届く事象を研究することで，臨床場面を研究することだけでは得られない知見を得，それを臨床に還元するという姿勢が，非臨床研究あるいは「実験」を行う必然性の根拠となるのである。

▶ 文献

Bateson G (1972) Step to an Ecology of Mind : Collected Essays in Anthropology, Psychiatry, Evolution and Epistemology. University of Chicago Press.（佐藤良明 訳（2000）精神の生態学 改訂第2版．新思索社）

細馬宏通，坊農真弓，石黒浩，平田オリザ（2014）人はアンドロイドとどのような相互行為を行いうるか——アンドロイド演劇『三人姉妹』のマルチモーダル分析．人工知能学会論文誌29-1；60-68.

皆藤 章（1994）風景構成法——その基礎と実践．誠信書房．

長岡千賀，小森政嗣，桑原知子，吉川左紀子，大山泰宏，渡部 幹，畑中千紘（2011）心理臨床初回面接の進行——非言語行動と発話の臨床的意味の分析を通した予備的研究．社会言語科学14-9；188-197.

長岡千賀，佐々木玲仁，小森政嗣，金 文子，石丸綾子（2013）行動指標を用いた心理臨床の関係性に関する定量的検討——描画法施行場面を題材として．対人社会心理学研究13；31-40.

Nagaoka C, Yoshikawa S, Kuwabara T, Oyama Y, Watabe M, Hatanaka C & Komori M (2013) A comparison of experienced counsellors, novice counsellors and non-counsellors in memory of client-presented information during therapeutic interviews. Psychologia : An International Journal of Psychological Sciences 56 ; 154-165.

佐々木玲仁（2005）風景構成法研究の方法論について．心理臨床学研究23-1；33-43.

佐々木玲仁（2007）風景構成法に顕れる描き手の内的なテーマ——その機序と読み取りについて．心理臨床学研究25-4；431-443.

佐々木玲仁（2012）風景構成法のしくみ——心理臨床の実践知をことばにする．創元社．

菅原和孝（2010）ことばと身体——「言語の手前」の人類学．講談社．

杉浦義典（2009）アナログ研究の方法（臨床心理学研究法 第4巻）．新曜社．

臨床心理学研究における根拠付け
投映法から実証する

髙橋靖恵 *Yasue Takahashi* ● 京都大学

I ロールシャッハ法から理解する投映法の多角的側面

　ロールシャッハ法の創始者であるロールシャッハ（Rorschach. H.）が，知覚的側面と精神力動的側面を重視し，多面的にパーソナリティを理解しようとしたことには，大きな意義がある。筆者がスイスにあるロールシャッハ・ミュージアムを訪問した際に，ロールシャッハが病院内の患者とのデイケア活動に利用したであろう影絵やロールシャッハ法に用いる図版の試作，そして緻密な計算による分析の手法について検討した足跡をみた。この投映法は，臨床心理学における実証的なアプローチとして歩もうとしていたことを実感した訪問でもあった。

　周知のように「投映法」とは，心理検査法の一手法であり，意図的に曖昧な刺激を対象者に与え，そこから自由な反応を求めるものである。それが心の内面を映し出すため，「投映法」といわれる。描画法，ロールシャッハ法，TAT（Thematic Apperception Test：絵画統覚検査）などがその代表的なものであり，臨床心理学の研究として重要な位置付けをもつ事例研究においても，このような心理検査からの理解が，検討素材として活用される。また，言葉の導入によって思い浮かんだことを記述するという意味で，前者のものとは理解しようとする次元が異なる文章完成法（SCT：Sentence Completion Test）も多用されている。

　筆者自身も心理臨床実践現場で，これらの手法を活用している。そして心理療法のプロセス，導入期における心理アセスメントとの関係を，事例研究としてまとめている。こうした事例研究をいかにして実証的で，根拠付けに有効であるかについて，一昔前の言い方でいえば，客観性をもった「科学」として主張できるのかという議論については，非常に長い歴史がある。ここでそこから語るには，割り当てられた紙数を遙かに超えてしまい，現代の臨床心理学の研究に触れるまでに長い道のりを要してしまう。また，投映法研究の在り様については，津川（2012）がきわめて詳細にまとめているので参考にしていただきたい。したがって本稿では，現代の臨床心理学に活用されている投映法について，筆者がこれまでまとめたり，学会でのセミナーで伝えたりしてきたことをふまえ（髙橋，2007, 2008），その意義と留意点といった観点からまとめてみることとする。

II 臨床心理学研究における投映法の活用

投映法を活用した臨床心理学研究は，大きく3つにまとめられると考える。1つは，基礎研究に用いられる場合で，一般児童，青年，高齢者に協力を求めて研究を行うものである。その際の投映法は，当該研究の目的として挙げられた青年期心性の理解やパーソナリティの特徴の把握のために，質問紙調査によるアプローチと併用して活用される。

2つ目は，臨床実践現場で活用された知見を考察していくものであるが，個々の事例に沿った入念な検討ではなく，症状や診断別による数例の比較を行ってまとめるもので，いわゆる心理臨床的基礎研究である。発達障害の問題と精神病圏の問題における投映法上の現れの違いなどが，これにあたる。

3つ目は，もともと本手法が開発された目的であり，心理臨床実践場面において活用された分析をもとに行われる事例研究である。心理療法のプロセスとあわせて考察したり，心理診断や見立ての詳細な検討を行ったりする。

これら3つの活用法という視点から，研究にどのように活用されているか，その留意点はどのようなことがあるのかについて，次にまとめてみる。

1. 基礎研究における質的分析としての面接法と投映法

筆者自身の専門としては，心理臨床実践での活用が主であり，このアプローチには，指導者としての立場からかかわっている。多くの学生の論文において，臨床心理学はもちろんのこと，一般青年の理解を目的とした基礎研究，家族心理学における基礎研究などにも応用されている。

伝統的に利用されている心理学研究法は，調査法，実験法，観察法，面接法，そして検査法である。現代の心理学研究で多用されている手法は，研究目的を構成するいくつかの仮説検証を質問紙調査法などによって量的分析を行う。これを第1研究とする。次に，その分析で得られた何らかの特性を有する群に対して，その結果がどのような経緯でもたらされてきたのか，背景にはどのようなことが起きているのかについて把握するために，第2研究を行う。第2研究としては，対象となる人々の心的状況について，その要因となるパーソナリティ特性の理解や深層部分の様相を質的に探求するのである。

この第2研究では，面接法や心理検査法が導入されることが多い。面接法は，分析に長時間を要するが，より深い考察の重要な素材となる。しかし，対象者の負担も考慮しなくてはならない。熱心な学生が意欲的に研究に取り組もうとするあまり，対象者に対して「聴きすぎてしまう」可能性もあるため，筆者は，研究指導に慎重さを要すると考えている。この際，倫理綱領の遵守だけにとどまらず，対象者がどのような体験をするかについて，共感できる力が必要である。研究説明を入念に行った後，承諾書に署名を求める上でも，対象者の心理状況をしっかりと丁寧に観察し，途中でいつでも中断できることも伝えていく姿勢が望まれよう。

特に臨床心理学の研究では，対人関係でのトラブルや怒りの感情，傷つきの体験からの立ち直りなどを直接聴取し，理解を深めたいという思いがあろう。その場合は，質問紙調査法における逆転項目の発想を活かしてみるよう指導している。つまり，そうした事態からの立ち直りの体験や，サポートされたり互恵的な体験を尋ねるアプローチによって，肯定的な側面から探究していくのである。これによって面接後に対象者が嫌な体験として残らず，場合によっては心理臨床的なサポートも含んだ面接になるような質問の工夫を指導してきている。たとえば，虐待の体験をたずねるのではなく，イライラした気持ちがなくなってしまうような子どもと対象者との相互交流などをたずねる方略である。

基礎研究では，心理臨床実践現場とは異なり，研究協力者は自ら求めて面接や検査体験をするのではない。しかし，体験後に実施者と対象者が共に心に何か得るものがあるような流れを作ることも，臨床心理学の研究指導のうえで大切と考えている。そしてこの体験そのものが，研究をする学生たちに対して，心理臨床のこころを育成することに繋がるであろう。

では，投映法はどのように基礎研究に導入されるのであろうか。筆者とかかわりのある研究からの例示をお許し頂きたいが，家族画を用いて家族からの青年の役割期待について考察した河村（中園）（2002）や，増岡・髙橋（2006）のように子どもの怒り感情について樹木画から理解しようとした研究がある。また，ロールシャッハ法を用いた研究は数多くなされている。髙橋（2014）では，ロールシャッハ法を中心とした研究について，基礎研究から臨床実践への活用として，寺崎（舩津）・髙橋（2003）および西（2006）の研究に着目し，それぞれ新たな視点からまとめて頂いている。

これらは心理臨床の実践場面に用いられている投映法を，青年一般の理解のために応用した研究であり，広く応用されている。しかし個別実施をしなければならず，対象者の協力依頼と実施にかなりの労力が必要となる。また，研究に協力的である対象者には，もともとこれらの手法に興味があると理解され，実施結果に偏りがあると指摘されることがある。さらに分析上の大きな課題として，まず主観的にならない工夫が必要である。そして，研究者の意識の問題として，一般青年は，「常に適応的であり健常であるはず」と思い込み，調査研究で振り分けた群の特性と見合わない結果をみると，「研究の失敗」と思い込んでしまう危険性がある。例えば，調査用紙には適応的な回答をしているが，投映法には揺らぐ気持ちが反映されている場合などである。

しかしこれは，理解しようとしているこころの部分が異なり，社会的には適応的に振る舞いながらも，こころの深い部分で揺れている，まさしく対象者の心の在り様が理解される結果となっているのである。何を理解しようとして投映法を用いているか研究者のこころにしっかり据えていないと「貴重なデータ」を「理解し損ってしまう」危険性がある。完璧なパーソナリティがあるわけではない以上，どのようなときにこころが揺れ，どのようにして立ち直っていくことができるのかをしっかりと理解できる研究は，社会にも貢献できるはずである。

一方，投映的な手法を質問紙調査の最後に加えることで，対象者の数を減らすことなく，先のバイアスを考えなくてもよい手法も模索されている。質問紙調査法と同時に施行可能で，こころの在り様や，イメージなどを投映的手法で理解するアプローチである。

美山（2003）は，友人関係の心理的距離を理解するため，対象者に対して調査用紙上に実線で記入させる様式を用いている。自分から相手に対して感じる距離感と，相手が自分に対して抱いている（と対象者が認知している）距離感を示すことで，友人関係のなかで抱えている心理的距離についてのより深い検討が可能となった。この手法をさらに展開して，坂本・髙橋（2009）では，青年期に抱きやすい疎外感についての質問紙調査のなかに，友人関係での心理的距離について，スケールにシールを貼るという手法でデータ収集をし，疎外感の分析結果と総合して検討している。

略画法という手法も質問紙調査と同時にデータ収集が可能なものである。P-Fスタディに用いられているような略画に「吹き出し」を描いて，ある人物の発話に対して，想定された調査用紙の人物がどのような言葉を出すか回答させるものである。調・髙橋（2002），羽江・髙橋（2006）では，青年が抱きやすい葛藤状況の理解のために，質問紙調査法に加えて略画法を用いている。

これらの手法によって理解された対象者の心理的状況は，量的分析も可能であり，複数事例をもとに詳細な検討も可能となる。それらを踏まえて

研究目的に沿った考察を進めていくことが考えられ，基礎研究でありながら多角的に心性を捉えた意義のある研究となる。

2. 投映法の心理臨床的基礎研究への活用

上記の基礎研究とは様相が異なり，心理臨床実践現場での活用から心理臨床に幅広く貢献することを目的に行われる，いわゆる心理臨床的基礎研究にも，投映法は多用されている。

筆者自身は，統合失調症の慢性群と，外来での治療可能性が高いかつて「外来分裂病」といわれていた問題を抱える青年との，ロールシャッハ法上での現れの違いについてまとめ，発表をしている（城野（髙橋）1986）。このような臨床事例群の比較に，投映法は多用されている。しかし残念ながら，そこでの「有意差」からの違いを求めるあまり，個々の反応の特殊性を背景に押しやり，数値比較だけで考察しているものも少なくない。筆者は，まずはじめの分析としては，量的分析による比較検討を大切にしたいが，それでとどまってしまっては，投映法の有効な活用ではなくなってしまうと考える。投映法によって何を理解したのか，理解できた質的差異は実践活動においてどのように活用されうるかを念頭において，丁寧な分析を進めるべきと考える。いわゆる「研究のための実践」ではなく，「実践のための研究」の意義を大切にしたい。先述の髙橋（2014）では，心理臨床的基礎研究としてロールシャッハ法を活用し，認知行動療法の導入に際してのアセスメントをまとめた富田・吉岡・河本（2008）の研究に注目し，一連の研究をふまえて新たな視点を加えてまとめて頂いている。

繰り返しになるが，とりわけロールシャッハ法は，量的分析をはじめの一歩として学ぶことになり，量的分析から結果をしっかり読み取ることが重要になる。しかしその段階にとどまらず，反応継起に従って，厳しい心的状況を凌いでいく自我の在り様を「理解して（読んで）いく」のである。その段階も含めた総合的検討を行うことで心理臨床実践に活きる研究になるのである。また，これらの分析のためにも筆者らは，名大式技法における感情カテゴリーおよび思考・言語カテゴリーの視点を重視し，より力動的な検討を行っている（森田・髙橋ほか，2010）。

3. 投映法の心理臨床実践場面における活用を事例研究としてまとめる

心理臨床実践現場での活用を素材として，見立てや心理療法の経過とともにまとめられている事例研究は，その成果が現場に還元されることを目指している。したがって，基礎的学習で学んだ分析のみではなく，より事例に沿った多角的な分析が必要である。心理臨床の現場では，そのためにテスト・バッテリーを組むことで，理解を深める作業を行う。しかしこれも，いたずらに多くの検査を用いれば，クライエント理解が深まるわけではない。それぞれの検査の特徴を活かして，クライエントには最小限の負担で，実施者には最大限の理解がもたらされる組み合わせを考慮しなくてはならない。テスト・バッテリーを適切に組むためにも，各検査の特徴理解と経験の積み重ねが求められる。

現場で最も多用されているロールシャッハ法には，周知のようにさまざまな技法（クロッパー法，片口法，包括システム，名大法，阪大法など）がある。これは，ロールシャッハ法が日本に導入された時点で，それぞれの研究グループにおける視点や導入する際の海外研究者との共同研究の拠って立つ理論などによって，独自性を持っている。しかしこれらのどの技法を用いても，最終的な病理水準に対する心理的診断はほぼ同じになるはずである。例えば，ある技法では神経症水準であるが，別の技法では精神病水準となるということでは，このロールシャッハ法自体が信頼性のないツールになってしまう。一方パーソナリティ理解に基づいた所見のまとめ方においては，その着眼点や分析のプロセスは異なりうる。上記の各技法には固有の歴史や視点があり，治療関係に力

点をおくものや量的分析による診断システムを用いるものもある。ロールシャッハ法を学ぶ際には，自らの学んでいる技法がどのような立場に拠って立つものか理解したうえで，その特性を活かし，不足している部分はさらに別の観点からの分析技法を学び補うなどして，より立体的にパーソナリティ理解ができるように研鑽を積む必要がある。

ここで強調しておきたいのは，ロールシャッハ法のみならず多くの投映法は，その学びにおいて終わりはないことである。刻一刻と変化し続ける現代において，そこに生きる人のこころも時代を通して変化し続けている。こころの問題や病についても同様のことがいえる。最初に投映法を学んで習得した気持ちになり，いつも同じような分析によって流れ作業をしていては，眼前のクライエントの支援に役立つとは思われない。常に新たな問題と取り組み，こころの理解に努める積み重ねが大切なのである。したがって心理療法と同様に，「職人芸」を学んでいき身につけていく道筋に近いと考えている。

投映法の活用は，その多くが心理療法の導入期にある。見立てのためのツールとして活用されることが多い。もちろん中間的アセスメントもありうる。導入期の心理アセスメントは，クライエントのその後の治療や支援を左右する重責のある作業である。そのような姿勢と共に見出された臨床的な知見を丁寧にまとめられることが，心理臨床実践に寄与できる研究にもなるのである。

III 投映法を活用した研究を進めるための心構え

これまで述べてきたように，投映法は心理臨床の実践活動において大変有益なものであるがゆえに，心理臨床の専門性をもって活用されている。したがって，このようなツールを用いた研究を進めるにあたっては，専門的な知識と実習を経てきている自負と責務を感じることが大切である。では，その専門的知識と実習にはどのようなことが含まれるべきであろうか。習得のための基礎的トレーニングを受けた後，この技法がこころのどのような様態をどのような視点で理解しようとするものなのか，また理解される側にはどのような体験が起こりうるか，さまざまな状況を想定して活用する「こころ」の学びが必要なのである。それは「倫理」という簡単な言葉で片付けてしまえるものではなく，むしろこころに深く刻まれた上記のような学びから，「倫理感」が自ずと育まれていくことを望みたい。また，これらのことは，指導する側の視点でもある。ここであらためて，筆者が考える投映法の導入上必要な心構えの一端を述べておく。

(1) 対象者の受ける印象や気持ちの揺れについて，自分自身の体験として理解できるようにする。これは，投映法のみならず心理アセスメントに用いられる心理検査全般において，まず検査を受けるという体験を重視するところにつながる。

(2) 研究で用いようとする投映法が，こころの深層部分のなかでどのレヴェル（いわゆる馬場（1997）のいう投映水準）を視点において行うものなのかを把握したうえで活用する。

(3) (2)で挙げたことをふまえて，対象者の受ける「知りたいけれど知られたくない」感覚に触れる体験であることに留意する。心理臨床実践場面で投映法を実施する場合は，基本的に心理療法などの心理的支援に寄与するもので，クライエントニーズに応える目的をもつ。したがってこの感覚は臨床的に考察される。しかし，基礎研究で対象者に協力を依頼する場合は，対象者における「触れられたくない部分」に触れるということを実施者が自覚する必要がある。

(4) 心理臨床実践場面において投映法を実施した場合は，フィードバックは必須である。

誰にどのようにフィードバックするかは、とても重要かつ難しい問題であるため、常に学びが必要である。基礎研究で投映法を活用する場合のフィードバックについては、行うか行わないか、対象者が要求した場合はどのように対処するのか十分検討する必要がある。

(5) 心理臨床場面と同様に基礎研究においても、決して対象者に無理強いをしてはならない。対象者の防衛や心的状態も含めて、総合的に理解する姿勢を持って実施したい。したがって、「中断」や「実施拒否」も含めて理解する。面接においても侵襲的ではなく、対象者にとってその体験そのものが良質のものになるように心がける。研究者の聞きたい権利だけではなく、対象者の話す自由と話さない自由を尊重すべきである。自由記述や文章完成法のような手法においても同様である。

筆者自身の実践研究においても、心理療法などの心理的援助に投映法の導入が必要である場合に実施し、クライエントの問題理解のためにまとめている。最も重要な倫理的態度は、上記の基礎研究であげた留意点の (3) (5) であり、臨床実践的研究においても必要なことがらである。

臨床心理学の研究においては、基礎的な量的分析の理論や技法に関する理解をしたうえで質的分析を行うことは言うまでもない。主観的な思いで分析したり、結果をまとめたりしてはならない。したがって、投映法は、研究に用いようと考えているほどに多くのものをもたらさないかもしれない。しかしそこで立ち止まらずに、心理臨床の実践的力、心理臨床のこころを養っていくことによって、投映法は、当初思っていた以上の理解をもたらし、心理臨床実践に寄与できる研究がまとめられるのも事実である。ある意味投映法によって理解できることは、心理臨床家や研究者の力量によると考えられ、それは心理療法のプロセスを理解し、流れを読み解いていくことと同様と考えられる。

筆者が考える投映法から実証するうえでの「実証」とは、量的分析によるデータの信頼性のみを指すのではない。結果に現われた特性を多角的に理解し、そこでは明らかにできなかった疑問点も含めて総合的に考察を進めていくことを重視したい。そして、心理臨床実践場面においてはクライエントに、基礎研究であれば対象者に対して、どれほど相手のニーズに対して丁寧に、的確に信頼できるフィードバックができるかという在り様を含めて、この「実証」を考えていくべきだと思う。それは、投映法を使いこなしていくうえで、心理臨床における心理療法と同様の訓練を積み重ねていきながら、多角的に理解していくことができる経験を積んでいくなかに育まれていく力と考える。

▶文献

馬場禮子 (1997) 心理療法と心理検査. 日本評論社.

羽江未里, 髙橋靖恵 (2006) 青年期における罪悪感が精神的健康に与える影響——対人場面におけるとらわれと不合理さを中心として. 日本青年心理学会第14回大会発表論文集, pp.32-33.

河村 (中園) 照美 (2002) 大学生における親からの期待に関する研究——面接・動的家族画をめぐって. 家族心理学研究 16-2 ; 95-107.

増岡怜那, 髙橋靖恵 (2006) 樹木画に見る子どもの怒り感情. 九州大学心理学研究7 ; 139-146.

美山理香 (2003) 大学生の友人との心理的距離に関する基礎的研究. 九州大学心理学研究4 ; 27-35

森田美弥子, 髙橋靖恵, 髙橋 昇, 杉村和美, 中原睦美 (2010) 実践ロールシャッハ法——思考・言語カテゴリーの臨床的適用. ナカニシヤ出版.

西見奈子 (2006) 自我境界および感情構造が恐怖体験に及ぼす影響——身体像境界得点と感情カテゴリーの分析から. ロールシャッハ法研究10 ; 66-78.

坂本 安, 髙橋靖恵 (2009) 友人関係における心理的距離のズレと疎外感の関連. 青年心理学研究21 ; 69-81.

調 優子, 髙橋靖恵 (2002) 青年期における対人不安意識に関する研究——自尊心, 他者評価に対する反応との関連から. 九州大学心理学研究3 ; 229-236.

城野 (髙橋) 靖恵 (1986) ロールシャッハ法による青年期分裂病者の人格特徴——破瓜型分裂病者との比較から. 日本心理学会第50回大会発表論文集, p.685.

髙橋靖恵 (2007) 青年心理学研究法セミナー——質的分析・投映法を用いたアプローチを中心として. 日本青年心理学会第15回大会発表論文集, pp.32-33.

髙橋靖恵（2008）質的データ．In：二宮克美，子安増生 編：キーワードコレクション 教育心理学．新曜社．

髙橋靖恵 編（2014）臨床のこころを学ぶ心理アセスメント──クライエント理解と支援のために．金子書房．（印刷中）

津川律子 編（2012）投映法研究の基礎講座．遠見書房．

寺崎（船津）文香，髙橋靖恵（2003）青年期の自己信頼感と防衛に関する研究──ロールシャッハ法による接近．ロールシャッハ法研究7；37-50．

富田真弓，吉岡和子，河本 緑（2008）強迫性障害のロールシャッハ反応の治療前後比較──情緒体験の在り方に焦点を当てて．ロールシャッハ法研究12；11-22．

事例というデータと根拠づけ

伊藤良子 *Yoshiko Ito* ● 学習院大学

I　はじめに

　常識的には，実験や質問紙調査は客観的な研究であり，客観的なデータが得られると考えられているだろう。しかし，実際には，決してそうではなく，そこに主観が入り込んでくることは否めない事実である。例えば，実験の手続きや質問紙の作成などにおいて研究者によるさまざまな偏りが入ってくることは否定できず，また，調査協力者が質問内容をどのように受け取るか，各人の主観で微妙に異なってくることは避けられない。さらに重要なことは，実験や調査は，実験や調査対象をある範囲に限定して行うことによって厳密な研究になるのであって，それは，一個の人間存在の全体像を捉えるものにはならないという点である。それゆえ，得られたデータについては，これらの点を十分に踏まえて検討がなされなければ，客観性を欠く研究になる。

　それに対して，心理臨床における事例は，クライエント個人を客観的に対象化したものではないことに注目しておきたい。この点が精神医学の診断と大きく異なる点である。心理臨床において重視されるアセスメントとは，状態像の根底にある関係性を見据えた観点からのクライエント理解である。それは，クライエントが誕生前からどのような環境つまり関係性のなかを生きてきたかなどについての理解だけではない。さらに重要なのは，クライエントとセラピストの今ここでの関係性において生じてくる事象からの理解である。当然，そこには両者の主観的な側面が入り込んでくる。

　それにもかかわらず，事例研究を積み重ねていると，誠に不思議なことに，この二人の間に生じてくる事象が，クライエントのみならずセラピストの意識や意図を遥かに超えたものであることに気づかされるのである。ここにこそ，普遍的な現象が現れ出ていると言ってよかろう。したがって，筆者は，事例ほど実証的なデータはないと考えている。

　以上の点を踏まえ，本論では，心理療法を行なった事例を取り上げ，そこに現れ出てきた現象の普遍性について述べる。事例の提示に先立って，次項において，筆者がクライエントの言葉をどのように聴いているか，面接者としてのあり方を紹介しておきたい。

II　クライエントの無意識からの言葉を書き記す

　筆者は，クライエントが語る言葉を，面接中に書き記している。このような態度について，フロイトは，クライエントの心を傷つけると戒めてい

る（Freud, 1909）。このフロイトの戒めは重要であるが，しかし，この戒めは，クライエントの背後に座って彼らの言葉を聴く自由連想法というセラピストの中立性が前提になった技法においてのものである。それに対して，日本における多くのセラピストの面接は対面法である対面法では，クライエントの発する言葉に対するセラピストの表情や態度のすべてが大きな影響を与える。とくに，青年期の重症神経症や境界例のクライエントの心理療法においては，こうした対面法がもつ転移の急速な進行という観点を見据えて面接がなされなければならないと，筆者は考えるに至っている。そうした体験から生まれてきたのが，セラピストはクライエントの言葉を「書き記す者」になるというセラピストの機能である（伊藤，2011）。

筆者の経験では，十分な配慮をしつつではあるが，面接中に書き記すことは，むしろ，クライエントの言葉を聴くというセラピストの機能を高め深めると考えている。クライエントの独特の言葉は，そのときそのまま書き記さないと，すぐに忘れてしまう。フロイトのように，夜，すべての面接を終えてから記録を書こうとしても，筆者は，概要しか思い出せないのである。クライエントの言葉の一言一言，とくに通常とは異なるような独特な表現や言葉は，思い出せないことが多い。まずは，クライエントの言葉そのままを書いておくことが重要だと筆者は考えている。それは，クライエントの無意識からの言葉である場合が少なくないからである。

さらに言えば，このようにクライエントの面前で書かれた記録の存在は，録音による記録とは全く異なり，クライエントと時々刻々共有するものとなって，二人の認識に齟齬が生じた場合も，その要因がわかる資料にもなる。盗聴器や録音に対する不安を持っているクライエントでも，セラピストが書くことには安心感をもつようである。すなわち，共有された記録の秘密は守られつつ，その記録によって，面接の場が「公性」をもち，公に開かれたものとなる。ここに，「守秘」と「公性」の両者を守るというセラピストの根本的態度が可能になると言えるのではないかと思う。

書き記すことについては，最初にクライエントの了解を得ておくと，自分の言葉が重要なものとして受け取られているという思いをもたれるように思う。このようにクライエントの言葉を聴きつつ書き記していると，紙面に1回の面接の全体像が現れてくる。つまり，クライエントの言葉を，耳で聴き取り，手で文字にし，紙面に現われ出てきた文章の全体像を眼で見ることになるのである。耳で聴いていると，どうしても，クライエントの言葉が筆者の身体の奥に届かないうちに次の言葉を聴くことになり，意識の次元の表面的な理解に留まるように思う。しかしながら，耳で聴き，手で書き，眼で見るという作業は，いわば，全身でクライエントの発する言葉を受け取ることを可能にする。筆者にとっては，そのことが，クライエントについての理解を深めることに寄与してきたと考えている。

語りにおいて，言葉は，継時的に紡ぎ出される。耳だけで聴いていると，時には，ある言葉に心が動かされたり，考え込んだりするなどして，クライエントのその後の言葉を聴き逃すこともある。しかし，書き記すと，言葉を同時的に受け取ることができ，文脈が明らかになったり，最初は分からなかった言葉の意味が伝わってくることがある。その語りの全体が，そこに現れてくるからであろうと思うが，毎回，このようにして書き記したものを眼にしていると，そこでクライエントの無意識からの言葉に出会うことにもなるのである。フロイトが言う「自分自身の無意識を受容器官としてさし向ける」（Freud, 1912）という態度は，筆者の場合は，このようなあり方であったとも言えるようである。

III　無意識と言葉

フロイトは，「抑圧」という機制が人間を守っていることを明らかにした。すなわち，人間は，

自らの不快な感情から自分を守るために抑圧を用いて、その感情の源を無意識に追いやるのであるが、感情が不快であると捉えられるのは、それが自分を責める罪悪感をもたらすような感情であるからである。こうしたフロイトの無意識についての考え方を踏まえて、ラカン（Lacan, 1964）は「無意識は言語として構造化されている」と述べているが、言葉に無意識が見事に現れてくることは少なくない。無意識という場の存在なしに、人間は生きることができないとすら言えるのではなかろうか。事例によって、われわれは、こうした無意識という眼に見えない不合理ともいえる現象の存在を知ることができる。

次に事例を示す。なお、以下に記載する事例は、すでに本誌に掲載した論文でも取り上げているが、ここでは別の観点から検討する（伊藤, 2003）。

IV 事例

1. クライエントの訴え

高齢の女性が、「毎晩、名前もわからないような恐ろしい動物や人がやってくる。怖くて眠れず、仕事もできない」と消耗した状態で来談した。恐怖で不眠になり、昼も仕事や家事がまったくできない状態が3カ月以上続いていた。家族も困り果てた末の来談であった。脳神経外科や精神科で診察を受け、何度も脳の精密検査をしたが、異常はなかった。医師からは「医学的に体験したことがない」と言われ、何の対応もしてもらえなかったという。そこで霊の仕業かと思い、宗教者に相談に行ったが、自分の領域ではないからと、筆者を紹介されたのであった。

初回は、息子たちに伴われて来談した。息子から「昨夜も凄かった」と伝えられた後、クライエントとの初回面接を行った。「蛇だか魚だか分からない生きものが来る。私がキャーキャー怖がるから喜んで来る。夫に言っても見えないと言われる。嘘を言っているようで辛い。家族も孫を入れると大勢いるのに誰にも見えない」と、強い恐怖感や不安感を示しつつ語ったクライエントは、この回の帰り際に、「やってくる動物を叩いたらいけないか。叩き飛ばしたい」と怒りをこめて訴えた。

第2回目には、恐ろしいものたちの出現が少し軽減してきていることが報告され、これまで現れてきたものについてさらに詳しく話された。生首のようなものや裸の男女が絡み合っているなどであり、「自分も下手をしたら連れて行かれて、あんな目に遭わされるんじゃないかと恐かった」「話の分かる人を連れてきてと言っても向こうはキョトンとしている」と、恐くて昼間でも一人で入浴もできない状態であった。クライエントはやってくるものたちを現実の存在として恐怖し、「なぜやってくるのですか」と筆者に何度も問うた。状態を慎重に把握しておくためにバウムテストを行った。

2. 描かれた樹木画

第2回面接で実施したバウムテストで、クライエントは、紙片の左下隅に高さ5センチに満たないとても小さな木を描いた。その木は植木鉢に植えられていた。守りを必要とする彼女の状態がひしひしと伝わってくる木であった。しかし、小さく弱々しいながらも、枝や葉が茂った豊かな木であり、筆者は、心理療法の可能性を感じた。描かれた木をともに見つつ、庭にあった植木のこと、大切な植木を切って現在の家を建てたこと、その家を建てたのは息子が同居することを望んだからであったことなどが語られた。

3.「なぜ来るんですか」という言葉

面接が進むとともに、徐々にクライエントの恐怖は軽減されていった。「今までは恐くてできなかったが、ぱっと近づいて見た。すると、消えて無くなった。『なぜ来るんですか』と言おうとすると消えた。なぜ消えたのかも不思議で仕方ない」と、筆者に「なぜやって来るのか。なぜ消えたのか」と、繰り返し問うた。

さらに，クライエントは，「誰も話を聴いてくれる人がいない。皆，馬鹿にして……。初めてここで話を聴いてもらった」と語ったが，その後，隣に寝ている夫を，やってくる生きものと間違えて叩いたことなど，恐怖が軽減されている状態の報告がなされた後，「夢を見ていたのかな」と呟いた。そこで，〈夢は見ますか〉と尋ねると，最近，夢は見ないが，4,5年前に見たという「強烈な夢」が語られた。

4．強烈な夢

「4,5歳の子と手をつないでお墓を歩いている。石がゴロゴロした河原があって，山の向こうに家がある。そこに行こうとするが，どうしても行けない。皆，衣みたいな着物を着てぞろぞろと歩いている。静かで，シーンとしている。強烈な夢だった」。

この夢を友人に話したら，「あの世のよう。行こうとしても行けなくて良かったね」と言われたのだという。筆者には，死に向かう年齢に至って，クライエントの生きられなかった内なる子どもへの思いが伝わってきた。

筆者は，この回まで，面接の場で夢という言葉を使うことはなかったのだが，クライエントのほうから「夢」という言葉が出てきた。しかも，非常に重要なことに，最近は夢を見ないということであった。すなわち，クライエントに生じてきた不合理な現象は，夢として抱えられなくなった無意識が外に現れてきたものとも考えられるのである。

こうして，恐ろしい生物が現れることは少なくなり，カーテンや電気器具，ぬいぐるみなどの無生物が動くことに変化した。無生物の現象も次第に減少し，それらに対する恐怖を訴えることが少なくなるにしたがって，これまでの長い人生について，母のこと，父のこと，夫のこと，息子のことが語られていった。

5．母・父・夫・息子

母は，クライエントが高校生のときに，末子を生んで10日目に30代の若さで亡くなった。その直後，父から学校をやめてくれと言われた。母の葬儀の日，着るつもりであった制服が無くなっていた。「こんなこと思うの，父には悪いのだが」と言いつつ，「きっと父が隠したのだと思った」と洩らした。クライエントはたくさんのきょうだいの一番年長であったので，学校をやめ，母代わりになって弟妹の世話をし，弟の参観日には幼い妹をおんぶして出席した。弟の結婚に際しては，反対する父を説得したという。「父は癇癪もちで，気難しく，よく怒鳴られた。酒の相手もさせられ，そんな父に反発していた」と，「そういう年齢だった」と付け加えて話した。その父を十数年前に看取ったのも，クライエントであった。この一家をクライエントがずっと支えてきたのであった。

夫は，彼女の言う通りにさせてくれる人であったが，「物足りない，糠に釘」と，具体的な出来事を話しつつ，本気でぶつかり合えない淋しさを漏らした。夫に不満をぶつけつつ，夫を苛めていると感じて，自分自身を責めることになっていたという。

次いで，同居している息子家族のことが語られた。「彼らは，自分たちだけで行動するから，居ても居なくても同じ。夜，寝る頃，2階でコトコト音はしている」と，淋しさを吐露するようになった。そして息子に，「淋しくてかなわない。たまには『寝るよ』と声かけて」と言ったことが報告されるとともに，「私は，案外気が弱いのかな。今の私は突っ張ってる。肝っ玉母さんと思われてきたが……」と，自らの「淋しさ」「弱さ」を語るようになっていった。

こうしてクライエントから，「恐いものはこのまま出てこない気がする」との申し出があり，終結を迎えることになった。

6．最終回の語り

面接の最終回，クライエントは，嫁の親が同居していることを，初めて語った。それまでの面接ではまったく触れられなかった話であった。嫁の

親は，3年前に配偶者を亡くし，夜になると淋しくて神経が高ぶり眠れないというので，クライエントの家に引き取ることになったのであった。このことを息子から相談された際，クライエントは「良いよ。狭いけどね」と答えたという。母を早くに亡くし，大学への進学も諦め，母や妻代わりとしてきょうだいや父のために生きてきたこと，息子の希望で大切な植木を切って家を建てたこと，夫との関係等々，クライエントの長い人生の言葉に尽くせないさまざまな思いを聞いてきた筆者には，この回に至り，これまで語られてきた言葉の一つひとつが一挙にひとつのまとまりとなって理解された。

他者のために生きてきたような人生であったクライエントは，老後は，息子一家と賑やかに暮らしたいと思っていたのであろう。しかし，その願いとは異なり，息子家族と嫁の親が同居するようになって，2階から「コトコト」という音とともに，皆で賑やかに過ごしている様子が伝わってきていたのであろう。

この嫁の親の同居について息子から相談されたとき，クライエントには，反対したい思いと困っている人を助けないといけないという思いの両者があったようである。その葛藤が，「狭いけどね」という言葉として発せられたのであろう。クライエントはさらに，「狭いところに大人数居るので，近所の人もよく引き取ったねと不思議がっている」とも語った。否定的な感情を自分の気持ちとして決して言うことができない人であったのである。

他方，息子は，こうした言葉に込められたクライエントの思いを聴き取ることができず，文字通りの意味として受け取った。他者を助け続けてきた「肝っ玉母さん」であったクライエントを見てきた息子には，その根底にあったクライエントの淋しさや弱さに気がつかなかったのは，当然のことでもあっただろう。

このようにして，恐ろしい生きものがこの家にやってくるという「事態」が生じるに至ったと考えられる。

この最終回の最後に，クライエントは，2階は狭いので息子たちに階下も使ってもらおうと思うと語り，面接を終えていった。

V 事例について

クライエントは，毎回，筆者に「なぜ恐ろしいものがやってくるのですか」と問うた。面接が進んで，恐ろしさが軽減した時期には，やってきた恐ろしいものに向けて，「なぜやってくるのですか」と言えるほどになったのであるが，しかし，その言葉を口にするやそれらは消えた。するとクライエントは，今度は「なぜ消えたのですか」と筆者に繰り返し問うた。

筆者は，クライエントの状態について，この現象に対する幻覚としての認識が本人になかったので，脳橋幻覚症などの器質的疾患ではなく，心理的要因による幻覚であると考えていた（保崎ほか，1955）。また，「なぜやってくるのですか」というクライエントの言葉を書き記しつつ，やってくるものに対する恐怖の根底にある強い怒りを感じ，しっかりと受け取っていた。しかし，この怒りが，なにゆえなのか，何に向いていたのかを明らかにしようとは，考えなかった。

クライエントは，「なぜやってくるのですか」と繰り返し筆者に問うた。その懸命な問いに，筆者は，「人間にはこういうことも起こるのですね」と，本心からそう思って応えていた。そのうち，筆者には，夢のようだという思いも生じてきていた。そしてクライエントの心的現実を，夢を書き記すのと同じように書き記していた。クライエントが「夢を見ていたのかな」と言ったのは，その後であったが，クライエントの語ることを，クライエントの真実の心の表現として，大切に受け取るとともに，その意味は簡単に答えが分かるようなものではないことを共有することになったのだと思う。

VI 終わりに

　クライエントが語った言葉を書き記したものを見ると、見事にそこに整合性があることが理解されるのではなかろうか。当初はバラバラに表現されていたものが繋がっていたことに、その小さな部分がそれぞれに意味をもっていたことに、気づかされるのである。まさしく、事例には普遍性があると言ってよかろう。

　面接の最終回には、クライエント自身によって、クライエントの「なぜ」との問いに対する答えともいえることが語られた。「なぜやってくるのですか」という言葉は、嫁の親に対して発せられていた言葉でもあったのであろう。しかし、そのような対象にこの言葉が向けられることは、罪悪感が生じるがゆえに、みずからに許されず、無意識へと追いやられていた。それゆえ、「なぜやってくるのですか」という言葉にふさわしい対象が、無意識から突出してきたのである。

　何ゆえ「恐ろしい生きもの」の幻覚が生じたのか。その答えは、クライエントの中にこそあった。クライエントの言葉を丁寧に書き記しつつ聴くことで、個々の言葉に対する思いがセラピストに共有され、その個々の言葉を繋ぐ「知」が、クライエントの中から生まれてきたのである。

　その恐ろしい生きものは、クライエントがこれまでの人生で感じてきた不安や怒り、例えば、母を早くに亡くしたことや父の性的あり方などと決して無関係ではなかったであろう。にもかかわらず、「もう出てこない」と、クライエントみずからが確信をもって語るに至った。このクライエントの確信こそ、ここまでのクライエントとセラピストの心理療法過程の結果である。

　最後に、「事例というデータと根拠づけ」という筆者に与えられたテーマについて述べるならば、クライエントからの常識を遥かに超えた現象の訴え、心理療法過程で語られた言葉、描かれた樹木画、夢などが見事に整合性をもって表現されていったこと、そして、それらを通して、クライエントが至ったみずからについての「知」と今後に関する確信、これらすべてが、事例の実証性を証しするものであると考えられるのではなかろうか。

▶ 文献

Freud S (1909) [Richard A (ed.)] (1979) Case Histories II. 'Rat Man', Schreber, 'Wolf Man', Female Homosexuality. The Pelican Freud Library Vol.9, 40 fn.
Freud S (1912) [小此木啓吾 訳] (1969) 分析医に対する分析治療上の注意. In：フロイド選集15──精神分析療法. 日本教文社. p.99.
保崎秀夫, 大内繁, 野上芳美 (1955) 脳橋幻覚症の3例. 脳と神経7-4 ; 208-210.
伊藤良子 (2003) 境界例と心的外傷. 臨床心理学3-6 ; 799-805.
伊藤良子 (2011) 心理療法論. 京都大学学術出版会.
Lacan J (1964) Le Séminaire XI : Les quatre concepts fondamentaux de la psychanalyse. Seuil, 1973, p.137.

事例研究法と
質的研究法

V

質的データをどう扱うか
質的研究の手ほどき

安田裕子 *Yuko Yasuda* ● 立命館大学立命館グローバル・イノベーション研究機構

　事例研究は，長く多様な歴史をもち，社会学，政治理論，歴史学，社会人類学，教育学，精神分析など，多くのさまざまな領域で使われている（ウィリッグ，2003）。しかし，事例研究それ自体は研究法ではなく，データの収集や分析の方法に特徴があるわけではない。本稿では，臨床心理学において事例研究を行うにあたっての方法やアイデアについて，質的研究における事例研究の議論の展開を下敷きに紹介する。

I　臨床心理学における事例研究
　　　――質的研究との交差点から

　臨床心理実践に関わる研究で早くから行われてきたのは，事例を詳細に報告するタイプの研究であった（能智，2011）。臨床心理学における事例研究は，事例の個別性に寄り添い，詳細な記述を試み，解釈を重ねることで，その事例以外へと一般化できる理論を構築することを目指している。臨床心理学の原点のひとつである精神分析に注目すれば，Freudは事例の詳細な記述と考察を通して精神分析理論を構築するという事例研究による理論化を行った（松本，2010）。能智（2011）は，言葉による記述が中心であるという点で，Freudの事例研究は広い意味での質的研究といっても大きな間違いではなく，また，そうした事例の検討は，現代の質的研究でも重視される仮説生成への志向を強くもっていたとする。

　対象者の体験の語りを扱い，心的世界を探究し理解するという点で，臨床心理学における事例研究は，質的研究法のなかでも物語研究と近い関係にある。斎藤（2013）は物語研究の観点から，ある実践における事例研究とは，実践を詳細で良質な物語形式によって記述することだと述べる。そして，臨床における事例検討を質的改善研究のひとつとして位置づけ，その目的を，各現場での実践をよりよいものに改善するために役立つ知識を産生することとする。その知識とは，基本的には「仮説」「モデル」であり，類似したコンテクストにおける別の実践で「参照枠」「視点」として機能し，さらなる実践や組織の改善に役立てられ，新しい現場での実践における新たな知の創造に資する，という漸進的な過程に組み込まれる（斎藤，2013）。

　山本（2001a）は，こうした臨床心理学における事例研究の意義と根拠を明確にするうえで大きな援護射撃になったのは，「ただ客観的にものを眺め，分析するのじゃなくて，自分が現場にコミットして，相手との関係の中で考える」（中村，1984）臨床の知という新たなパラダイム提起であると述べる。そして，"モデル構成のために" 一回的・個別的な現象を"現場"から研究する現

場心理学」の提唱（やまだ，1997）や，エスノグラフィやフィールドワークが脚光を浴びるなど，心理臨床以外の学問領域での質的研究に関わる類似の動向と共振しながら，臨床心理学における事例研究が発展してきたとする。

II 事例研究の特徴──固有性と特殊性を文脈と時間のなかで捉える

　それでは，質的研究における事例研究とは何か。事例は必ず「固有性」をもち，「境界のあるシステム」であり（斎藤，2014），各事例では，特異な性質・出来事・諸関係・諸状況などが重要な位置を占めている（ステイク，2006）。ウィリッグ（2003）は，事例研究の特徴として，①個性記述的視点，②文脈的データへの注目，③トライアンギュレーション，④時間的要素，⑤理論への関心，をあげる。順に説明しよう。

　①は個別の事例をその特殊性から理解することを意味する。吉村（1996）は，Allportの『個人的記録の利用法』という書を引き，理解・予見力・制御力の3つが科学の役割だとすれば，事例研究はこれらの点で決して他の方法に劣らないとする見方を示している。個人誌において，年代記的な構造や人間的主題を擁護する手続きに特別な注意が払われる点を重視する立場から，事例研究を志向する研究者もいる（ステイク，2006）。②事例をさまざまな（歴史的，文化的，社会的，経済的，物理的，生物的，心理的，象徴的）文脈に埋め込んで考え，現象を深く理解するために，③さまざまなデータ収集と分析の方法を一つの事例研究のなかで用いることが推奨される。④事例研究では，時間経過に伴うプロセスに関心を向け，変化や発展に注目することを重視する。物語もまた時間性を内包する事象のシークエンスである（斎藤，2014）。そして，⑤特定の事例を詳細に探究すれば，社会的もしくは心理的なプロセスへの洞察が生まれ，理論を形成したり仮説を生み出すことにつながる。Freudによる精神分析の事例研究と理論的発展の関連はもとより，Newtonが木から果物が落ちるという事例から万有引力の法則を考え出したこと，行動主義と呼ばれ測定可能な科学の中心的な人物の一人であるWatsonが，恐怖の条件付けを論じるうえでアルバート坊やの事例を用いた（松本，2010）ことは，理論や仮説の産出に事例研究が有効であることを物語っている。

III 事例研究の布置
── 固有性・特殊性と一般性をむすぶ

　特定の文脈における事象の理解と学びを深めることを目的とする事例研究の特徴に関わって，しばしば議論されることに，事例の一般化というテーマがある。吉村（1996）によると，事例研究は，①小標本（サンプルの代表性が保証されない），②定性的データ中心（特に主観性の強いデータ），③事後研究（独立・従属変数の未決定性），④被験者主導型研究（条件統制や操作がされていない）であることが欠点とされ，よって，事例研究では一般法則を見つけることはできないと批判される。もっとも，こうした批判には母集団の存在が前提となっている。

　他方で，事例研究は，研究の文脈が実験研究や調査研究をするには複雑すぎる場合に特に価値がある。実際，事例研究には，①個性的なものは法則的なものの残余ではなく，②個には普遍的なものが現れており，③心理機能の理解は生活環境から切り離さずに行うほうがよく，④希少な異常例の検討は正常状態の理解を助ける，といった面が備わっている（吉村，1996）。つまり，世界が複雑な場所であり，経験や行動の一般的な原理や共通パターンでさえ，予測的な方法あるいは一定の方法では決して表現できないという考えに基づき，事例研究が実施される。事例研究では，個々の事例を特殊性という点から注意深く詳細に記述することから研究が始まり，理論の展開や一般化はその後に注意深く行われる（ウィリッグ，2003）。なお，既存の理論の検証に役立つこともある。既

存の理論的予測と合致しないような出来事を伝える反証事例がひとつでもあれば，理論の適用可能性を疑問視するに十分であり，一般化可能性の限界を設定することができるだろう（ステイク，2006）。もっとも，オールタナティブなモデルを提示するという意味では，反証事例もモデル構成の側面も同時に備えている（山本，2001b）。

そもそも，特殊性と一般性をめぐって同時に複数の関心がもたれるため，それぞれを厳密に区分することは難しい（ステイク，2006）。斎藤（2014）は，事例の固有性の描写を重視するか，一般化可能性を考慮するかという議論ではなく，個性探求的な指向性と一般化への指向性は量的研究とは異なった独特の仕方で密接に絡み合っており，それぞれを分割して考えるより，両者の関係について議論を深めることが重要だと述べる。ステイク（2006）は，研究者による物語がその出来事を追体験できるような機会を提供するとき，読者は自分自身のなかにあるさまざまな固有の出来事の記憶を呼び覚まされるとし，こうしたエスノグラフィックな事例が意識と理解の基本的な過程に影響を与えながらある程度実際の経験に匹敵するものを喚起できる媒体となりえたとき，この過程を自然な一般化と呼ぶとした。山本（2001b）は，司法領域での事例研究ともいえる「判例」研究からヒントを得て，個々のクライエントに行う「臨床的判断」のなかでも，他の事例にも適用可能な本質的判断がいわば理論モデルに相当すると述べている。そして，そうした本質的な「判断内容」を多くのクライエントに適用して有効性が確認されるのなら，やがて一般法則としての位置を獲得するとし，こうした手続きをとるものを「累積的事例研究」と呼んだ。このような，臨床心理学において事例研究を行ううえでの知の産出と継承の仕方は，斎藤（2013）が提唱する「質的改善研究」（本稿「I 臨床心理学における事例研究」参照）とも，その意義と方向性を共有していよう。

IV 事例の価値
―― 実存する事例に接近する

研究者は，多面的な研究上の関心に基づき，対象について検討しうる何らかの典型性や代表性をもつ事例を選択しようとする。他方で，現実の事例，研究の実行可能性，研究の受け入れ可能性，研究のための資源，その他関連する付随的な事情を考慮して，代表性とは異なる次元で，学ぶ最良の機会を与えるような事例を研究対象として選択することもある（ステイク，2006）。実存する事例に接近することは，それとして意義のあることである。とりわけ単一事例研究デザインは，明確に構成された理論を批判的に検証することに加え，研究者個人が関心をもつ稀有な事例を表現したり，社会的に明らかにされにくかった問題の事例へのアクセスを可能にするという点で画期的である（ウィリッグ，2003）。また，そうした事例研究が，社会改革などを目指す活動実践と深く関係していることもある（斎藤，2014）。

そもそも心理臨床の事例は個別性が強く，いかにその本質に迫りうるかが，事例研究を行ううえでの事例の選択のひとつの重要な基準となる。逆説的であるが，面接過程での危機や失敗を含む事例が，本質に迫るに足るものとしてあげられている（山本，2001b）のは興味深い。山本・鶴田（2001）は，自らの臨床家としての成長の源は難渋した事例やうまくいかなかった事例にあるとし，事例研究は心理臨床の「失敗学」と言っても過言ではないとする。また岩壁（2007）は，心理臨床で起こるさまざまな失敗とその後の治療関係の立て直しや解決策について，臨床事例を実践と理論の両面から検討する書をまとめ，臨床の場で人が出会うことへの深い思索と心理療法に対する新たな世界観の提言を行っている。こうした，臨床における失敗事例にある種の価値を置き，臨床家の視点から，実存する事例に接近しようとする試みとそれによって新たに切り拓かれる地平

は，その対岸にある，複雑な背景文脈と時間経過のなかにある当事者経験に基づく事例を，システムとしての境界を明確にしつつ——それは同時に見えにくくなっていることへの意識化と表裏をなす——捉えようとする事例研究の重要性を再認識させてくれる。

　以下では，時間と文脈（システム）のなかで成りゆくライフ（生命・生活・人生）の複線性・多様性を捉えるTEA（Trajectory Equifinality Approach：複線径路・等至性アプローチ）という質的研究の方法論を思考枠組みにし，臨床心理学で事例研究を進めるうえでのアイデアを示したい。

V　臨床事例を捉えるアイデア
　　——TEAという方法論から

　人は，多様な活動の場をもち，複数の関係性を紡ぎ，そのライフは時間とともに成りゆく固有な歴史性を有している。TEAは，それぞれの文化的・社会的文脈に埋め込まれ，ある意味で特殊ともいえる固有の唯一無二のライフを，原因－結果やプレ-ポストという視点ではなく，時間と場の網目のなかで偶有的に[注1]実現してゆくものとして捉えるのに適している。

　対象とする経験（者）を抽出する理論HSI（Historically Structured Invitation：歴史的構造化ご招待[注2]）と，文化的記号を取り入れて変容するシステムとしての人間のメカニズムを仮定し理解・記述するための理論TLMG（Three Layers Model of Genesis：発生の三層モデル）と，時間上の変容・維持の過程を描く方法TEM（Trajectory Equifinality Model：複線径路・等至性モデル）により構成され，文化とともにある人のライフを捉え描き出す方法論を，総体としてTEAと呼ぶ。研究目的からHSIで対象を抽出し（それが等至点となる），人やその他のシステムの内的変容過程をTLMGで理解しつつ（そのとき分岐点に焦点があてられる），文化や社会とともにある人の経験のプロセスをTEMで描く。詳しくは安田・サトウ（2012）を参照いただくこととして，以下では，TEMを構成する諸概念，非可逆的時間，等至点と両極化した等至点，分岐点，（複線）径路と可能な径路，必須通過点，社会的方向づけと社会的ガイドを枠組みにして，臨床事例を描き出すひとつの有り様を示す。

1.　分析手続き　　TEMの概念を思考枠組みにして

①まず，時間の持続のなかでライフが実現されゆく有り様を分析することを意識化するために，非可逆的時間を引く。

②研究目的に即して等至点を設定し，また，語られた経験より当該問題の起点を決め，研究対象とする事例の時間幅を明確にする。不登校を研究課題にして，不登校経験者にインタビューを行う，もしくは臨床心理実践のなかで関わる不登校事例をとりあげ，事例研究を行う場合，等至点は「学校に通う」や「教室に入る」などとして焦点化される。

③同時に，両極化した等至点として，等至点とは背反する事象を設定する。単純には「学校に通わない」「教室に入らない」となる。等至点として焦点化した事象は目指すべき目標のような価値を帯びることになるが，一方で，当事者には学校に行けずに葛藤・逡巡する不定な状況が経験されている。両極化した等至点は，そうした当事者経験に目を向け，学校制度に基づく「学校に通う」といった価値とは異なる多様で複線的な径路の有り様を可視化することの重要

注1）contingency（コンティンジェンシー）の意であり，行動分析では「随伴性」と訳されている。「必然」でも「偶然」でもない有り様を示す。
注2）最初，HSS（Historically Structured Sampling：歴史的構造化サンプリング）として，対象抽出の理論化がなされた。しかし，母集団を想定したサンプリング概念がそぐわないこと，また，研究者の興味関心にもとづき，ある事象に焦点があてられ，その対象者を研究に招き入れるという意味合いを表現することに力点が置かれ，HSI（Historically Structured Invitation：歴史的構造化ご招待）と提唱し直された。

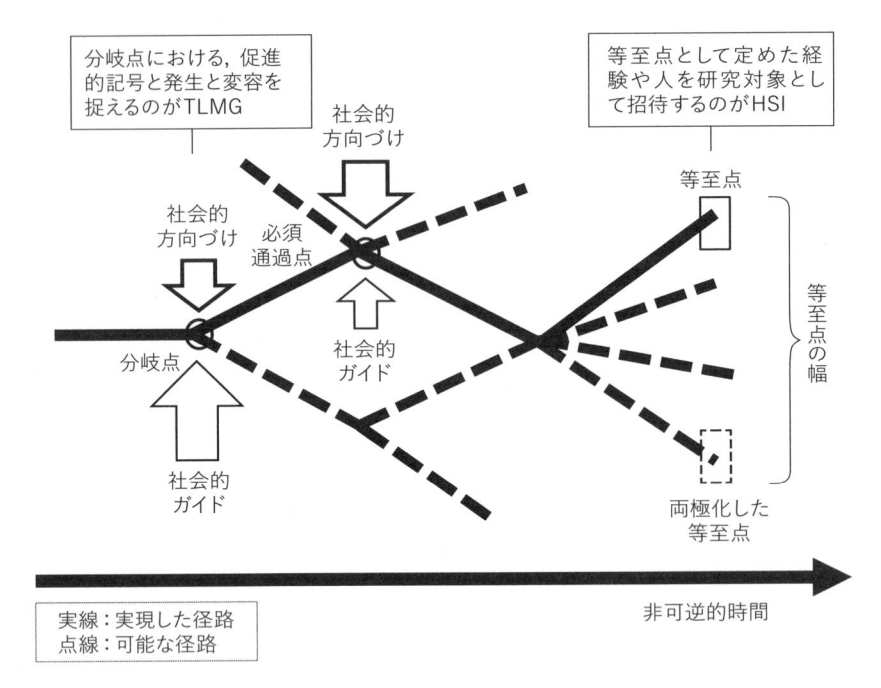

図1 TEM図と諸概念

性を意識化させてくれる。なお，等至点と両極化した等至点を右側の上下に配置し，捉えるべき縦軸を決定すれば，等至性の幅が示される。それによって，一旦設定した等至点はオールタナティヴであることが示され，また，さらに等至点から未来に向かう展望的ベクトルが見えてくることもある。等至点を再設定したほうがよいことに気づく場合もある（たとえば「親から精神的に自立する」「社会とつながる」など）。

④次に，径路を記述する。等至点に近づくか遠ざかるか，好調・不調，状態の浮き沈みなどを事例から捉えながら，それらを山や谷として波線を引くように気軽に描くとよい。可能な径路も検討しながら，複線径路を可視化していく。

⑤山や谷が，変容の転換点，すなわち分岐点や必須通過点になりうるかを検討する。④の複線径路の描出とあわせて考えていく。径路がわかれゆく分岐点には変容が顕著に捉えられる。必須通過点は，ほとんどの人が必ず通るという意味の概念であり，複数の事例（人）を対象に分析を行う場合は，互いの経験を比較することによって特定できる。単一事例であっても，文化的・社会的な諸力の影響によって結節化されていると考えられるポイントがある場合には，その事象を必須通過点として同定することができる。

⑥分岐点や必須通過点には，文化的・社会的に方向づける制約的な力や援助的な力が作用している可能性もあり，前者は等至点から遠ざける社会的方向づけとして，後者は等至点に近づける社会的ガイドとして力の作用を描く。

⑦分岐点や必須通過点は，当事者経験に即した変容の転換点として捉えられ，人が変わりゆく局面の理解につなげていくことができる。臨床心理実践における事例の時期区分に活かすことができる。

以上がTEMで分析するうえでの手順であるが，必ずしも遵守すべき厳密なものではない。大切なのは，諸概念を思考の枠組みにして事例を丁

寧に捉え理解することである。よって，TEMの諸概念は，インタビューで語りデータを収集したり，臨床心理実践において臨床家としてクライエントに向き合い話を聴くにあたっても，また，分析結果を記述し，変容プロセスを捉えるべく考察を進めるに際しても，役立つものとなる。必ずしも，TEM図に描かなくても，諸概念をフレームにすることで，歴史的・文化的・社会的文脈に埋め込まれた時間とともにある生きられた事例のふるまいが見えやすくなる。

2. 文脈や関係性への留意――真正性を高める試みとして

上記の例は不登校児の経験そのものにより焦点をあてたものであるが，家族関係や学校現場といった文脈（システム）の存在を忘れてはならない。また，臨床家の関わりを入れ込み変容を捉えることも重要であるだろう。不登校児の経験を軸にして臨床家を，援助的な力，つまり社会的ガイドとして描く方法もある。もっとも，臨床家が制約・阻害する力になっているかもしれない――それは臨床心理実践の失敗事例として捉えられよう。また，不登校児に伴走しながら臨床心理実践を構成する存在として臨床家の存在を位置づけ，その二者の相互的なありようをシステムとして描く方法もある。いずれにしても，こうしたことはリフレクティヴな臨床心理実践につながる。

リフレクションという観点から，描き出したTEM図を事例の対象者に見せ，分析の適切性を確認する作業が行われると，それはトランスビュー（Trans-View）と呼ばれている。当事者経験と研究者の視点と主観の融合により表象される創造的知見として，物語世界を産み出す営みである。このことは，解釈の意味や含意についての議論に対象者を加えて研究を発展させていき，匿名性をめぐる問題への配慮を補完するという点でも，対象者の思考や感情を肯定的に刺激する（ウィリッグ，2003）という意味でも，有用であるだろう。

こうして表象された物語世界は，TEMの諸概念によって「参照枠」が提示されたかたちで，類似した文脈の別の事例の理解や，さらなる実践や改善に役立てられる。事例を通した他者の経験の追体験は，人が行動を選択したりその結果を予期したりすることを改善していくうえで重要な基盤となる（ステイク，2006）。臨床事例研究は，研究，実践，教育を包括したひとつの「知識創造的社会活動」として位置づけることができるが（斎藤，2013），TEMを包含するTEAは，それを可能にするひとつの質的方法論であるといえる。

VI　まとめにかえて

固有性と特殊性を明らかにすることを目指し，理想的には，境界を持ちながらも統合されたシステムが，時間経過とともに変わりゆくプロセスに光を投げかけるものである事例研究（ウィリッグ，2003）は，質的研究法TEAにより，新たな展開が期待できるのではないか。TEAは，時間とシステムとともにある人の生きる径路の多様性・複線性とその変容プロセスを，文化的・社会的に不可視なものも含めて捉えようとする方法論であるからである。ただしこのTEAは，文脈や関係性を描き出すことについては，研究実践としては果敢に取り組まれているものの，その理論化と方法論化には課題が残されている。今後の課題としたい。

▶文献

岩壁茂（2007）心理療法・失敗例の臨床研究――その予防と治療関係の立て直し方．金剛出版．

松本拓真（2010）子どもの心理療法の研究法の必要性に関する一考察――事例研究の歴史とその展望．大阪大学教育学年報15；45-55．

中村雄二郎（1984）術語集――気になることば．岩波新書．

能智正博（2011）臨床心理学をまなぶ6――質的研究法．東京大学出版会．

斎藤清二（2013）事例研究というパラダイム――臨床心理学と医学をむすぶ．岩崎学術出版社．

斎藤清二（2014）書評特集：事例研究再考．質的心理学研究13；253-254．

R・E・ステイク(2006) 事例研究. In：N・K・デンジン, Y・S・リンカン 編[平山満義 監訳]：質的ハンドブック2巻 質的研究の設計と戦略. 北大路書房, pp.101-120.

C・ウィリッグ[上淵 寿, 大家まゆみ, 小松孝至 訳](2003) 心理学のための質的研究法入門. 培風館.

やまだようこ(1997) 現場心理学の発想. 新曜社.

山本 力(2001a) 心理臨床実践と事例研究. In：山本 力, 鶴田和美 編：心理臨床家のための「事例研究」の進め方. 北大路書房, pp.2-13.

山本 力(2001b) 研究法としての事例研究. In：山本 力, 鶴田和美 編：心理臨床家のための「事例研究」の進め方. 北大路書房, pp.14-29.

山本 力, 鶴田和美 編(2001) 心理臨床家のための「事例研究」の進め方. 北大路書房.

安田裕子, サトウタツヤ 編(2012) TEMでわかる人生の径路——質的研究の新展開. 誠信書房.

吉村浩一 編(1996) 特殊事例がひらく心の世界. ナカニシヤ出版.

事例研究に存在する2つの方向性
事例に基づく普遍性を求めて

山川裕樹 *Hiroki Yamakawa* ● 成安造形大学

I　はじめに

「われわれ臨床心理学者の研究は，どこまでも臨床に根ざし，臨床に戻ってくるべき，いわば臨床の場で終始生かされる研究でなければ，その意味を持たない」

「事例研究などというものは，本来研究とはいえないものなんだ，というような構えが，もしあるとすれば，そうした考えかたそのものが，臨床心理学の立場からは，遠くはなれたものであることを，ここではっきり銘記しておく必要があるように思われる」

これは今を遡ること50年前，日本臨床心理学会の設立シンポジウムにおける村上英治の発言である（深山ほか，1964）。日本において臨床心理学を専門とする学会がはじめて作られたときすでに，臨床心理学の研究における臨床の重要性，事例研究の必然性が叫ばれていた。

しかしそれは，心理臨床の研究においていかに臨床が見失われやすいか，事例研究が研究扱いされにくいかということの陰画でもある。研究と臨床実践の乖離については欧米でも指摘する声があり（Polkinghorne, 1999），現在ではRCT（ランダム化比較試験）一辺倒の時代は過ぎ，事例に基づいたエビデンスを用いた研究や質的研究法の適用など方法論的多元主義の時代にあるとの主張もある（McLeod, 2013）。臨床実践に資する研究への問いは斯学に潜在する一大テーマである。

わが国では臨床心理学会の瓦解後，河合隼雄（河合，1976）や成瀬悟策（成瀬ほか，1977）たちによる事例を用いた学問研究ムーブメントが起き，それ以来事例研究が研究の中心であり続けている。この傾向への批判もあるが，「ケース研究は原点である」（河合ほか，1977）という言葉があるように，事例をゆるがせにせず臨床を軸にした学問姿勢こそがこの国の臨床心理学の共通言語（リングア・フランカ）である。ではその事例研究は，面接事例という質的データから現状どのように普遍性・一般性を抽出しようとしているのか。このことを確認することで，事例研究法の現状とその課題について考えるのが本稿の目的である。

II　事例研究の2つの方向性

ここでは，筆者が以前行った事例研究論文の論述傾向分析（山川，2012）から，事例研究論文にある2つの方向性を確認しておく。

1つは，事例から法則やモデルを見出そうとする研究である。ある状態像に基づき，そこで見出された傾向を法則の形で普遍化しようとする試み

がこれに属する。不登校なり発達障害なり何らかの外的な基準に基づいた分類があり、その事例の展開から何らかの法則やモデルが提示されるのである。ただしそれだけで研究としてのノイエス（新しさ）を見出すのは相当難しいため、ある技法に限定することでノイエスを担保しようとすることもある（架空の例として「理系学生へのグループプログラム」や「長期不登校児童への動作法」など）。状態像にせよ技法にせよ、それらはすべて外的な一般則として掲げられるものであり、そうした外的な基準を軸に事例を考えていこうとする研究がこのタイプに該当する。

この研究においては、自らの経験した事例から法則を導き出そうとするものと、他事例で見出された法則が自事例にもあてはまることを示すものとに分かれる。前者は法則提唱型、後者は法則検証型とでも呼べようか。前者の場合、さすがに一事例から法則を提唱するのは困難であるため、複数例に共通する事実から法則を提唱しているか、あるいは幾つかの実践例を背景にその代表例としての一事例から法則を提言しているかである。後者の場合は、従来の理論や仮説が当該事例においても該当することから、法則の正当性を見出し、時にはその法則をさらに精緻化していこうとする試みを行っている。

いずれにせよ、このような傾向をもつ研究は、事例による普遍性・一般性を何らかの外的な基準による共通性に求めている。例えば「理系学生」には何らかの共通する要素が想定されており、だから「理系学生におけるグループアプローチ」の事例がほかの「理系学生」でも参考になると考えられている。つまり、こうした研究においては常に事例をマクロな視点、大きな枠組みで捉えていこうとする傾向性が存在していると云えよう。

もう1つのアプローチは、事例に留まり、その事例において生じた事象を考察する研究である。複雑な条件が絡み合う面接関係における発生事象、クライエントの状態像、セラピストのかかわりとその展開に細かく焦点を当てて考察がすすめられる。クライエントの訴えにはどのような意味があるのか、セラピストはそこにどのように関与したのか、それによりどのような変化がもたらされたのか。主眼は当該事例の理解にあり、過去の文献や技法などは参照枠として用いられる。「この事例ならでは」の事実に基づいてその展開の意味などを丁寧に解きほぐしていくことに焦点を当てるという研究スタイルである。

こうした事例研究の場合、その面接事象はクライエントの外的基準に該当する範囲のみで有用なわけではない。不登校の事例であろうと摂食障害の事例であろうと、広く臨床実践に、あるいは人間心理の理解に役に立つ研究になりえる。個別の事例にミクロかつクリアに焦点を当てることで、逆説的に個別性を越えた普遍性・一般性を狙う研究である。

ここではこの両者を研究の焦点の当て方に着目して、それぞれ事例研究におけるマクロ指向性とミクロ指向性と呼んでおこう。事例研究は通常ミクロに焦点を当てるものだとされるが（瀬畠ほか，2001）法則を指向する事例研究も多く、例えば下山（2000）の提唱する「統合的事例研究法」のように、一事例において見出された仮説のあてはまる範囲を次第に増やしていき、その確からしさを広げていくという方法論もある。一方、河合（1976）の事例研究法論が「ひとつの症状について何例かをまとめ、それについて普遍的な法則を見出すような論文よりも、ひとつの事例の赤裸々な報告の方が、はるかに実際に『役立つ』ということであった」という事実を出発点としているように、ミクロな一事例に留まり個を徹底して追求することで普遍性を見出そうとする事例研究も確かに存在している。前者が一事例に求めるのは他にも単純適用可能な一般性であり、後者は一事例を徹底して考えることでその深みを通して他とも通じる普遍性を求めようとしている。この性質の異なる2つの方向性が、現状行われている事例研究には併存しているのである。

もちろんこの両者は背反するものではなく、両

者の混在した研究は充分ありえる。ただし，この両者を区分しておくことで，事例研究の研究焦点を明確化し，それぞれが異なる独自の価値を担っている——経済学におけるマクロとミクロのように——ことを強調できると筆者は考える。

III ミクロ指向の事例研究において見出されること

経済地理学者であるFlyvbjerg（2006）は，「事例研究の5つの誤解」と題した論文において，「理論的知識は実践的知識より価値がある」「一事例から一般化はできず，したがって一事例研究は科学の発展に貢献できない」などの通説を「誤解」であるとし，逐一反論を行っている。そこで彼は人間科学における万能的理論の不可能性を指摘すると同時に，具体例がもつ説得力や，要約不能な性質をもつナラティブを尊重する姿勢を示す。Flyvbjergの言う「5つの誤解」は，事例研究を行う当の我々においても決して無縁ではないイドラである。

先に述べたように，マクロ指向の事例研究は法則や理論という形で（可能な限りの）客観的真理を追い求めようとしている。それは「誤解」から抜け出る一つの策であるが，ある意味その「誤解」に則った方向での努力であるのは否めない。また一般則をあまりに求めるようでは「その事例でなくとも云えること」が中心課題となり，研究に事例を用いる必然性が薄くなる嫌いもある。とはいえ研究における客観化の努力は不可欠なことであり，法則にすることでその妥当性を他者が検証できることにもなり，なにより研究の目的が明解なものとなる。

一方，ミクロ指向の研究が見出すものは何か。これはなかなかに難しい課題である。一般的理論的知識を抽出するものでないのなら，ただ事例を提示すれば事足りるのであろうか。河合（1976）は「ひとつの事例の赤裸々な報告」が反響を呼んだことを記し，数例からの法則化よりも事例の丹念な記述がもつ価値について考察していた。では事例の報告だけで研究に値するのか。もちろん事例をそのまま伝えること自体に意義はあり，先のFlyvbjerg（2006）に事例の要約不可能性の指摘があったように，要約すれば失われてしまう細部を伝達しうるのが事例研究である。その意味では報告自体が研究価値を生む事例研究も極北にあろうが，しかしそれは極であり，多くの場合，研究とするには事例の報告から何かを抽出することが求められると考えるほうがいいだろう。ではそれはいったい何だろうか。

下山（2001）は，"case"という英単語には「真相・真実」という辞書的意味があることに触れ，事例から真相を見出すことに事例研究の意義があるとした。斎藤（2003）は，事例の事実から「構造仮説」を提唱する方法論を提案した。河合（1992）は，主体者の内的体験としての「動き」が伝わることを重視し，部分でなく全体を伝える性質をもつ事例研究はその「動き」を伝えるものであるという考えを示した。これらを踏まえると，事例から抽出されるものは事例の「真相」や「構造」や「動き」のようなもので，それらを他者とも共有可能な形で言語化することに事例研究の意義があると云えるのではないか。

つまりミクロ指向の事例研究は，事例によって伝えられる「動き」から「真相」「構造」を見抜き，そこから事例を見通す「視点」を提供する役割をもつと考えられる。この「視点」とはマクロ指向研究で云う「法則」のように客観的概念として仮構されるものではない。文字通り「視点」であるのだから，それを用いる人の存在が不可欠であることが含意されており，無人称的には存在しえない。他の臨床家がその視点を用いることで，事例におけるより的確な理解，より望ましい関与，より妥当な見通しが可能になり，実践におけるよりよいかかわりをもたらすことになる。事例の理解を深めるための「視点」，それこそがミクロ指向の事例研究で見出されるものだと考えられる。

藤原（2004）は，事例研究で見出されるもの

を「主観的普遍性」と表現している。「主観的普遍性とは、単純に他の事例にも一律の適用可能性をもつという意味ではなく、内面的な主体機能という個人的で主観的な心の働きに関する事実が、他の事例へのアプローチに普遍的な仮説機能をもつといった意味である」。クライエント個人の主観の世界にセラピストの主観を用いてかかわるのが心理臨床の実践であるから、主観は排除しようがない。その主観をいかにして妥当な、普遍化可能な主観性にしていけるかが大きなキーポイントである。ミクロ指向の事例研究は、法則のように要約可能なものを示すのではなく、事例全体を提示し、そこから「主観的普遍性」にまで辿り着けるように、複雑多様な条件が交錯する臨床場面を面接事実に基づいて理解する視点を見出し、「仮説機能」（藤原、2004）として有効なものを他の臨床家に提供するのが重要な役割だといえるのではなかろうか。

　冒頭に紹介した50年前の言葉は、やはり事例研究が基盤であること、しかしその重要性がややもすれば見失われてしまいやすいことを綺麗に物語っている。臨床家の成長から事例を引き抜くことはできない。自分自身の実践事例、自分の事例の検討、他者の事例の検討が我々の学びの基本にある。その学びは教科書的法則の理解とは異なるものであるが、しかし事例から得られる学びが存在するという事実は、河合（1976）の考察、Flyvbjerg（2006）の指摘からもわかる。事例研究はそうした実践的な学びを基盤に行われるものであり、事例から得られる視点を他者でも利用可能な形に言語化する営為だと考えられる。法則化のみが学問であるというイドラは非常に強固であるが、我々の臨床学に必然的に求められるのは、やはり実践的学びを軸にした学問研究なのである。

IV　おわりに
──真に質的な研究に向けて

　現在、心理臨床の研究において質的研究が量的拡大を見せている。2013年度の『心理臨床学研究』誌では研究論文の20％弱が質的研究であり、うち第4号では14本中5本と1/3超を占めている。どれも興味深い研究であるが、今後の課題を「次は被験者の数を増やした検討が必要となる」としている論文が少なくないことが気にかかる。単なるクリシェではあろうが、質的研究が量的拡大を課題に掲げるとはどういうことか。それは古典的発想、つまり少数事例の詳細な観察を通して仮説を生成し、大規模量的調査において検証するというパラダイムとその根拠的発想がなんら変わらないことを意味してはいないだろうか。

　なるほど、従来と同じだから駄目だというのは暴論である。量的拡大から質の向上が生まれるのもこの世の習いである。ただしかし、質的研究は何を狙って質的要素に着目しているのかを考えておくのは研究者として必要な矜持であろう。従来の研究と比べ質的研究は「世界を見るものの見方や基礎概念が大きく異なっている」（やまだ、2007）と云われる。だが最終的には被験者の数を増やすことに説得力の根拠を探すようでは、"qualitative"を定性的と訳していた時代と何も変わっていないのではなかろうか。

　心理臨床の研究とは、そもそも何を求めるものなのか。初学者の訓練のために行うロールプレイがどこまでいってもロールプレイに過ぎないのと同様、臨床実践そのものを扱う臨床研究と臨床的素材を調査した臨床的研究とは同一ではなく、「的」はどこまでいっても「的」である。面接場面で得られた語りと調査状況で語られた語りは質的に同じと扱いうるのか。ロールプレイ事例を基にした研究が心理臨床研究の中心にくることはあるのだろうか。

　複雑多様な条件を孕むのが必定の実践事例は、

確かな研究性を追い求める際には極めて厄介な性質を含む。完全な厳密性や再現性は原理的に到達不能であり，研究倫理の問題もある。しかし，われわれは事例を生きることでしか心理臨床実践を行いえない。事例はわれわれの学問における原点であり，事例を基に事例から発想していく研究こそが我々の基盤である。そうした性質をもつわれわれの学問が質的研究から学ぶのは，具体的方法ではなくてその方法論的精緻化のロジックであるべきだろう。

しかし実のところ，われわれは事例研究を通し，事例検討会を通し，いったい何を得，どのようなことを学んでいるのか，そのこともさほど明確化されているわけではないし，どこまで明確化しうるかもわかっていない。われわれは事例から何を学んでいるのか。どのような研究知見が複雑多様な臨床を生き抜く知恵を与えてくれるのか。クライエントをよりよく理解できるようになるのか。真の事例研究を問う方法論が，今求められている。

▶ 文献

Flyvbjerg B (2006) Five misunderstandings about case-study research. Qualitative Inquiry 12 ; 219-245.

藤原勝紀 (2004) 事例研究法. In：丹野義彦 編：臨床心理学全書 第5巻 臨床心理学研究法. 誠信書房, pp.19-64.

深山富男, 村上英治, 杉山善朗ほか (1964) 研究の動向. 臨床心理学3-3 ; 145-155.

河合隼雄 (1976) 事例研究の意義と問題点——臨床心理学の立場から. 京都大学教育学部心理教育相談室紀要 臨床心理事例研究3 ; 9-12.

河合隼雄 (1992) 心理療法序説. 岩波書店.

河合隼雄, 佐治守夫, 成瀬悟策 (1977) 編者鼎談 臨床心理学におけるケース研究. In：河合隼雄, 佐治守夫, 成瀬悟策 編：臨床心理ケース研究1. 誠信書房, pp.232-254.

McLeod J (2013) An Introduction to Research in Counselling and Psychotherapy. Sage Publications.

成瀬悟策, 前田重治, 村山正治ほか (1976)「ケース・スタディとは何か」の討論会をめぐって——座談会記録よりの抜粋. 九州大学心理教育相談室紀要2 ; 189-200.

Polkinghorne DE (1999) Traditional research and psychotherapy practice. The Journal of Clinical Psychology 55-12 ; 1429-1440.

瀬畠克之, 杉澤廉晴, 大滝純司ほか (2001) 質的研究の背景と課題 研究手法としての妥当性をめぐって. 日本公衆衛生雑誌48-5 ; 339-343.

斎藤清二 (2003) NBMにおける研究法. In：斎藤清二・岸本寛史：ナラティブ・ベイスト・メディスンの実践. 金剛出版, pp.62-89.

下山晴彦 (2000) 事例研究. In：下山晴彦 編：臨床心理学研究の技法. 福村出版, pp.86-92.

下山晴彦 (2001) 臨床心理学研究の多様性と可能性. In：下山晴彦, 丹野義彦 編：講座臨床心理学2 臨床心理学研究. 東京大学出版会, pp.3-24.

やまだようこ (2007) 質的心理学とは. In：やまだようこ 編：質的心理学の方法. 新曜社, pp.2-15.

山川裕樹 (2012) 事例研究論文の研究スタイルをめぐる省察——事例研究論文の文献展望. 学生相談研究33-2 ; 193-212.

参与観察と研究記録

川野健治 *Kenji Kawano* ● 国立精神・神経医療研究センター 自殺予防総合対策センター

I 参与観察の基本的特徴
―― フィールドエントリーと居ること，観察段階

　参与観察は，質的研究の文脈ではエスノグラフィという調査方法／調査報告の主要な技法として位置づけられる。この手法の誕生に大きな役割を果たしたのが，文化人類学のB. Malinowski（1884〜1942）である。ニューギニアの調査中に第一次世界大戦が勃発し，帰国できなくなった彼は，北部のトロブリアンド諸島で2年間の長期滞在研究を行った。住民の言葉を習得し，行動をともにしながらその生活を詳しく観察することができたという（祖父江，1979）。社会学では20世紀初頭のシカゴ学派のアメリカの移民へのフィールドワーク，フェミニズムの成果，心理学では1970年代頃からの教育における社会文化的文脈の発見などにおいて，エスノグラフィと参与観察の手法は多くの成果をあげてきた。わが国の心理学の状況としては，1960年代の東北大学社会心理学研究室による下北半島のフィールドワーク研究，また1990年代には心理人類学者の箕浦康子がエスノグラフィの本格的な指導と指導書の刊行があったことなどが指摘されている（柴山，2013）。

　では，参与観察とはどのような特徴をもつ手法なのだろうか。まず指摘できるのは，参与観察は研究者が関心をもつ文化，社会，できごと，人々のやりとりを観察しうる場所＝フィールドに「入る」ことが含意されている点である。クローズドな，あるいはプライバシーに関わるフィールドへの参与は当然難しくなる。どのように「コネ」をみつけるか，いろいろと試す必要があるだろう。筆者の最初のフィールドワークは，神奈川県のある特別養護老人ホーム（以後，特養）であった（根ヶ山・川野，2003）。以前に他の研究で訪問していて，共同研究者にあらためて紹介してもらったので，このときは実はあまり苦労していない。

　ともあれ，筆者の参与観察が始まった。しかし，「特養でのケアを理解したい」という以上の目的を説明できなかった当時の筆者は，寮母長に相談にのってもらい，まずは，さまざまなケア場面に立ち会い，参加することになった。入浴，食事，排泄の三大介助だけではない。入浴介助が行われるためには移動の介助が必要であり，同時並行して洗濯室ではオムツたたみが行われている。朝の申し送りや寮母室でのお茶会にも参加させていただいた。カラオケ大会や「喫茶室」とよばれるレクリエーションもある。施設のスケジュールに沿って動き，うしろからケアを拝見し，あるいは作業を手伝うことで，寮母たちの「配慮」と私

の「心配」ではずれがあることが，少しずつわかってきた。

　たとえば，昼食時に居室から食堂へ移動するとき，視力の落ちている方，歩行が困難になっている方，食堂の位置がわからなくなっている方，いずれも車椅子に乗せて移動させれば確実で，事故は起こらない。車椅子を使ってよいかわからない私は，手をとって誘導しようという「態勢」になっている。しかし，寮母たちは必ずしもそうはしない。声をかけて，自力での移動の意思を確認したら見守っている場合もある。誘導が必要でも，「○○さん，そこの椅子にすわって少し待っていてください」と優先順位をつけることもある。

　このような経験の後，次に類似の場面に出会うと，自分の体と頭に躊躇が生まれる。どう動くのが正解なのか。つまり，初期の参与観察によって浮かび上がるのは，寮母の考え方や動き方の詳細ではなく，むしろ自分の考え方や動き方であり，それは新たな気づきの「気配」のようなものである。なんらかの様式でその場に居ることは，参与観察の特徴として強調されるべきだ。文脈を共有し，動こうとする（動くまいとする）身体が，観察の基点となる。

　やがて筆者の興味は，食事介助の成立に関心が向くようになった。学生時代に重度重複障碍児の支援施設で食事介助の実習を経験したことがある。このとき「なにが食べたいか」をいちいち聞かずにいられなかったという，恥ずかしい思い出があるのだが，それが影響したのかもしれない。

　ともあれ，漠然と「いろいろなことが同時並行に起こっている」という程度の認識しか持てていなかった筆者でさえ，食事介助に焦点をあてることができると，少しずつ気づきは具体的になる。おそらく観察したできごとを照らす「文脈」が生まれるのだろう。献立表の存在，月1回のリクエストメニューをめぐるコミュニケーション，利用者の体調や直前の食事についての情報交換などに目がいく。少しずつ，自分がケア場面に反応する「態勢」と現実のすりあわせがなされていく。それでもやはり，認知症などで意思疎通が難しくなった高齢者への食事介助に対する関心は継続していた。どうやって寮母と利用者は，タイミングよく食べ物を口に入れ，そしてテンポよく食事をすすめることができるのだろう。

　そして，このやりとりを，「食事を組み込んだコミュニケーション」として仮に概念化してからは，焦点を絞り込んだ観察の回数を重ねることになる。昼食時になると施設内の5人の寝たきりの利用者のいずれかの居室を訪問し，食事介助の場面を拝見し，直後には食器の片付けなどを手伝いながら，担当した寮母の方と話をすることもできた。この概念化が，観察のステップをすすめる大事な鍵になる。

　フィールドでの観察は，このように観察段階の移行が必要になる。最初は全般的な観察をし（全般的観察期），その後焦点を定めて細かく深い観察を行う（焦点的観察期）。そして最終段階では研究設問を明確化し，対象をとらえるための視点が確定した時点で，対象を選択して観察する（選択的観察期）というプロセスである。そして段階を移行するためには，「なぜ」「どのように」行動・やりとりが行われているのか，積極的に問いを立て，記録していくことが手がかりになる。自分の観察の仕方をも対象化して，「すごくわかった気がする」「わかったような気がしていたけれど，今日の観察はしっくりこない」といった主観的な感覚も言語化していくのである（能智, 2011）。

　筆者の場合は，かつて自分が行った食事介助の「記憶」，さらに食事中に寮母がスプーンでプラスティックの容器の中の食べ物をさらに小さくするカツカツという「音」について書き留めていたことが，観察のモードを変えるきっかけになった。利用者は（学生時代の筆者が食事介助をした重度重複障碍の方のように）介助者の質問を「理解して」「希望をのべて」，食事コミュニケーションというやりとりを調整していない。利用者は認知症などの背景により言葉での十分なコミュニケーションが取れないのだ。そのかわりに，食事介助

のシーンには，気になる音や動きがある。これらは食事というコミュニケーションになんらかの関係をもつのではないか。

フィールドにエントリーし，文脈に添って動かない身体に気づき，問いを作りながら観察の段階を変え，当事者の視点からの理解を試み，それを研究成果として提示していく。これらは，参与観察に共通するプロセスといってよいだろう。

II エスノグラフィからの脱線
―― 観察の複眼化，現場メモ，フィールドノーツ，AV機器

ただし，上で紹介した参与観察は，実はエスノグラフィとしてまとめていない。当時，質的研究についての知識が不足していた筆者には，エスノグラフィとしてまとめる技量がなかった。そのかわり，自分なりに工夫して「研究成果」にしようとした。本来のエスノグラフィとしての参与観察なら，現場でとったメモをその日のうちに，できごとの詳細がわかるように書き起こしたフィールドノーツを作成し，それを何度も読み返しながら，観察を客観的に批判し相対化することで，観察者が暗黙のうちに前提としているコンテクストを明らかにすることが有効である。これに比して当時の筆者が思いついたのは，実際に複数の観察者で取り組むことであった。つまり，当時自分が非常勤講師として受け持っていた授業で希望者を募り，上記の施設でのボランティアを体験し，書式を定めた日誌をつけてもらった。この日誌から，活動場所，観察内容，ボランティアの主観的な印象についてカテゴリー化し，数量化三類によって集約したのである。これによって，施設内のどこで，誰と誰が何をしているのか，どのような形でそこに加わるのかといったことを条件として，外部参入者の気づきの違いを構造化することができた。

次に，食事場面の観察にも他の研究者の協力を募り，さらにビデオを撮ることにした。「寮母は，どのように食事の進行を理解し，終了させているのか」について，異なる利用者と寮母の組み合わせを観察した複数の研究者が，意見交換しながら検討を重ねた。そしてビデオを繰り返し再生し，コーディングのルールと，時系列変化を追うための記述統計の手法を用いてその構造を記述した。AV機器を用いた分析は細かな観察にはきわめて強力であり，利用者と介護者の発話と体の動きの時系列変化をみることで，食事をめぐる両者の意思がどのように構成されているのかを推測することができた。たとえば，寮母が差し出したスプーンから，利用者が口を開けて食べる／食べないという「選択」に注目することができるのである。「選択」とそれへの反応が見出されるのなら，ここに言語が見出せなくても，一種の意思疎通を見出すことができる（根ヶ山・川野，2003）。

ところで，先のスプーンが食器にあたる「カツカツ」という音は，実は撮影のためのマイクテストを行った共同研究者（現湘北短期大学の岡本依子先生）の指摘が始まりだった。マイクをつける位置によって，食事介助によって発生するさまざまな音が，想像を超えた大きさで聞こえてくるのである。

多くの質的心理学の専門書では，参与観察はエスノグラフィの技法として位置づけられている。そこでは，現場メモ＝フィールドノーツの作成と，そこからエスノグラフィを執筆するという作業が前提とされている。また，AV機器の利用に限界があることも多く指摘される点であり，機器に頼るより，現場にいて活動に参加し，自らの五感を通してこそ気づけることも多く強調される。これらの点に筆者も異論はない。ただし，参与観察自体はもうすこし汎用性のある技法であり，アレンジを加えることも可能で，いわゆる典型的な「エスノグラフィ」「質的研究」に限らず，さまざまな研究の一部分をなすことができる。

III 参与観察と書くことの間
——研究記録をつくる，当事者の視点

　ではもし，前節のように脱線することなくエスノグラフィに取り組んでいたら，研究成果は異なるものになっただろうか。答えはおそらくYESである。

　前節の筆者のように「形式的な複眼化」をすることで，参与観察から失われる性質がある。それは，対象とする相互行為中に観察者が含まれなくなる（あるいは含まれにくくなる）ということである。もちろん，複数の観察者が関わっても，ビデオ撮影をしても，実際にはそれぞれの観察者は存在する。しかし，複数のデータを通して説明を試みるなかで，つまり「共通性」を見出そうとする視点の中で，観察者の個性は捨象されがちである。たとえば複数の観察者の日誌を筆者が通読して「特養における，視力の不自由な方への移動介助では，正面に回って両手をもち，一人ずつ誘導することが基本である」というまとめを作成した場合，個々の日誌に現れていたかもしれない観察者の存在は非常に見出しにくい。あるいは，食事介助の場面についてのビデオを再生し分析する手順では，そこに写っているものを詳細に，繰り返し観察できる（数えられる）という長所を活かして，「食事の前半と後半とで，差し出されたスプーンからすぐに口に食べ物を含んだ率は70％と30％と異なっていた」と要約した場合，この記録の読み手にとっても観察者は透明化している。

　もちろん，このような分析が良い／悪いという議論がしたいわけではない。観察者の存在を活かす研究成果も考えられる。そのためには，参与観察からの第一次記録には工夫が必要だろう。ここで，アフリカでのフィールドワークを例にとりながら，「共在」の意味を論じている作道（2014）を参照したい。以下のような記録（おそらくフィールドノーツの一部）が引用されている。

　遠方から男性がたずねてきた。私がお世話になっているエトットの知り合いだ。ウガンダ国境の山地部で，どこかの飛行機がジェリンカン（油や水を運ぶプラスティック製，金属製の容器）を落としていったら，それが爆発した話をしている（ウガンダ軍による反政府軍への攻撃ではないかと噂された）。私に向きなおると，「私はお前とエトットの客人としてきた」と宣言した。そして，3つの欲しいものがあると言い出した。それは食料と布と家畜の薬だ。横から別の友人が「おれは，薬だ」と口をはさむ。そこで，男性には食料として砂糖とトウモロコシの粉をあげ，友人には薬を買うことにした。つまり男性は最初の要求だけがかなえられた。私は「おれはひとつ約束したから，残りはエトットやその他の友人に頼めばいい」と言った。すると，エトットが「おまえが客として誰かをたずねて，何かをほしがったとしよう。そのとき，相手に別の人をたずねろといわれたら，どんな気がするか」といいだした。私はそのとおり，まちがっていたことを認めた。

　そのあと，エトットはテントまで来て，500シル（800円ほど）を給料から前借りする（エトットは私が滞在する家の主人だが，私が雇用するかたちで給料を支払っている）。彼も客人にお金を渡すのだ。じっと僕の目を見て，ほら……おれも出すのだといいたげである。要求は要求されたものが引き受けるのであって，さっきはサクミチだったが，おれはおれで要求されるのだよ，と言っているような目をしている。エトットはこういう深い目をよくする（1995年10月12日）。

　この記録の後半部分について，作道は「私のエトット理解はこちらの思い込みかもしれない」と述べている。いまから振り返ると推測できるが，それは（その時には）「言語化されていない。相手の目の中に読みとっている。私は相手が言った

ことだけを記述しているのではない。私がそのなかにいる状況や一連の相互行為が一つのエピソードに読み込まれて切り出されている」という。そして，この観察がどのような意味をもつかは，その時点ではぼんやり「啓示」のように感じられるだけで，同じようなエピソードが繰り返し観察されるなかで，意味が明確になると指摘している。

参与観察から記録を作成する過程での観察者の存在は，その場の状況や一連の相互行為を一つのエピソードとして紡ぐ縦糸のようなものだろう。上の作道の記録が前半部だけでも，この文を読む者は，アフリカ・トゥルカナの人々の考え方を想像することができる。そして後半部も読んだ者は，いわば当時の記録者の身体を借りて，そのしっくりこない在りようを通して，その場で占有的な「見方」をなぞろうとするのではないだろうか。そして研究者は研究記録を読み込む者でもあるのだ。

参与観察における当事者の視点は，フィールドのあるメンバーの考え方をそっくり紙に書き移すことで見出されるわけではない。参与観察者はフィールドでおこる相互行為の文脈を，メンバーと共有できるようになる。その過程を記録に残していくことで，後に言語化できるのである。当事者の視点を理解するのではなく，当事者の視点を持つ。とするならば，観察者に求められる作業とは，フィールドのできごとを（可能な時にはメモや写真もとりながら）できるだけ記憶し，記憶が鮮明なうちに，観察者が置かれた状況も落とさないように，そして，客観的というよりも「感じたまま」に書き留めることである。観察者はのちに研究者に転じ，それを読みこみ概念化していく。フィールドノーツの書式は成書を参考にしていただくとよいと思うが（たとえば能智（2011）），実はそれほど個性的ではない。日付など最小限の項目以外は，自由に書きとめる欄，それに後にコメントを書き込めるようにスペースを残しておくことが必須である。つまり，研究記録には観察者の主観を妨げない構造が必要である。

IV 臨床心理学の事例研究と参与観察

最後に，参与観察を臨床心理学にどのように活かすことができるのか考えたい。カウンセリング室での一対一のやりとりは，あまり向かない。フィールドエントリーや当事者の視点をどう考えたらよいだろう。ただし，クライエントとカウンセラーの面接に繰り返し陪席することができたらどうだろう。相互行為場面のいずれかに観察者を位置づけ，フィールドノーツを作ることはできる。とするならば，事例検討会も，記述の仕方によっては分析対象にできる。あるいは，ナラティヴセラピーのリフレクティングチームは，構造化した参与観察として扱えるかもしれない。

しかし，これらはかなり工夫が必要だろう。より直接的に参与観察を活かすなら，アウトリーチや多職種連携などのフィールドに参加して，それぞれの当事者の視点を持つことで，専門性をより発揮できる実践研究においてだろうか。

▶ 文献

箕浦康子（1999）フィールドワークの技法と実際——マイクロエスノグラフィ入門. ミネルヴァ書房.
根ヶ山光一, 川野健治（2003）身体から発達を問う. 新曜社.
能智正博（2011）臨床心理学を学ぶ6——質的研究法. 東京大学出版会.
大橋英寿［聞き手：川野健治, 石井宏典, 辻本昌弘］（2012）パイオニアに聞く 第4回 リアリティを歩く——個人史と時代史のフィールドワーク. 質的心理学フォーラム4.
作道信介（2014）共約と共在——アフリカ牧畜民でのフィールドワークから. In：川野健治, 八ツ塚一郎, 本山方子 編：物語りと共約幻想. 新曜社.
柴山真琴（2013）フィールドへの参入と参与観察. In：やまだようこ, 麻生武, サトウタツヤ, 能智正博, 秋田喜代美, 矢守克也編：質的心理学ハンドブック. 新曜社.
祖父江孝男（1979）文化人類学入門. 中公新書.

エピソード／ケースビネットの記述

近藤（有田）恵 *Megumi Kondo-Arita* ● 天理医療大学

「ただ生きるのではなく，生きることを見てとろうとするとき人はことばの地図を必要とする」
（大森荘蔵『流れとよどみ――哲学断章』）

I　はじめに

　エピソード（episode）とは小話や逸話のことを指し，ケースビネット（case vignette）とはケース＝「事例」のビネット＝「簡素な描写」を指す。どちらの言葉にも特記すべきことをシンプルにまとめるという意味合いがある。私は生涯発達心理学の立場から，人の死に逝く過程，ひいては死を意識して生きるとはどういうことなのかという問いを，緩和医療科でのフィールドワークを中心にエピソード記述を用いて考えてきた。そういった意味ではエピソードはなじみ深いものであるが，ケースビネットに関してはまったくの素人である。心理臨床家でない私と心理臨床の接点は，人が生きる場に臨んでいること，平たく言えば人が生きることに光を当てているという点であろう。大森（1981）の言葉にあるように，人が生きる場に臨み，それを見てとろうとする私たちにとって，記述は重要な意味をもつ。本稿では，記述という心理臨床や臨床研究を行う者にとっては当たり前の作業について捉え直してみたい。

II　記述すること

1．何のために記述するのか

　なぜエピソード，事例を記述するのか。事例をもとにした報告と記述が臨床心理業務の中核にあることはいうまでもない（森岡，2013）。また，何をどのように書くのかということも，岩壁（2013）が整理しているように，それは目的に沿って行われる。人々の生きる場に臨み，日々のこころの機微に触れ，援助する立場にある人々にとって，事例を記述するということは当たり前のことだろう。この場合，援助という明確な目的と枠組みに沿って，記述されることとなる。
　一方，研究という立場からエピソードを記述してきた私にとっては，「なぜ」という問いが記述するうえで非常に大きな意味をもっている。
　私は，鯨岡（2005）の提唱するエピソード記述という手法をもとに，より発話を意識した関与・観察的対話（近藤，2009）という手法を用いて，死を前にした人の生きる世界を描き出してきた。心理臨床に携わる人にとっては，ケーススタディに代表されるように，臨床と研究を切り分けることのほうがむしろ難しいだろうが，治療という視点と研究という視点は必ずしも重ならないであろう。記述は実は記述以前から始まってい

る。場に臨んでいるときから，書き手の視点はすでにある程度決まっており，一連のやりとりを平板に書くのではなく，何かこころに引っかかった未構成のものを形にしていく。さらには，見る者と見られる者を切り分けて論じることなど不可能で，記述の際には書き手自身についても論じなければならない。西平（1993）は，臨床科学における観察について言及し，〈ありのままの姿〉を捉えるには，「見る－見られる」という一方的な間柄ではその本質には迫れないとする。「生きることをみてとろう」とするならば，書き手の視点がどこから来たものなのか，なぜ記述するのかについても言及するべきであろう。

2. 読み手との相互作用

先に記述は単に見たこと，聴いたことを書くのではなく，その背景にある書き手の意識，無意識の関心にも目を向ける必要について述べた。そして，もう1点，読み手の存在についても考えなければならない。

大学院生の時に機会に恵まれ，ある地方都市の緩和医療科でターミナル期を生きる人々との対話をさせてもらえることになった。緩和医療科という医療現場での聴き取りであったことから，パートナー（共に時と場を生きるという意味において，私は研究協力者のことをパートナーと呼んでいる）とのやりとりを，パートナーの許可を得てカルテに記載していた時のことである。当時，紙媒体だったカルテはA4サイズの大きさで，緩和ケアチームのスタッフ（医師，看護師，臨床心理士，作業療法士等々）が全員で，関わった人が時系列に関わった時間と内容を記載する形式であった。

ある日，緩和ケア病棟の医師から「カルテが長いね」と言われた。平均すれば1時間半ぐらいのパートナーとの関わりをA4用紙半分ぐらいにまとめたものが長いと言われたのだ。私からしてみれば，A4用紙半分でも書くことを絞りに絞ったつもりだった。それが長いとは，どういうことなのだろうかと混乱してしまったことを記憶している。

医師に言われて，カルテを読み返してみると，確かに他のスタッフが2〜3行でまとめて書いているなか，数十行にわたる私のカルテは明らかに長い。他のスタッフによるカルテの内容は，身体症状と処置，処方がメインで，患者（パートナー）の語った言葉がちらほらと出てくる程度であり，それに対する解釈の部分は一切書かれていなかった。そんななかで，数行の逐語や観察と数十行に及ぶ解釈からなる私の記録はどこか浮いていた。

死を前にしている人の心身の状態は時々刻々と変化していく。当時の医師の印象深い言葉を借りれば，「患者は1分前と180度違うことを言ったとしてもそれでいい。そういう世界を体験しているのだ」。1分前とまではいかなくても，午前と午後では全く違うことを言うパートナーに私も戸惑うことが多かった。そういう状況のなかなので，なおさら短い逐語碌やエピソードの後に続く解釈部分には慎重になり，カルテを一人占めしてしまい，他のスタッフに「ちょっといいですか」と先に記述されることも多々あった。

そのような状況のなかでしばらく経つと，私が書いた長いカルテのなかで何行か線が引かれたり，時にはそこにコメントが付け加えられるようになった。医療という明確な目的をもった読み手にとって，何が重要な情報なのかが日に日にわかるようになる半面，記述の視点，パートナーとの関わりの方向性が固められたような窮屈さも覚えていた。さらには，時に私の記録を手掛かりにケアが行われたりと，独り歩きする逐語録や読み手の解釈に少し不安を覚えたりもした。書き手である私と読み手との間に生まれる解釈の齟齬，それをどうするのかということも，記述の課題である。

その一方で，研究として緩和医療科でのパートナーとのやりとりをエピソード記述した際には，また，別の意味での緊張や不安があった。カルテのようにその時々のやりとりと短い解釈を付け加えたものではなく，インタビューが終了した後に，一連のやりとりをまとめるのだが，パート

ナーのことを書いているようで，実は自分のことを書いていることに気づいた。書いては消し，消しては書いてを繰り返し，そうしてできあがったものをゼミで発表するのだが，その発表の場がなんとも居心地の悪いものであった。

　私の所属していた研究室では，週1回開かれるゼミで，エピソード記述を持ち回りで発表していた。1回のゼミは3時間ほどで，担当の学生がおおよそ1時間ぐらい発表し，残り2時間ぐらいが議論にあてられた。何十枚にも及ぶレジュメを切り，それを読む。発表後の間にしばし沈黙が流れる。そして，ようやく誰かが口を開く。おおむね毎回このような経過をたどった。今思い出しても重々しい空気だったと思う。みな一様にレジュメに目を落とし，書かれた言葉からエピソード場面を追体験する。単に追体験するのではなく，書き手の場に立って追体験したり，他の登場人物の立場に立って追体験したり，全体を一歩引いた位置から追体験したり，さまざまな観点がありえただろう。じっくりとエピソードを味わったのちにもらうコメントは，時に私が全く考えもしなかった解釈が付け加えられ，私を通しての記述であるはずなのに，まったく別の出来事として読まれているような気がしたこともあった。

　現場でカルテを書く時もエピソードを書く時も，いつの間にか特定の読み手を想定して書いている私がいて，記述の内容にも影響を及ぼしていた。そういった意味において，記述は書き終えたところで終わりではなく，読み手との対話を通じて初めて形になるといえるのかもしれない。読み手の影響については，成田（2013）も言及しているが，ゼミのように書き手と読み手が直接意見を交わす機会がないことも多い。書き手が自分の書いたものをどう手放すのかということも記述においては重要である。

III　記述の実際

　人の生きる場に臨み，対峙する書き手も，クライエントあるいはパートナーと時を共に生きる関係のなかにあるといえるだろう。書き手にとっても，共に生きた関係を「見てとる」ということが，まずもって記述の動機であろう。では，それをどう記述するのかについて，考えてみたい。エピソードにせよケースビネットにせよ，その様式は違えども重要となる要素は同じであると考える。

　エピソードは何本もの糸から成る織物である。1本目は書き手とパートナーとのやりとりを丁寧に記述したところから浮き出てくる一対一（主体と主体）の関係の糸。もう1本の糸は，その主体の裏側につながる個々の価値観や社会文化的背景として，現前する両者の有り様を決めていく糸。つまり，一人の人間がもつ時間軸とそれに裏打ちされた関係という縦と横の糸が複雑に絡み合って1反の織物となって，他者と出会い，また新たな模様が描き出されていく。その様相を描写するのが記述である。できあがった織物をその生成過程，つまり縦の糸のどの部分に色がついていて横のどの部分と合わせ，どれぐらい力を込めて織ったのか，糸の素材は何かを解き明かし，完成品と素材の両方から迫って，マクロとミクロの両面から出来事を解き明かしていく。そして，主体と主体の一瞬の融合を捉える視点と，過去と未来を含めた長い関係性の時間を捉える視点など，さまざまな視点が複雑に関係しているのが記述である。それゆえ，1つの視点にのみ着目すると他がかすむ反面，だからこそ人々が生きているその様相をしっかりと捉えることができるという利点が記述にはある。

　エピソードやケースビネットを記述するということは，1人の人間がもつ時間軸。他者や文化などとの関係という軸，さらにはその関係を紡いできた歴史という時間軸を付け加えた3次元的な広がりをもった世界を，同じように広がりをもつ1

人の書き手の視点から解き明かしていこうとするものである。記述の主軸のひとつは，関係の歴史の中に浮かび上がる一瞬を捉えることである。記述は，書き手とパートナーの関係の一瞬を捉えたものである。この一瞬の出来事（関係をもっている両者の時間のなかで）をどう表現し，その息吹を味わってもらうのが記述の醍醐味であるといえよう。

では，どうやって読み手にその息吹を味わってもらうのか。①まずは誰もが確認できる範囲での出来事の提示（共同主眼），②それに対する書き手独自の考察（独自的主眼），③そしてその考察を可能にさせる背景（パートナーの側の関係性や歴史性，現前するパートナーと書き手の関係の歴史性，さらには書き手の側にある価値観や関係性）を書き記すという3段階の提示である。この3段階の提示にはどのような利点があるのだろうか。まずは，書き手が見たり，感じたりしながら，そのなかで取り上げ記述したものを，読み手にも見て，感じてもらうことが挙げられるだろう。それは実践者が現場で対象者と関わるうえで必要な情動的な目ともいえる。こうして，書き手の視点を借り，記述されたものの息吹を感じることができるだろう。そして，この3段階を示すことにより，書き手の視点が明らかになることによって，読み手自身がもつ主観（読み手のこれまでの関係性，歴史性に裏打ちされた価値観）を通過しつつ，記述を読むために必要な「目」を提供できる。書き手も読み手も，記述されたものと対話し，自らの主眼，またその主眼を一旦棚上げした冷静な眼との間を往復する振り子のような存在である。エピソードやケースビネットは，観察現場における書き手のあり方や事象の捉え方，さらにはその記述や考察に至る全ての過程において，主体としての書き手と主体としてのパートナーの「固有性」に軸をおいたものになる。

書き手自身が出会った事象を〈あるがまま〉に捉えようとするこの試みにおいて，パートナーとともに書き手自身を積極的に提示することで，書き手の視点も含めて読み手に事象を追体験してもらう。読み手による事象の追体験は，読み手にさまざまなものを想起させ，自身の人生に重ね合わせることで，自分とは違うある人がどのように人生を送っているのかを知るひとつの契機となる。

IV 記述の背景にあるもの

鯨岡（2005）は，書き手がもつ視点について，観察主体＝研究主体は「暗黙の理論」を背負ったものであり，透明（客観的）な視点をもつものでは決してないと指摘する。また，森岡（2013）も当事者としての書き手の情動の重要性を指摘している。このような立場からすれば，書き手自身の暗黙の関心や研究態度を内省することは記述の必要条件となる。記述とは，単に可視化できるものを観察し，内省を行うというものではない。観察の場におけるパートナーが生きる世界との出会いを〈あるがまま〉に捉えること，書き手がその身体をもって感じた情動が大きな位置を占めるのである。人との出会いを〈あるがまま〉に捉えるという時，それは出会った人の身体的要素，顔の表情，しぐさ，語られた言葉を詳細に表すということだけでは決してないだろう。むしろ，「その人」が「私」という人間といるこの場をどういう思いで生きているのかという，「私」と「その人」の間に流れる情動を伴いながら，その顔の表情やしぐさ，語られた言葉を感じ，さらにはそれを受け取る私の内省をもって，初めてそこに事象の〈あるがまま〉が現れてくる。

V パートナーとの関係

書き手は透明な存在としてその場に居合わせる存在ではなく，パートナーの生きる世界の登場人物の一人としてその場にいる。パートナーの生きる世界の登場人物になるということは，一人の主体としてその場に身を置き，パートナーと向き合うなかでパートナーの生きる世界をその身体を通

して理解しようとするということでもある。書き手は単なる観察者という透明な存在としてその場にいることは不可能であり，その場で出会う人と関わるなかで，自分自身も自然に生きることが目指されなければならない。Sullivan (1953) は，精神科医は患者との間の生の人生という場のなかで，〈関与しながらの観察者〉として相互作用を営まなければならないという。パートナーのその生のあり様は決して，パートナーのうちに閉じられたものを外から観察することでわかるものではない。パートナーと書き手が向き合うなかで，関係の変容とともに，その「間」で見て，聞いて，感じ，「私」という人間を潜り抜けるなかから明らかになるのである。

つまり，パートナーの生きる世界のその実相に迫ろうとすれば，書き手は一人の人間としてパートナーの生を共に生きる以外にないといえる。しかし，このことは書き手があくまでもパートナーの生を捉える枠組みとして，その視線を一方的にパートナーに向けていればいいというものではない。先述したように，書き手がすでにもっている背景（既存の理論や興味，関心）を通してしか事象を捉えることはできない。河合（1995）は，「臨床心理学も『私の心理学』『一人称の心理学』であり，その方法の出発点は自分が自分を探索することである」と述べ，書き手自身の問題は避けて通れないとする。人と人とが出会い，その内面世界から生きる姿のその意味に迫ろうとするのであれば，パートナーの内面だけではなく，書き手の内面にも眼を向けることは必然である。

VI おわりに

完了した出来事を捉え直すのではなく，今，生きる世界から，私と共にある者との間に生まれてくる言葉の意味をまさにその生成過程において捉えることは，当事者が生きる世界を〈あるがまま〉に捉えるということにつながる。トップダウンやボトムアップ，あるいはその相互循環といった枠組（事象の理論生成）の提示ではなく，日々の生活のなかでさまざまな名称をつけられ了解される出来事を，枠にはめる以前の状態（もちろん，書くという作業は一種の枠付けではあるが）に戻すことによって，その事象のもつ意味を考えること。これがエピソードとケースビネットに共通する記述の特徴だといえよう。

記述するということは，目の前の一人ひとりへの理解を深めるとともに，日々の関わりを振り返ることでもある。日々の関わりを感じたこととあわせて書き留め，解釈を加えていくという記述は，パートナーの生の足取りを記すことでもあり，パートナーの生を支えてきた書き手の軌跡でもある。研究においては劇的なエピソードやケースビネットが取り上げられがちであるが，エピソードやケースビネットとして取り上げられない，特定の読み手を想定しない日々の記録のなかにこそ，生の実相が現れているのかもしれない。

▶文献

岩壁 茂（2013）臨床と研究のクロストークをいかに構築するか──研究の方法．臨床心理学増刊第5号．金剛出版，pp.45-52.
河合隼雄（1995）心理療法序説．岩波書店．
鯨岡 俊（2005）エピソード記述入門．東京大学出版会．
近藤 恵（2009）関係発達論から捉える死．風間書房．
森岡正芳（2013）学びの場としての事例研究．臨床心理学増刊第5号．金剛出版，pp.45-52.
成田善弘（2013）臨床の方法としてのケーススタディ②．臨床心理学増刊第5号．金剛出版，pp.31-44.
西平 直（1993）エリクソンの人間学．東京大学出版会．
大森荘蔵（1981）流れとよどみ──哲学断章．産業図書．
Sullivan HS（1953）The Interpersonal Theory of Psychiatry. New York : Norton & Company.（中井久夫，宮崎隆吉，高木敬三，鑢幹八郎 訳（1990）精神医学は対人関係論である．みすず書房）

事例研究法と質的研究法
事例を資料とするときに留意すること

廣瀬幸市 *Koichi Hirose* ● 愛知教育大学

I　はじめに

　臨床心理職が研究論文を書くあるいは読むというのは一体どういう動機によってだろうか？　自分の担当ケースと似た課題を扱ったもの，あるいはケース担当の今後に対して別の視点を提供してくれそうなもの，自分の職域に関するもの，自分が主に依拠するアプローチに関するもの，近年自分のなかに起こっているテーマに関するもの，はたまた最近話題のトピックに関するもの等々，さまざまな関心が想像される。このようなさまざまな関心が動機になって執筆される論文のうち，事例を資料として用いるのはどのような場合であろうか？　リサーチ・クエスチョンとして「対象者にとって固有な経験の意味を探りたい」，「対象者とそれを取り巻く人々との相互作用が見たい」，あるいは「対象集団がもつ見えない『文化』を明らかにしたい」等の臨床心理プロセスに関わるテーマを取り扱おうとするのであれば，質的研究を考慮に入れなければ研究デザインを設計することが難しいので，事例提示を選択する可能性が高くなる。
　本稿では，臨床心理実践を支える本質的な問いをリサーチ・クエスチョンとして研究論文を執筆しようとする人にとって，事例を用いることにまつわる留意点に関して，倫理的問題，一般性，関係の知，現象学と解釈学という見方，リフレキシヴィティ（内省）という観点から論じてみたい。あわせて，質的研究が流布してきた現在における事例研究の進め方についても考えてみたい。

II　倫理に関わる問題

　まずは倫理的問題であるが，事例の使用に関してクライエントに許可を得ることは研究倫理として言わずもがなのことであろう。このことに関して，事例は一体誰のものなのか，と自問することも大切である。社会構成主義の立場からは，事例はクライエントとセラピストとの対話によって生み出されてきたナラティヴの集積と考えられるので，その事例をセラピストが用いることも当然の権利のように思われるかもしれない。しかし，実証主義的な立場からは，事例は自律的に働く統合されたシステムと概念化され，個性探究的な関心をもつ人は「事例それ自身に内在する問題や文脈」（Stake, 2000/2006）が物語になるのをセラピーを通して援助してきたという感覚を覚えるため，研究として発表するのに躊躇いを感じるだろう。研究倫理を考慮する必要性は年々高まっている（金沢，2013）が，研究上の問題やジレンマに対して，倫理委員会の倫理綱領に準拠すればよ

いという単純な一般的解決策を見つけることがいつもできるわけではない（Flick, 2009/2011）。そのようなとき，自分の研究に参加する人々の身になってみることをお勧めする。つまり，あなたが研究のために実施したことが対象者のクライエントにとって何を意味するのか，彼らの視点から考えてみることである（Gabbard, 2000）。リサーチ研究のように客観的事実を扱うのとそれほど変わらぬ態度で臨むのとは一味違った姿勢こそが，質的研究が広がりを見せている時代における事例研究の独自性・革新性と関連するはずなのだから。

次に，倫理的問題に関連して，質的研究の質の向上に関わる点に触れておくことにする。信憑性を高めるために，研究デザインにおいて研究参加者に該当するクライエントに内容確認をお願いすることが推奨されているが，そういった分析上の工夫を行うかどうかは，臨床心理実践に関わる援助本体の問題となる。現在の我が国の臨床現場の現状では，大部分のクライエントは研究参加ではなく援助を求めて心理教育相談室を訪れる（金沢，2013）ので，臨床心理援助開始前にインフォームド・コンセントを行う際，研究参加を依頼しにくいことが多いと思われる。また，仮にそのような研究デザインが設計できたとしても，クライエントに研究チームの共同研究者がインタヴュー調査することによって，臨床心理実践家が最初に立てた狙いが変質してしまう可能性もあるため，留意すべきであろう。例えば，質的研究の信憑性を向上させるために，研究参加者にデータ分析に関わってもらい，分析についてコメントや判断を求めたりしても，研究者の解釈を評価したり反駁したりすることは少ない。むしろ研究者の解釈は，理解すべき吸収すべき情報として研究参加者に受け取られてしまう（Willig, 2001/2003）。このため，研究者の解釈の妥当性を確認しようとする当初の目的が，相互作用による変質のために果たされなくなってしまう可能性がある。また，研究チームを組織できず臨床心理実践家が研究者を兼ねる場合は，クライエントとの間に多重関係が生じるという問題があるだけでなく，クライエントとの関係が大きく変質してしまうことが知られている（Bridges, 2010）。さらに，事例研究を公表するにあたっては，事例内容の改変や合成事例の作成など，細心の工夫を施すことが要請されている（Sperry & Pies, 2010 ; Duffy, 2010）。

III 一般性について

質的研究には固有の理論やパラダイムがなく，それ固有の方法セットもないがゆえに，量的研究の科学的価値を測る基準のような質評価の規準が定まらない（Denzin & Lincoln, 2000/2006）。量的研究を経験した人にはお馴染みの妥当性（内的・外的），信頼性に相当する評価基準も，質的研究ではそれぞれ順に，信憑性（credibility），転用可能性（transferability），確実性（dependability）に読み替えられる試みがなされている（Flick, 2009/2011）。とりわけ，単一事例研究で問題になるのは一般化可能性（generalizability）である。それを事例研究の限界として否定的にみる質的研究者もまだ少なくないなかで，一般化の概念を分析的一般化（analytic generation）と統計的一般化（statistical generation）に分けて考える研究者もいる（Yin, 1994/1996）。そうすると我が国独自に発達した臨床心理事例研究は，前者の「理論の拡張と一般化」を目指していることになり，後者が個性記述的（idiographic）で「リアリティ構成的」な研究であるのに対して，「理論モデル構成的な事例研究」を目指す法則定立的（nomothetic）な道である（山本，2001）と見なされる。

また，一般化の問題を転用可能性という概念から捉え直すこともできる（岩壁，2010）。単一事例研究は仮説生成を目的としており，一般化や仮説検証は難しいと誤解されているが，事例の特徴やその事例と関わる状況・文脈を詳細に照合することによって，仮説検証も可能とされる（Flyvbjerg, 2006 ; Stiles, 2007）。このテーマについて山本（2001）は，まだ我が国で事例研究について

の議論が盛んでない頃にすでに，司法領域の「判例」研究からヒントを得て，「単一事例から見出した仮説が別の事例でも有効かどうかを実践過程を介して行っていく。この妥当性確認の作業を累積的に積み上げていくうちに法則的な理論へと高められていく」として，「累積的事例研究（cumulative case study）」と命名している。そして，最高裁の判決のなかで示される"法律的判断"が他の事件でも適応可能な一般性を備えているとされるように，心理臨床場面で心理臨床家は「個々のクライエントに行う『臨床的判断』（clinical judgment）の中で他の事例にも適応可能な本質的判断のみを事例として同定するということになる。この本質的判断がいわば理論モデルに相当する」と山本（2001）は述べている。

特に，最初に事例を報告した実践家と異なる実践家が累積的検討を引き継いで，自らの事例で研究していく知の連鎖システムに関して，斎藤（2013）は「構造仮説継承型事例研究法」を提唱して，「対話と実践のサイクルを通じて新しい複数の知識を想像し，実践を改善し，実践者の自己訓練に役立ち，組織や社会における協働を作り出す一連の社会的実践のプロセス」という視点からまとめているので，本誌の斎藤論文を是非参照されるとよいだろう。

また，単一事例研究から理論を生成していく研究法としては，岩壁（2013）がMcLeod（2010）に準じて紹介している「理論指向事例研究」もその一環である。「理論指向事例研究は，既存の介入法やその理論概念をさらに詳細に明確にする」ため，「既存の概念が作られたクライアント群とはいくらか異なる対象を選び出したり，異なる臨床状況での応用を通して，その概念を明確化していく」（岩壁，2013）。岩壁は，このプロセスはグランデッド・セオリー法の「理論サンプリング」や「絶え間ない比較」という考え方（Glasser & Strauss, 1967/1996）に通じるとしている。仮説生成を行えるのは広く知られたグランデッド・セオリー法に限られないことに留意する必要があ

るだろう。一事例から理論概念を発展させた古典的な事例研究として，フロイトの狼男の事例を岩壁（2013）も紹介している。また近年では，伊藤（2003）が自らの心理臨床実践から自身の自閉症論や転移論を生み出していった過程を振り返って，「理論が先にあるのではない。理論にクライエントを当てはめるのではない。理論の引き出しを持ちつつ，クライエントの言葉をひたすら聴くならば，壁にぶつかったときに，理論が助けを与えてくれる。こうして研究は深められていくように思う」と述べているのは，心理臨床実践と理論生成の関係を考えるうえで心しておくポイントだと思われる。本誌の伊藤論文も参照されたい。

IV　関係の知ということ

哲学者の立場から西平（2001）は，人が人を観察することがどういうことかという原点に遡って，Eriksonの臨床科学（clinical science）の視点を利用しつつ，臨床心理学を問い直している。そこで明らかになったのは，臨床心理実践の現場で常にすでに相手との関係に巻き込まれている心理臨床家は，古来より西洋哲学で前提とされてきた「反省」という方法では，臨床心理場面で体験される事柄を汲み尽くすことはできない，ということであった。そして，そのような臨床心理学のありよう自体が「今日における哲学が真に働く（哲学する）最前線である」（西平，2001）と呼ぶにふさわしい。哲学と臨床心理学に限らず，広く人文科学・社会科学の垣根が取り払われる質的研究の視点から事例研究を眺めるのだから，臨床心理実践の草創期において「日常の概念の枠組みが通用しない『無意識』という他者を言語化しようとする研究実践」が行われてきたこと，「そこで分析対象=『データ』とされたのは，患者の言葉だけではない。セラピストと患者の間の転移や逆転移など『今・ここ』における感情的な関係も『データ』の重要な部分であった」（能智，2013）ことを，今一度，思い起こしてみることが今こそ

改めて必要となるではなかろうか。

西平（2001）もEriksonを踏まえて，観察者自身が「観察の道具」になること，自分の感情を「反応器・センサー」として「治療に役立てる」ことを，「転移／逆転移関係」の理論モデルとして取り出している。心理臨床家なら「関与しながらの観察」（Sullivan, 1954/1986）のことをすぐ思い出されるだろう。このように，常にすでに関係に巻き込まれている研究実践を通して得られてきたのは，「対象を客観的な対象として突き放して眺めた客観的な知識ではなく，具体的な関係の文脈のなかで得られる『関係的な知』であり，それは現代の質的研究でも注目され，求められている知の形である」（能智，2013）ことを再確認したい。質的研究で求められているのが「関係的な知」であるならば，クライエント単独のエビデンスを増やすことに躍起になるのではなく，例えばセラピスト側の背景情報や「転移・逆転移関係」理論モデルから得られる情報を詳述することで，事例に対する読みを深くすることが大切にされるべきであろう。

V　現象学と解釈学の弁証法

佐久川（2013）は，対人支援領域で行われる質的研究のさまざまな手法のうち，グランデッド・セオリー法，ナラティヴ研究，エスノグラフィ研究，ライフストーリー研究を取り上げて，それらの特徴を検討している。それによると，グランデッド・セオリー法では複数データの「経験の意味」の共通要素を取り出して法則化し現場実践に役立てようとしている，とみることができる。また，ナラティヴ研究では支援者との相互作用によって生じた対象者の「経験の意味」の変容から社会適応へのモデル提示が試みられ，エスノグラフィ研究では参与的関わりを通して得られた「経験の意味」を特定集団がもつ社会的構造として読み解こうとしていると，それぞれ考えられる。さらに，ライフストーリー研究では，対象者の語りからその人の「経験の意味」を取り出し，その人自身が了解する人生の意味を明らかにしようとしている，と捉えることができる。

ここで，事例研究の基本的態度に近いとされる現象学的研究は，個人の内的世界を明らかにしようとしており，「生きられた経験（lived experience）の探求」と言われているが，先にみておいた質的研究の特徴から窺える研究目標と極めて近いことがわかる。つまり，「対象者にとってその経験がどのような意味をもっていたのかを明らかにする」ということが現象学の目的である。このようにMcLeod（2000/2007）は，「質的研究の目的は，世界がどのように構成されているのかについての理解を深めることである」ことから，臨床心理実践領域において質的研究を行おうとする者にとって，「現象学的感受性と解釈学的感受性の双方が必要」であると述べている。研究対象について当然視されている前提概念をすべて棚上げして「事象そのもの」を徹底的かつ包括的に記述することを目指す現象学と，理解は常に特定の見方から生じるもので常に解釈という行為の問題であると考える解釈学とは，西洋哲学の前提にある人文科学・社会科学の研究者にとっては二律背反の緊張関係にある立場と捉えられるのだが，一体いかに乗り越えることができるのだろうか。

佐久川（2013）は，解釈学的現象学（Interpretative phenomenology）の原理から質的研究の骨子を，①語り手が語った苦痛・苦悩・困窮などの経験について，②第三者という立場で当然として理解している意味を，③そのような客観的な見方を参考にしつつも，④それだけで結論を出すことを研究者が保留し，⑤語り手自身にとっての意味という見方に，⑥置き換えて，その意味を再度熟考し，語り手自身にとっての意味という見方の，⑦根拠を明示して，⑧省略された言葉を補うなどして書き改めて記述すること，とまとめている。そして，純粋哲学の現象学で言う「判断留保」や「還元」の厳密な方法とは若干異なった作業が行われることを明記しており，クライエントの主観

的体験の意味が第三者にも理解しうる妥当性を備えた意味に移し替えられている過程を強調している。彼は，この過程における「客観から実存への視線の変更」とは，研究者による「解釈」に他ならないことを鋭く捉えており，このことによって「対人支援の現象学は必然的に解釈学という性格を持つ」と指摘している（佐久川，2013）。

このように，質的研究が全体として共有する目的や方向性を，対人援助が目指す対象者の「よりよい生」という視点から，解釈学的現象学という視座を経由して眺めてみると，現象学的見方と解釈学的見方とは互いに相反しつつも「人間として存在するということはどのような意味があるのか」を理解するためにお互いを必要とする，質的研究全体の基礎をなす認識原理であることがわかってくるのである。ただし，フーコー的言説分析やフェミニズム的分析等の批判的省察を行う質的研究の立場では，言語が現実を構成すると捉えて，私たちの感じたり考えることを言語が規定していると見なすので，解釈学的現象学的分析（Interpretative Phenomenology Analysis）が生み出した知の限界を指摘していること（Willig, 2001/2003；Parker, 2005/2008）に留意する必要がある。

VI　リフレキシヴィティということ

先に西平（2001）の「観察の道具としての観察者」を紹介したが，能智（2011）も研究者自身である「測定器具」の質と特徴を質的研究のなかで検討し続ける必要を述べている。研究対象を見ている自分をさらに見つめる内省力をリフレキシヴィティというが，事例研究においてもこの点の重要性が指摘されている。これに対する即効性ある対策はセラピストの情報を増加させることであろう。「セラピーを担当し，論文を執筆したのはどのような臨床家なのか，なぜ数多くあるケースのなかからこのケースを選んで論文化しようと思ったのか，このケースについてどのような印象を持っているのか」（岩壁，2013）等の情報は，論文執筆する時点で振り返って盛り込むことができる。「研究者の文化的背景，年齢，理論背景，研究テーマに関するこれまでの関わり，研究仮説または期待など」（岩壁，2013）の背景情報を増やすことに加え，事例研究者のリサーチ・クエスチョンが研究者の背景と研究プロセスにどのような影響をもっていると自身が理解しているかというリフレキシヴィティ（内省）を盛り込むことは，クライエント単独のエビデンスを増やすことにとどまらず読者の利益をもたらすに違いないだろう。クライエントにじっくり付き合っている臨床心理実践家にとっては，個人面接ですら膨大な情報量を取り扱わなければならない。ましてや家族・集団・組織を相手にしたら，取り上げるべき情報量は収拾がつかない。他のエビデンスを闇雲に収集するより，リサーチ・クエスチョンに沿った形で研究の信憑性・転用可能性・確実性を上げるのに必要な情報を，取捨選択するほうが大切である。

グランデッド・セオリー法を使用するにせよ，ナラティヴ研究，事例研究法，現象学的アプローチ，アクション・リサーチ，その他の質的研究方法を用いるにせよ，論文執筆者は明らかにしたいリサーチ・クエスチョンに向かって，どのようにしたら少しでもその目的に近づくことができるかを自分なりに模索して，読者と想定する他の実践家・研究者たちを説得するのに最も効果的な説明方途として事例を用いるはずである。どの事例を用いるか，その事例をどのように用いるか，単一あるいは少数事例からリアリティ構成的に用いるのか，複数事例から理論モデル構成的に用いるのか。このように，質的研究の観点からすると，事例の用い方は論文執筆者のリサーチ・クエスチョンと深く関わっているのであって，事例の正しい使用法というような一般解があるわけではないことに留意すべきである。

VII　おわりに

　最後に，論文を書き上げてからの留意点に触れておこう。ケースを上手く運んでいけるために，スーパーヴァイザーからスーパーヴィジョンを受けて，ケースを見る自分の資質を向上しなければならないことは暗黙の前提なのだが，事例研究の論文執筆に関してもスーパーヴァイザーが必要であろう。事例研究で言いたかったことは論文執筆のそもそもの動機と直結しており，執筆者が捉えた臨床心理的な本質的判断に関わることであろう。そのような言葉に表現し難いものは，自分の依拠する学派と違う立場の人から読んでみても伝わるのだろうか。それは実際に読んでもらわなければわからないので，質的研究に理解のある臨床心理士・研究者に読んでもらって意見をもらうのがよいだろう。学派を超えた本質的判断を扱う事例研究論文を目指すことで，それが結果として，良い質的研究にもなっているはずである。

　そのような検討の中で，自分のリサーチ・クエスチョンと研究の方法論，論文の主張とが一貫した研究デザインになっているか，という点を振り返ることができるようになる。つまり，リサーチ・クエスチョンは研究で発見しうることをどのように定義づけ限界づけたのか，あるいは，研究デザインや分析方法はどのようにデータや知見を構成したのか，さらには，リサーチ・クエスチョンをどうすれば異なる方法で追及することができたのか（Willig, 2001/2003）である。このようなリフレキシヴィティが十分に施されたならば，「どの論点なら，出発点となる関心や中心的なテーマを生み出せるか」（Stake, 2000/2006）というリサーチ・クエスチョンで事例を用いた論文を織り上げた執筆者に対して，読者の側も「この事例研究では，この事例ならではの固有性を見出せない」等と，臨床心理実践経験の長短や学派の相違を乗り越えて真剣に議論できるようになりたいと動機づけられるであろう。そして，そのように動機づけられる読者が一人でも増えるということが，質的研究という将来の科学への貢献にもなるだろうし，ひいてはクライエントへの貢献になるだろうと思われるのである。

▶文献

Bridges NA (2010) Clinical writing about clients : Seeking consent and negotiating the impact on clients and their treatments. Counseling and Values 54 ; 103-116.
Denzin NK & Lincoln YS (2000) Introduction: The Discipline and Practice of Qualitative Research. In : NK Denzin & YS Lincoln (Eds.) Handbook of qualitative research (2nd Ed.) Thousand Oaks : Sage.（平山満義 監訳（2006）質的研究ハンドブック．北大路書房）
Duffy M (2010) Writing about clients : Developing composite case material and its rationnale. Counseling and Values 54 ; 135-153.
Flick U (2009) An Introduction to Qualitative Research. Thousand Oaks : Sage.（小田博志 監訳（2011）新版 質的研究入門．春秋社）
Flyvbjerg (2006) Five misunderstandings about case-study research. Qualitative Inquiry 12 ; 219-245.
Gabbard GO (2000) Disguise and consent : Problems and recommendations concerning the publication and presentation of clinical material. International Journal of Psychoanalysis 81 ; 1071-1086.
Glaser B & Strauss A (1967) The Discovery of Grounded Theory. Chicago : Aldine.（後藤 隆，大出春江，水野節夫 訳（1996）データ対話型理論の発見．新曜社）
伊藤良子（2003）心理臨床の研究――普遍性といかに出会うか．In：伊藤良子：心理臨床論．京都大学学術出版会，pp.219-226.
岩壁 茂（2010）はじめて学ぶ臨床心理学の質的研究．岩崎学術出版社．
岩壁 茂（2013）臨床と研究のクロストークをいかに構築するか．臨床心理学増刊第5号．金剛出版，pp.53-61.
金沢吉展（2013）臨床心理学実践研究の倫理．臨床心理学 13-3 ; 333-336.
McLeod J (2000) Qualitative Research in Counseling and Psychotherapy. Los Angels : Sage.（谷口明子，原田杏子 訳（2007）臨床実践のための質的研究法入門．金剛出版）
McLeod J (2010) Case Study Research in Counseling and Psychotherapy. London : Sage Publishing.
西平 直（2001）哲学と臨床心理学．In：下山晴彦，丹野義彦 編：臨床心理学とは何か．東京大学出版会，pp.213-228.
能智正博（2011）質的研究法．東京大学出版会．
能智正博（2013）臨床心理学における質的研究のあり方と可能性．臨床心理学 13-3 ; 352-355.
Parker I (2005) Qualitative Psychology : Introducing Radical Research. Buckingham, UK : Open University Press.（八ッ塚一郎 訳（2008）ラディカル質的心理学．ナカニシヤ出版）
斎藤清二（2013）事例研究というパラダイム．岩崎学術出版社．
佐久川肇（2013）質的研究のための現象学入門 第2版．医学書院．

Sperry L & Pies R（2010）Writing about clients : Ethical considerations and options. Counseling and Values 54 ; 88-102.

Stake RE（2000）Case Studies. In : NK Denzin & YS Lincoln （Eds.）Handbook of Qualitative Research（2nd Ed.）Thousand Oaks : Sage.（平山満義 監訳（2006）質的研究ハンドブック．北大路書房）

Stiles WB（2007）Theory-building case studies of counseling and psychotherapy. Counseling and Psychotherapy Research 7 ; 122-127.

Strauss A & Corbin J（1990）Basics of Qualitative Research : Grounded Theory Procedures and Techniques. Thousand Oaks : Sage.（操 華子ほか 訳（1999）質的研究の基礎——グラウンデッド・セオリーの技法と手順．医学書院）

Sullivan HS（1954）The Psychiatric Interviews. New York : W.W. Norton & Company.（中井久夫ほか 訳（1986）精神医学的面接．みすず書房）

Willig C（2001）Introducing Qualitative Research in Psychology : Adventures in Theory and Method. Buckingham : Open University Press.（上渕 寿ほか 訳（2003）心理学のための質的研究法入門．培風館）

山本 力（2001）研究法としての事例研究．In：山本 力，鶴田和美 編：心理臨床家のための「事例研究」の進め方．北大路書房，pp.14-29.

Yin RK（1994）Case Study Research : Design and Methods. London : Sage.（近藤公彦 訳（1996）ケース・スタディの方法．千倉書房）

描画を研究素材とするときに留意すること

坂中尚哉 *Naoya Sakanaka* ◉ 関西国際大学人間科学部人間心理学科

I　はじめに

　今日，バウムテストなどの投影描画法は，広く心理臨床の場で用いられている。それを裏付けるように，小川（2011）は，病院臨床で使用される心理検査の使用頻度調査では，バウムテストやHTP（Honse-Tree-Person）テスト，風景構成法などの投影描画法が高い頻度で使用されることを報告している。しかし，YG性格検査などの質問紙法と比べるならば，描画に投影される心理的世界は多義的であいまいであるために，その解釈には豊富な臨床経験を要するとされる一方で，ロールシャッハ・テストなどの投影法と違い，手軽さゆえに心理臨床の現場での安易な使用も認められる。たとえば，筆者は，風景構成法の枠付けをあらかじめサインペンで書き込んだ用紙を持参したセラピストと出会い，身震いした体験を思い出す。しかも中堅と呼ばれてもおかしくない臨床経験を有するセラピストであった。きっと臨床教育において何か大切なものを学び損なったのであろう。

　さて，事例研究について，河合（2001）は「臨床心理学の研究においては，事例研究が極めて重要である。そのことは臨床心理の実際に従事している者にとっては，自明に近いことである」と述べている。このように，臨床心理学の発展は事例研究なくして語れないが，昨今では「自然科学の知」を楯に，事例研究は非科学性であるという批判は根強い。しかし，河合（1992）が「優秀な事例報告が，そのような個々の事実をこえて普遍的な意味をもつのは，それが『物語』として提供されており，その受け手の内部にあらたな物語を呼び起こす動機を伝えてくれるからである」と言及するように，これまで一例の事例から普遍性を導く事例研究を積み重ねることで非科学的という批判を乗り越えてきている。斎藤（2013）は，「事例研究の著述そのものは，クライエントの経験の物語を基盤とした研究者による語り直しのヴァージョン」とし，事例研究はナラティヴ（narrative／語り・物語）と密接な関係があることを示唆している。

　本稿では，これまでの描画研究の方法論の傾向を概観しつつ，バウムテストを主題として，ナラティヴをキーワードにしながら描画の質的研究において留意しておきたい視点を述べる。

II　方法論としての機序研究

　1962年に国吉政一たちによってわが国にバウムテストが導入されて以来，バウムテスト研究は盛んに行われてきている。たとえば，山中（1973）は「双生児による比較研究」をはじめ，バウムテ

スト研究に多大な貢献をしてきている。Kochの訳本が紹介されたのは，日本文化科学社の『バウム・テスト——樹木画による人格診断法』（Koch, 1952；林ほか，1970）であり，多くの者が一度は，一読されたことだと思う。しかし，中島（1986, 2006），岸本（2005, 2010）は，この訳本に誤訳が多いことを指摘し，警鐘を鳴らしてきた歴史的経緯がある。

さて，佐々木（2012）は，風景構成法を主題に「なぜ風景構成法が有効なのか」を巡って論じている。従来，風景構成法を用いた多くの事例研究や調査研究は，「どのように風景構成法が有効か」という観点からの研究が主流であったと佐々木は述べる。すなわち，「ある条件下で描き手がどのような描画を描いたか」ということを問題にした様相研究が占めていた。一方，「風景構成法のどのような技法上の特徴がその有効性を生み出しているか」という観点に立った機序研究は，皆藤（1990）の風景構成法における項目提示順序に関する研究が該当するものの，論文数としては極めて少ない。また，佐々木（2012）は風景構成法の論文レビューより，98本の論文のうち様相研究が89本，機序研究が9本であったことを報告している。

たしかに，1984年の『心理臨床学研究』第1巻第1号から2013年の第31巻第6号に掲載された論文にあたってみると，バウムテスト（20本），風景構成法（15本），コラージュ（15本），スクィグル法（6本），自由画（5本），S-HTP（3本），なぐり描き法（3本），黄黒交互色彩法（2本），動的家族画（2本），S-HTTP（1本），家屋画（1本），樹木画（1本），草むらテスト（1本），フェルトセンス描画法（1本），その他（2本）など77本の描画研究が掲載されている。しかし，その多くは，臨床事例を提示した臨床研究や，大学生などの被験者を対象に統計的手法を用いて分析を行なう非臨床的研究，すなわち様相研究であった。唯一，渡部（2005）の風景構成法における大景群アイテムと小景群アイテムの変化について論じた論文が，機序研究である。

このような不均衡を考えると，今後の描画研究においては，事例研究などの様相研究に加え，「なぜその描画の技法が有効なのか」という問いに応えるためにも，技法そのものの仕組みを明らかにしていく研究，つまり機序研究の推進が一層求められると考えられる。

III ナラティヴとバウムテスト

これまでバウムテスト（以下，バウムと略す）は心理アセスメントの道具として使用されてきているために，スクリーニング法などの客観的指標，いわゆるエビデンスに基づくアプローチに重きが置かれてきている。

一方，近年バウムは，クライエントとセラピストの関係をひらく治療媒体としてこれを活用する実践報告がなされるようになってきた。その背景として，2010年，Karl Kochの『バウムテスト第3版』の邦訳本（Koch, 1957；岸本・中島・宮崎，2010）が世に問われたことがその転回点であった。さらに岸本（2011）は，『臨床バウム』を編集し，治療媒体としてのバウムの試みを積極的に紹介している。

では，バウムの指標は何を物語ろうとしているのか。そして，バウムにナラティヴの視点を導入することにより生まれる視座は何であろうか。

ナラティヴの定義はさまざまあり，見解は一様ではない。ここでは，「出来事と別の出来事がつながりそこに意味を生む言語形式」（森岡，2008）をナラティヴの定義とする。森岡が述べるように，ナラティヴには，事実と事実を連関させて「つなぐ」働き，語り手が語るという行為を通して「新たな意味づけが生まれる」働きがある。このように従来のナラティヴ研究では，語り手と聞き手の二項関係の関係性が基本にされてきた。しかし，心理療法にバウムが導入されることによって，語り手と聞き手の二項関係に加え，バウムが語り手と聞き手をつなぐ媒介物としての働

きが生まれる。すなわち二項関係から三項関係への移行となり，バウムが関係をつなぐ素材として生かされるようになる。ここにバウムのナラティヴとしての意味があり，心理療法におけるクライエント（語り手）の語りと相まって，バウムによる視覚的な語りがセラピスト（聞き手）のクライエント理解につながると考えられる。

ところで，バウムをテストたらしめている指標アプローチの重要性自体は変わらないものの，指標に傾注しすぎると「自然科学の知」に基づいた物語に支配されてしまう。すなわち，明確な基準やマニュアル化といった思考に基づくために，経験に裏打ちされた主観性が排除されやすくなる。岸本（2008）は，バウムをどう使うかというときに，分けるか重ねるかという方向性があるとしている。つまり，うつ病や統合失調症といった疾患に分類するために用いるだけではなく，バウムと描き手の姿とを重ねていく方向性があることを指摘している。

しかし，バウムの指標のみに傾注すると，バウムの描き手とセラピストとの関係のなかで生まれるバウム自体の表現の徴候，予感を見落としてしまいかねない。

たとえば，山（2011）は，「まず，バウム画を眺めながら，次第にそれと一体になるような体験がある。そこから，直観のようなものとして本質が見える→構造が見える→識別が可能となる→指標を弁別できるようになる，というプロセスを辿る。これは，曖昧模糊とした混沌の中から，構造化や差異化が生じ，指標が生まれ出る物語にほかならない」と述べる。

このように，バウムの客観的な指標を大切に扱いながらも，バウムそれ自体から生まれてくる徴候や表現にひらかれたセラピストの基本姿勢が重要となろう。またバウムの理解にナラティヴという視点を導入することにより，指標そのものが何を語ろうとしているのか，その秘密に近づくことになると思われる。

IV　ナラティヴとバウムテストの指標

バウムに限らず，描画を解釈するプロセスにおいては，表現されたイメージを大切にしつつ，指標が意味するところの心理学的な探求を行なうことになる。坂本ほか（2012）によると，これまでのバウム研究は，「仮説をもたず，指標の選択方法が明示されず，先行研究の大半は，多数の指標を闇雲に検討してきた可能性が高い。特に，部分形態研究においては指標ひとつひとつの意味を丁寧に考えなければならないにもかかわらず，本当に意味のある差を見出すことができていない可能性がある」とし，何の仮説も持たずに多数の指標を網羅的に統計的検討する方法論をスクリーニング法と命名している。そして坂本ほか（2012）は，こうした問題点を踏まえた上で「スポットライト分析（spotlight analysis）」を提案している。佐渡ほか（2014）によれば，スポットライト分析とは，「真の意味ある現象を捉えるためには，何よりも研究者の仮説が重要で，そのためには研究者が得られたバウムをじっくりと味わい，統計的手法を用いるに足る仮説を生成してから，意味があると考えられた部分を検討していく」方法とされている。

たとえば，筆者のカンボジア青年のバウム研究（坂中，2012, 2014）を例に考えてみたい。2011年にカンボジアの私立大学に通う大学生25名にバウムテストを施行した予備調査から，「折れた枝または，幹にある洞，樹皮の傷などのバウムの多さ」が目についた。カンボジアには，1975年4月より，ポル・ポト（Pol Pot）が率いるクメール・ルージュ（カンボジア共産党）による統治が1979年1月まで続き，粛正の名のもとに富裕層，医者などの専門家，知識人が大量虐殺された内戦の歴史がある。また，この4年間に，処刑や処罰，飢死や栄養失調による死，病死などにより，およそ200万人の住民が犠牲になったと言われている。こうしたカンボジアの内戦は，カンボジア

人の心を深く傷つけた過去の歴史であることを踏まえ，外傷的なバウムと内戦被害体験との関係性が推測された。

そこで2012年の本調査では，スポットライト分析に従って，Kochの58指標内のNo.26「落下中のあるいは落下した実，葉，枝」，No.44「切断された枝，折れた枝，折れた幹」，No.45「幹や瘤や凹み」の3指標を外傷性指標と仮定し，Kochのデータとの比較から，カンボジア青年のバウムには外傷性指標が多く見られるという仮説を生成した。

その結果，No.26，No.44，No.45の3指標の出現率は，Kochが調査した半熟練工よりも高い出現率であり，いずれも有意に多かった。また，親族に内戦被害体験がある群は，ない群と比較し，No.44「切断された枝，折れた枝，折れた幹」の出現率が，有意に多かった。Koch（1952）は，切断された枝や折れた幹が思春期に入った者の描画に表れる現象であることを述べながらも，「すでにそこにあった何かが欠けている。欠けているものもまた意味を持っている」と説明している。ここには，あるべきものがない感覚が連想される。つまり，カンボジア青年の傷ついたバウムの描画の背景には，カンボジアの内戦に由来するカンボジア人の痛みそのものがあり，個人の体験を越えた歴史・文化的苦しみが投影されているように推測される。そしてバウムには，パーソナルな心理的世界を越えた，その国のネガティブな歴史性，すなわち集合的なトラウマ的記憶が反復的に投影されうる可能性が示されており，被害体験が身近であればあるほど反復的にバウムの傷つきとして投影され，いまだカンボジア青年のこころの傷が癒えない状況にあることが考えられた。

このように，スポットライト分析は，これまで半ば無意識的に行われてきた闇雲に指標を取り出し，統計的処理を行う研究方法を補完する新たな分析方法であると思われる。

一方，大辻（2002）は，児童虐待などの早期発見とアセスメントのためのツールとして，バウムのトラウマチェックリストの作成を試みている。たとえば，枝（枯れた枝，下向きの枝，折れた枝など），樹冠（なぐり描きの樹冠など），幹（濃い影，傷，穴，切断された幹など），根（地平線がない，透視される根，強調しすぎの根など）など47項目をあげ，それぞれに意味を与えている。こうした分類方法は，1本のバウムが細分化されていく可能性があるために，バウム全体の評価と解釈がおろそかになりかねない。こうした指標に偏ったスクリーニング法は「わかったつもり」になってしまうリスクがあることに十分留意し，その上での使用が求められる。

Koch（1952）は，「たくさんのバウムの絵を静かに眺めていると，バウムとの距離が近くなる。次第に，その本質が見えるようになるが，それは，依然として直観のようなものである。構造が明確に見えるようになり，識別が可能となり，指標を弁別できるようになる。（中略）当初はわからない部分をそのまま持ちつづけ，どう理解したらいいかという問いを，何日も，何週も，何カ月も，何年も問い続けていると，秘密に関わる何かが自然と姿をあらわしてくる」と述べている。

おそらくバウムに限らず，投影描画法の指標が一体何を意味するのか，その秘密に近づくためには，まずは，表現されたその描画そのものに問い，その問いを問い続けるプロセスを通して，ささやかながらそっと指標の意味が語られるのを持つしかないのかもしれない。

V　さいごに

本稿は，バウムを主題に描画研究において留意しておきたい視点について，ナラティヴをキーワードに論じてきた。

最後に，臨床心理士として成長するために研究活動は欠かせない。セラピストとしての基本姿勢は，同時に研究者としての基本姿勢と相通じ，どちらの立場であっても出会った描画とじっくり向き合う必要がある。

三好（1992）は，日本描画テスト・描画療法学会発足にあたり，機関誌に以下の文章を寄せている。

　ここでちょっと立ち止まって描画というものの基本問題を考えてみてはどうだろうか。（中略）描き手が意識するにせよしないにせよ，相手の存在の下で，あるいは相手との係わりの中で流れていく。相手とはもちろんテスターであり，治療家である人格である。つまり描画はある他者との関係の中で描かれるのである。これを忘れて描画をただ客観的指標として眺めるとわれわれは物の一面にしか目を向けないことになってしまう。（中略）さらに描き手は背後に家族を控え，社会を背負い，生活史に裏付けられた存在である。描かれた一枚の描画にもこれだけの時間・空間的なものが含まれていることを考えるとわれわれはあだや疎かにこれを扱うことはできない。

ここで重要なことは，三好が述べる描画施行時のセラピストの存在についてである。河合（1999）も「投影法の技法においては，施行者と被験者の人間関係が相当に影響してくるし，その結果の解釈も主観的要因がからんでくるのは避けられない。逆に，それだからこそ意味がある。それは面接とほとんど変らない」と指摘するように，心理療法と同様に臨床研究には，常にセラピストや研究者などの他者が関わるなかで，はじめて描き手の内界が表現されるという事実がある。

昨今の描画研究においては，こうした描画に含まれる他者性はまるでなかったかのように論じられず，可能な限り客観的であろうとする研究姿勢が目につくようになっている。すでに20数年前に三好が述べていた「客観主義」の研究姿勢に対する警鐘を真摯に受け止め，描画とは，生身の人間同士のやりとりにより生まれうる表現であることに，あらためて留意したい。

▶文献

皆藤 章（1990）風景構成法の基礎的研究──アイテム提示順序について．大阪市立大学文学部教育学教室紀要 教育学論集16；1-12.

河合隼雄（1999）心理検査と心理療法．精神療法25-1；3-7.

河合隼雄（2001）事例研究の意義．臨床心理学1-1；4-9.

岸本寛史（2005）『バウムテスト第三版』におけるコッホの精神．In：山中康裕ほか 編：京大心理臨床シリーズ1 バウムの心理臨床．創元社，pp.31-54.

岸本寛史（2010）バウムテスト．In：小野けい子ほか 編著：心理臨床とイメージ．放送大学教育振興会，pp.81-90.

岸本寛史（2008）緩和のこころ──癌患者への心理的援助のために．誠信書房．

国吉政一ほか（1962）バウムテストの研究（1）．児童精神医学とその近接領域3-4；237-246.

Koch C（1952）The Tree Test : The Tree-drawing Test as An Aid in Psychodiagnosis. Bern : Verlag Hans Huber.（林 勝造，国吉政一，一谷 彊 訳（1970）バウムテスト──樹木画による人格診断法．日本文化科学社）

Koch K（1957）Der Baumtest : der Baumuzeichenversuch als psychodiagnostisches Hilfsmittel 3. Auflage. Verlag Hans Huber, Bern.（岸本寛史，中島ナオミ，宮崎忠男 訳（2010）バウムテスト〔第3版〕心理的見立ての補助手段としてのバウム画研究．誠信書房）

森岡正芳（2008）今なぜナラティヴ？──大きな物語・小さな物語．In：森岡正芳 編：ナラティヴと心理療法．金剛出版，pp.9-23.

三好暁光（1992）日本描画テスト・描画療法学会発足にあたって．臨床描画研究7；1-2.

中村雄二郎（2004）術語集──気になることば．岩波新書．

中島ナオミ（1986）日本におけるバウムテスト研究の問題点について．大阪精神衛生31；22-34.

中島ナオミ（2006）『バウムテスト──樹木画による人格診断法』の問題点．臨床描画研究21；151-168.

大辻隆夫（2002）投影樹木画法におけるトラウマ指標の統合化とそれを巡る2，3の問題．京都女子大学児童学科児童学研究32；10-15.

小川俊樹（2011）日本のロールシャッハ法．ロールシャッハ法研究15；10-19.

斎藤清二（2013）事例研究というパラダイム──臨床心理学と医学をむすぶ．岩崎学術出版社．

坂本佳織，佐渡忠洋，岸本寛史（2012）バウムテストのスポットライト分析．心理臨床学研究30-1；41-50.

坂中尚哉（2011）バウム画の語り──カンボジアバウムの誘目性から．関西国際大学心理臨床センター紀要5；32-41.

坂中尚哉（2014）カンボジア青年のバウムに関する基礎的研究──外傷との関連に注目して．臨床心理身体運動学研究16.

佐渡忠洋，坂本佳織，岸本寛史（2014）個別法と集団法のバウムテストにおける幹表面の表現の比較．臨床心理学14-2；256-263.

佐々木玲仁（2012）風景構成法のしくみ．創元社．

渡部未沙（2005）継続面接における風景構成法の作品変化について．心理臨床学研究22-6；648-658.

山 愛美（2011）バウムテストの根っこを探る──秘密は木の根に隠されている．In：岸本寛史 編：臨床バウム──治療媒体としてのバウムテスト．誠信書房，pp.11-27.

山中康裕（1973）バウムテストの臨床的研究．日本文化科学社．

事例を通した仮説生成と検証

斎藤清二 *Seiji Saito* ● 富山大学保健管理センター

I はじめに

　心理臨床の現場において，事例研究が多様な価値をもっていることには疑いがない。しかし事例研究の価値を，「議論するまでもない自明のもの」とする独善的な態度も，「事例研究はアートであり，科学的な側面から評価することはできない」とする頑なな態度も，実際の臨床には益しないと筆者は考える。そうは言っても，伝統的な科学において重要とされる，「仮説検証」とか「信頼性」とか「効果の実証」などという一般的な概念を，無反省に事例研究に直接あてはめて評価しようとすれば，事例研究はその本来の価値を不当に貶められることになる。本稿では，心理臨床における事例研究を有力な実践科学的研究のひとつと考える立場から，「仮説の生成とその検証」と呼ばれるプロセスをどう考えるかについての小論を提示し，読者の批判を仰ぎたい。

II　実践科学のプロセスとしての心理臨床的援助

　あまりにもおおざっぱだと批判されるのは覚悟の上で，科学的研究のプロセスをごく簡単に抽出してみると以下のようになる。

　科学の営みとは，生活世界における現象体験を基盤とした，理論生成とその実証（私たちが生きている現象界での出来事と，その理論がどのくらい適合しているかの検証）のサイクルが作り出す，継続的で漸進的なプロセスである。（斎藤，2009）

　上記のような「科学の営み」の理解が妥当なものであるといったん認めた上で，これを心理臨床の現場にあてはめてみたい。心理臨床の実践とは，心理臨床の現場で体験される現象から仮説を生成し，その仮説が次の実践体験に妥当するかどうかを吟味しながら検証し，その経験に基づいて仮説を改変し，さらに精緻化していくという連続的なプロセスである。ここで強調しておきたいことは，このようなプロセスは，心理臨床の現場における研究のプロセスを描写するものであると同時に，個別の心理臨床実践（例えば，目の前のクライエントAさんへの心理療法）にも当てはまるということである。

1. A君の事例

　例えば，私の目の前に，「朝，研究室に行こうとすると，必ずお腹が痛くなり，トイレに閉じこもって出てくるまでに1時間以上を要してしまうので，思うように実験が進まない」という問題を

抱えた理系大学院生のA君というクライエントが相談に来たとしよう。

初回時の面談から、「A君の問題は『過敏性腸症候群』という図式で説明可能なのではないか?」という仮説が私の頭の中に浮かび上がる。このような"仮説"は、一般に「見立て」とか「鑑別診断」と呼ばれているものと大きな違いはない。しかしこれを「診断」と呼んでしまうと、心理臨床の文脈とは少しずれてしまうことにもなるのだが、ここでは先に「医療という文脈」を採用して、論を進めてみたい。

現代の医療行為の中核を占める「診断－治療」という図式をA君に当てはめるならば、私はA君の「困り事」を「過敏性腸症候群という"疾病概念"で説明できるのではないか?」という"診断仮説"をたてたことになる。それでは、この"仮説"はどのようにして"検証"されるのだろうか。通常次のステップは、「過敏性腸症候群の診断基準」の記述と、A君から聞きとった、あるいはA君を観察したり検査したりすることで得られた情報とを比較検討することになる。おおざっぱに言うと、A君の問題(症候)が、「明らかな器質的疾患が除外されているにもかかわらず長期間続く、便通の異常を伴う腹痛」に当てはまるかどうかを吟味するのである。そのような作業の結果A君は、この「過敏性腸症候群の診断基準」を満たしているということが明らかになる。過敏性腸症候群の診断基準は、A君という個別の人間からは独立した"一般的な"基準であるから、A君という個別の現象を一般的記述と照合するという作業が、この場合"診断"あるいは"診断仮説の検証"と呼ばれることになる。しかし、これだけでは科学の営みとしては不十分である。つまり、「科学の営みとは、仮説生成と検証の循環的・漸進的サイクルである」とするならば、上記のような、一般的範疇(カテゴリー)と個別現象を照らし合わせるという作業は、科学的プロセスのごく一部に過ぎない。

A君の事例へ戻ろう。これまでの経験から筆者は、独自の"過敏性腸症候群の一般的図式"を頭の中に持っている。それをおおざっぱに表現すれば、「特定の体質的背景と特定の環境の組み合わせにおいて生じる、身体症状と不快な情動が形成する悪循環」ということになる(斎藤, 2004)。もう少し具体的に言うと、「もともとお腹の弱いA君が、研究室というストレスフルな環境下にいて、状況をマネジメントすることが困難となり、『体調が悪いと気分が減入る、気分が減入ると体調が益々悪くなる』という状況に陥っている」と考えるわけである。初回時の面談から筆者は、A君の困り事はこの図式によって説明可能であると感じていた。これは、ひとつの"仮説生成"である。その仮説から導き出される"対処方法"は、一つには定まらない。悪循環を緩和するような働きかけは、全てA君の困り事の解消に益する可能性がある。そもそも、定期的な面談を約束するということ自体が、A君の不安感や孤立感を和らげ、悪循環を緩和する可能性がある。このような対処法が有効であったかどうかの検証を、「数値化して量的に」行うか、「対話により質的に」行うかは、科学的に見れば、どちらもありうるということになる。したがって、初回の面談の終了時に、第2回目の面談を予約すること、次回の面接の冒頭に「その後、どうですか?」と尋ねることなどは、それ自体が上記のような仮説を"検証"する作業のひとつということになる。

A君の場合、少なくとも上記の「悪循環を和らげるような面接構造を作るだけで問題が軽減する」という"仮説"は、十分には検証できなかった。休日の体調や気分はかなり回復したが、やはり実験のある日の朝になると腹痛が起こり、研究に復帰することはなかなかできない状況が続いた。そこで筆者は、"悪循環仮説"は、検証の結果捨て去られるのではなく、さらに"悪循環の特定のプロセスに焦点化した介入"を加えることが必要なのではないかという"改良された仮説"に変更する必要があると考えた。そこで、A君本人と相談の上、筆者の面談と並行して、認知行動療

法の専門家である同僚に依頼し,「行動を活性化しつつ予期不安に向き合う」という方略で介入をしてもらうことになった。

A君は,「今までは『できるだけ無理をしないように』と言われていたのに,今度は『不安から逃げずに立ち向かう』という方針を説明され,全然違うので混乱した」と語ったが,状況を打開するために行動する必要は十分に理解していたので,同僚の指導に従って暴露を中心とした認知行動療法にチャレンジすることを受け入れた。

しかし残念ながら,不安への暴露を中心とするアプローチは効を奏さなかった。認知的には理解できても,不安の身体化と思われる腹痛などの症状が強すぎるために,結局研究室に戻ることはできないという状況が続いた。そしていよいよ,このままでは卒業できないという瀬戸際まで追い込まれた時,A君は自主的に指導教員に全てを相談するという行動に出た。その効果は劇的なものだった。指導教員はA君の状況を良く理解してくれ,別の研究室への移籍をアレンジしてくれた。研究室が変わったA君の身体症状と不安は劇的に改善し,A君は研究にやりがいをもって取り組むことができるようになった。その後問題は再発せず,A君は自分と似たような状況で苦しむ後輩達への積極的な支援者の役割を果たしていることが語られた。

2. 心理臨床実践における「仮説と検証のプロセス」

A君の事例の全体像については,本来は詳細な検討が必要なのであるが,ここではひとつの事例の経過における「仮説と検証のプロセス」という観点からごく簡単に考察する。A君への心理臨床的支援において,支援者は,要所要所で暫定的な仮説を生成しながら,対処法を選択し,その介入や支援が有効に機能しているかどうかを検証する作業を繰り返した。もちろんこのようなプロセスは,常にA君との対話を通じて共同選択されたものである。しかしその経過は満足のいくものでは全くなく,むしろ本人も支援者も"どんどん追い込まれていく"という状況に陥った。最終的に,事態を劇的に好転させたのは,治療者がA君に"与えた"戦略ではなく,A自身が"自発的に"行動選択した「環境への働きかけ」であった。

A君の事例の経過を「仮説検証の連続的プロセス」と考えると,このプロセスは単純なものではなく,複雑で重層的で,一部はパラドキシカルとしか言いようのない様相を呈している。最終的に,A君の問題解決に直接的に貢献したのが,「環境が変わる」ことであったのは明らかであり,「支援者が,最初から環境を変えるように働きかけていれば,もっと早く問題は解決しただろう」という見解を否定することはできない。事例研究における仮説検証は,「実際に選択した事象」を検証することはできるが,「選択しなかったプロセス」を検証することはできない。これは,「研究者自身がその世界の中で活動する自然観察研究」であることによって生ずるやむを得ない限界である。事例研究が「実験的に統制された比較対照」を設定することができないという限界は,「常にクライエントにとってその時点で最良と思われることを選択する」という臨床の倫理的要請によるものである。

しかし,だからと言って事例研究において,"仮説検証"が全くできないというわけではない。あらためて全体の経過を俯瞰的に見るならば,A君の心理臨床的支援の経過は,比喩的に言えば「一種のイニシエーションの過程」をとっていることが見て取れる。A君のみならず,支援者もまた,「それまでの古い物語」の破綻を受け入れ,「出口の見えない苦難」を共有し,そこから,何らかの契機によって新しい物語を獲得するというプロセスを共有している。そう考えると,A君の心理臨床的支援過程を描写するというこの研究の"事例の範囲"は,A君という個人に限定されてはいない。むしろA君と筆者,筆者の同僚,指導教員,家族,A君の後輩達といった複数の登場人物を含み,それを包み込む"場"こそが,事例で

あったと考えられる。

このように，個別事例の治療過程において，最初に生成される暫定仮説は，何度もの検証を経て，仮説自体が大きく変容し，最終的には「より大きく，包括的で，重層的な仮説」へと拡張されていく。このようなプロセスは，もはや仮説検証という言葉で表現することは適切ではない（しかし，仮説検証という言葉が全く当てはまらないわけでもない）。それは，心理臨床的支援の過程において刻々と起こる出来事のシークエンスをつなぎ合わせつつ意味づける，最初は比較的シンプルな「物語」から出発し，その都度書き換えられつつ，重層的に展開し，とりあえずの終結へと向かう，ロンド形式の変奏曲のようなプロセスとして描写される（斎藤，2008）。個別の事例という意味で，それは限定的なものであるが，その多相性，重層性が描き出された壮大な変奏曲は，より抽象化され明晰なものへとまとめられ，それは次なる実践や他者による実践への転移可能性（transferability）をもった新たな仮説となる。このように，科学的な営為である仮説検証の漸進的なプロセスと，新たに役立つ知識資産の産生と，物語の発展的な展開とは，同じものを違う文脈から表現しているものに過ぎない（斎藤，2013）。

あらためて言うと，私達が生きている現象世界においては，理論は常に発展途上であり，究極の真実に到達するということはおそらくない。したがってその意味からは，理論と仮説は同義であり，仮説の生成と検証は，直線的で完結するプロセスではなく，循環的に発展する一つのサイクルである。このような意味では，心理臨床実践のプロセスは，そもそも科学的な営為であり，実践から独立した科学があるわけではない。

III 個別の事例を超えた仮説の生成と継承のプロセス
―― 新しい事例研究法

ここまで，一つの事例を提示することによって，個別の心理臨床の実践それ自体が，連続的な仮設生成と検証のプロセスを内包しているということを示してきた。これらのプロセスは，一つの研究の中だけで終わるのではなく，複数の研究において生成／継承していくことが可能である。質的研究の観点から事例研究を見れば，それは「原則として一事例についてのプロセスから詳しいデータを収集し，収集されたデータの分析から，何らかのパターン・構造仮説・理論モデルなどを生成することを試みるタイプの研究法」と定義できる。同時に事例研究において生成された仮説は，その一事例だけに役立つものではなく，個別事例を超えて"転移可能（transferable）"な性質を担保できる。知識利用科学の観点から言えば，このような「質の高い仮説」は，事例を超えて利用される「知識資産」となり「臨床知」となる。このような観点から，筆者がこれまでに構築を試みてきた，新しい事例研究法について以下に紹介する。

1. 単一事例修正版グラウンデッド・セオリー・アプローチ法（Single Case Modified Grounded Theory Approach : SCM-GTA）

木下が開発した修正版グラウンデッド・セオリー・アプローチ法（M-GTA）（木下，1999，2003）を単一事例の質的分析に応用する方法である。GTAは元来，複数事例の参与観察やインタビューデータを用いて，データに密着した分析から，実践への応用性の高い理論を生成することを目的とする。一事例の分析にGTAを応用することは，GTAの原法では想定されていないが，M-GTAでは「方法論的限定」という考え方が採

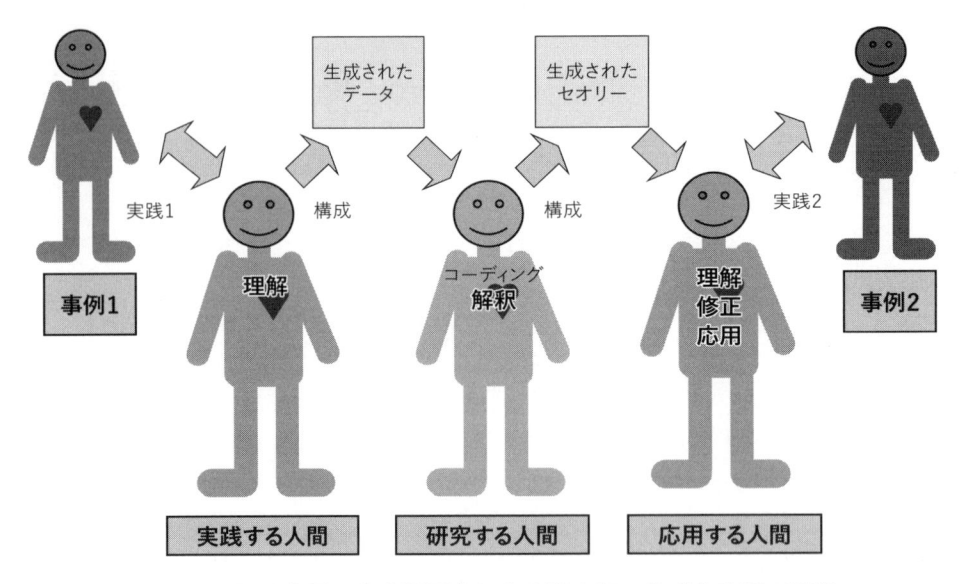

図1　M-GTAを用いた事例研究による臨床知の生成と応用の過程

用されており，一事例に分析の範囲を限定した研究にM-GTAを応用することには妥当性があると筆者は考える。

筆者は，慢性疼痛を訴える大学生の事例研究にSCM-GTAを応用した事例研究を公表した（斎藤，2005）。この事例研究の研究関心は，「青年期の慢性疼痛の回復過程はどのように描写されるか？」というものであった。この事例研究においては，クライエントの語りのデータの分析法としてM-GTAが明示的に採用され，「慢性疼痛の回復過程は『多元的な意味の変容過程』であり，『未完の発達課題』と『難問としての痛み』の状態から『メタファーとしての死と再生のプロセス』を経て，『共生可能な痛み』と『日々是好日』に至る」という暫定仮説（ローカルな理論）が生成された。

このようにして生成された暫定仮説は，一事例を超えた心理臨床の現場においてどのような有用性を持つのだろうか？　筆者は図1に示すようなプロセスとして図式化できると考えている。筆者は実践者として事例と関わりつつ（これを仮に実践1と名付ける），そこから筆者が理解したクラ

イエントの語りを再構成し，データ（具体的には面接記録というテクスト）を構築した。ここから筆者は実践者から研究者へとスイッチして，今度はそのデータと対話することになる。

M-GTAは，比喩的に言えば，研究者である筆者が，データと対話しながら，コーディング，解釈，連続比較といった一定の手段を通じて，セオリーを生成する過程である。その結果生成されたセオリーは，実践者である筆者が構成したデータに比べれば，はるかに抽象化されたものであるが，クライエントの心理臨床的支援過程というフィールドに限定するならば，それは一定の説明力をもつ，明示化された臨床知であると言える。もちろんこの臨床知はコンテクストに強く依存している。

しかし，このような方法論による臨床知の生成過程はこれで終結するのではなく，その臨床知を応用する第三の人間によって理解され，最初のクライエントと似てはいるが異なった特性を持つ別の事例に応用されることになる（これを仮に実践2と呼ぶ）。当然のことながら，実践1と実践2は全く同じものではないので，応用される臨床知

は，応用する者によって，状況に適合するように修正されつつ適用されることになる。もし実践2において，セオリーが必要最小限の修正によって有効に作用し，改変されたセオリーが明示知として記述されることになれば，セオリーは否定されたのではなく，むしろ継承されたということになる。それはこのセオリーの有用性が，ある程度"検証"されたということを意味する。

このように，臨床の知の生成と応用というモデルにおいては，実践者，研究者，応用者という個別性を持った人間を設定し，人間とデータ，人間とセオリー，人間と事例との相互交流が何よりも尊重される。図1に示されるようなプロセスは，臨床における明示知と暗黙知を有効につなぎ合わせる循環的なプロセスとして機能すると思われる。

2. 構造仮説継承型事例研究法（Structural Hypothesis Successive Case Research Method : SHS-CRM）

筆者は，質的研究において「仮説継承」の重要性を強調する西條（2002），やまだ（2002）の研究法を臨床領域の事例研究に応用し，「構造仮説継承型事例研究法」と呼ぶことを提唱した（斎藤，2003）。構造仮説継承型事例研究の特徴は，第一に，事例についての多面的観点（主観的・相互交流的側面を含む）からの記述と分析（厚い記述）を行うことである。ついで，事例から得られた厚いデータから構造仮説を生成する。この時，構造化の軌跡（どのような分析を経てその仮説が生成されたか）の詳細かつ客観的な記述が必要となる。この記述によって，広義の反証可能性が確保される。ついで，その仮説は，新しい事例経験において，縦列的に連続的検証・改良・精緻化・発展がなされ，このプロセスを構造仮説の継承と呼ぶ。得られた構造仮説は，研究の終了時点で完成するものではなく，共通あるいは異なるコンテクストにおいて新たに体験される臨床事例の経験プロセスにおいて，さらに改良・変更されていくものとみなされる。したがって，このような方法

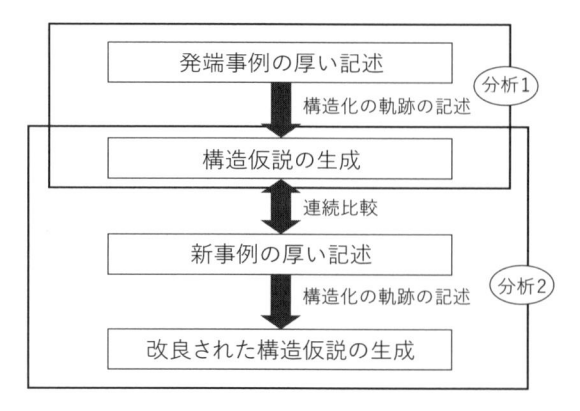

図2　構造仮説継承型事例研究法のプロセス

によって得られる臨床の知は，常に完成されることなく，改良の途中にあるものとして理解される。本研究法のプロセスをスキーマ化したものを図2に示す。

筆者は自身が経験した8編の事例研究を公開し，それらを構造仮説継承型事例研究の一例と位置づけた（斎藤，2013）。このようなプロセスは，単に一人の研究者によって進展するとは限らず，事例検討会，スーパービジョン，同僚との議論，論文査読時における議論等の複数の場における対話を経て，物語の共有と新たなバージョンへの書き換えが行われる。さらに再び実践へと戻され，暗黙知化され，再び表出化され，明示化されるというサイクルを重ねつつ，次第に複数の実践者，研究者，市民によって利用できる知識資産として蓄えられていくことが期待されるものである。

IV　まとめ

質的研究法としての事例研究は，実践科学の観点から見て，"科学の営み"という条件を明らかに満たしている。同時に，個別実践と，実践についての研究法は，共通のプロセスを内包している。このように考えると，心理臨床という領域において実践と研究は分離できない。「仮説」と「理論」と「知識資産」は，ほぼ同義の概念とし

て用いられ，その有用性を担保するものは「一般化可能性（generalizability）」ではなく「転移可能性（transferability）」である。

▶ 文献

木下康仁（1999）グラウンデッド・セオリー・アプローチ——質的実証研究の再生．弘文堂．
木下康仁（2003）グラウンデッド・セオリー・アプローチの実践——質的研究の誘い．弘文堂．
西條剛央（2002）生死の境界と「自然・天気・季節」の語り——「仮説継承型ライフストーリー研究」のモデル提示．質的心理学研究1；55-69．
斎藤清二（2003）いわゆる「慢性膵炎疑診例」における構造仮説継承型事例研究．In：斎藤清二，岸本寛史：ナラティブ・ベイスト・メディスンの実践．金剛出版，pp.230-245．
斎藤清二（2004）消化器心身医学における診断と治療——原因不明の腹部症状に悩まされる患者の診療．日本医事新報 4198；20-24．
斎藤清二（2005）慢性疼痛——痛みは語りうるのか？　臨床心理学5-4；456-464．
斎藤清二（2008）事例研究という質的研究の意義．臨床心理学8-1；27-34．
斎藤清二（2009）実践と研究——質的研究と量的研究．臨床心理学増刊第1号（特集：対人援助の技とこころ——心理療法再入門）．金剛出版，pp.29-34．
斎藤清二（2013）事例研究というパラダイム——臨床心理学と医学を結ぶ．岩崎学術出版社，pp.221-244．
やまだようこ（2002）なぜ生死の境界で明るい天空や天気が語られるのか？——質的研究における仮説構成とデータ分析の生成継承的サイクル．質的心理学研究1；70-87．

現場実践から書くうえで
大切にしたいこと

VI

研究における動機（ムーヴ）

髙橋幸治 *Koji Takahashi* ● 大阪府立大学

I はじめに

「心理臨床家の一番の指導者は，クライエントである」ということが言われてきた。クライエントとの面接過程のなかで，生きた彼らの言動や反応，表現，変容，また彼らとの意識的，無意識的交流からセラピストは多くを学ぶ。終結して時が経っても，彼らの表情や言葉がはっきりと胸に残っていることもある。そこで学んだことは忘れようがない。思い出として身体に刻まれているかのようにも思われる。それどころか，「ああ，こういうことだったのか」と昔のクライエントの表現に対して新たな発見をしたりすることさえある。面接は終わっていても，クライエントは，セラピストの心の中で動きあるものとして存在している，とも言えるのかもしれない。

II 動機（ムーヴ）ということ

本稿で使う動機（ムーヴ）という言葉は，河合隼雄の事例研究論（河合，1992）で使われている語に由っている。筆者は，事例研究において「個を追求するとそれが普遍へとつながる」ことを主張した河合の論について考えた際（髙橋，2014），この動機（ムーヴ）という言葉に注目した。以下に簡単に触れる。

河合は，「事例研究の意義と問題点——臨床心理学の立場から」（河合，1976）において，「今までよくあったような，ひとつの症状について何例かをまとめ，それについて普遍的な法則を見出すような論文よりも，ひとつの事例の赤裸々な報告の方が，はるかに実際に〈役立つ〉」というある研究誌の読者の感想を挙げ，「〈個〉をあくまで追求してなされた内容が多くの他人に役立つのは，それが何らかの意味で〈普遍性〉をもつことを示すもの」であるとしている。さらに，その普遍性と，多くの事例に共通にみられる法則の普遍性の違いを指摘し，そこに事例研究の本質があると問題を提起した。そして『心理療法序説』（河合，1992）の「事例研究の意義」の節において，心理療法は従来の「科学」とは異なるものであり，「臨床の知を築く上で極めて重要なことは，主体者の体験の重視であり」，その「知」を伝えるときは，「事実を事実として伝えるのみではなく，その事実に伴う内的体験を伝え，主体的な〈動き〉を相手に誘発する必要が生じてくる」としている。また，一人の人の心に「内的に生じた動機（ムーヴ）」は，受け手に伝わるとき，伝えられた人は自分のなかで，それを意味あるものとして個性的に捉え，それを未来へとつなげていく。そしてそれはその後の生き方に影響を与える

はずである，と河合は述べている。さらに，優秀な事例報告が，個々の事実をこえて普遍的な意味をもつのは，それが「物語」として提供されており，その受け手の内部にあらたな物語を呼び起こす「動機（ムーヴ）」を伝えてくれるからである，と論じている。つまり，事例研究の発表者が，セラピストとしての自分とクライエントの面接過程を内的体験を含んだ物語として発表すると，それを聴いたり読んだりした受け手は，それぞれの個性に従って，内的な動機（ムーヴ）を受け取る，ということである。さらに河合は，『事例研究の意義』（河合，2001）において，近代科学の客観的な普遍性と対比させて，事例研究における普遍性について説明している。そこでは研究発表に参加した各人が，発表全体から喚起される間主観的普遍性Xを媒介として，個性的な連想を思い浮かべ，「得るところがあった」と思う，という仕組みについて言及している。さらに間主観的普遍性をそなえたXは，直接的には言語化不可能な性質をもつものと河合は述べている。

つまり，「動機（ムーヴ）」とは，臨床の知，心理療法の知を伝える場合に，伝える側に生じている体験を通した心の動き，感動，高まりのことであり，さらにその伝達を受けた側に新たに生じた個性的な動き，感動，高まりのようなものを表している。注目すべきことは，臨床の知の伝達においては，誰から見ても共通することや客観的なことが問題とされるのではなく，発表者の物語によって，受け手各人が個性的に受け取り，自らの心の内に生じた固有の体験を問題にしているということである。その各々の固有の体験を，言語化不可能な間主観的普遍性Xが媒介しているというのである。

III 研究における動機（ムーヴ）

河合（1992）は，研究者や，研究内容を受けとる聞き手や読み手の心の動きを重視する理念に，従来の科学とは異なる「新しい科学」の特徴を見出した。考えてみると，「研究」というアカデミックな領域では，このような発想はかなり馴染みの少ないことだったと考えられる。アカデミックな場面に限らなくても，正しい一つの答え，グローバルな基準，共通の規定，過去の例などに縛られ，またはそれを求めることが多いのではないか，と思われる。そのなかで，自分の心に湧き上がってくる個性的な動機（ムーヴ）に目を向けることは，外から与えられる客観的な基準から自由になっていることが，まず必要であろう。

ところで，臨床心理学の研究には，大きく分けて事例研究とそれ以外の研究がある。また事例研究と呼ばれるもののなかにも，心理療法面接でのセラピストとクライエントの過程を詳細にまとめた研究と，ある調査目的に従って，数人の対象者に一定時間一対一の面接調査をし，その詳しい調査結果を題材にする研究がある。これら3つの研究法を考えると，発表を聞いたり読んだりした者が独自の動機（ムーヴ）を誘発させられる度合いは，心理療法面接の事例研究が最も強いように思われる。河合（1992）の主張のように，優秀な事例報告が，個々の事実をこえて，普遍的な意味をもつためには，客観的な事実ではなく，発表者がクライエントと関わった詳細な出来事の体験が，物語として語られ，事実の背後に膨大に潜むことを，受け手に経験させてくれる。事例検討会での発表や事例研究論文による発表に，この要素はより強いであろう。

しかし，事例研究の場合でも，発表者の記述が具体的な内的体験を記載するというよりも，ある理論に沿ってまとめられたものであったりすると，受け手はその理論の方向性に縛られ，自由な物語として受けることが困難になることもある。また，事例検討会の場においても，聞き手自身のなかにある理論をあてはめて解説し，他の意見を認めないような雰囲気ができあがると，とても窮屈で息苦しくなることもある。個人的な心の動機（ムーヴ）が活発化しなくなる状態である。

また，調査目的に従って面接法が用いられた研

究や，調査や実験によるデータを考察するような研究であっても，研究者の研究の動機が個性的なものであったり，方法論や考察から研究者と対象との固有の関係による独自の物語が垣間見られるようなものであったりすると，受け手の心が動き，その研究とは直接的には関係のない勇気ややる気をもらうような場合もある。つまり，内的な動機（ムーヴ）が生じる場合がある。そのとき，受け手がぼんやりと感じるその研究における間主観的普遍性Xは，研究者が提示している研究結果の考察や結論とは直接的にはつながっていない可能性も考えられる。「従来の科学」とは異なる点であろう。

IV　動機（ムーヴ）と言葉

　研究のなかには，研究者からの主張や考えが一定の理解をすることを求めていて，聴いたり読んだりした受け手が等しく共通の理解を得られるような研究がある。一方，その研究発表を聴いたり読んだりするうちに，受け手が研究とは関係のない個人的な出来事を思い出したり，自分の臨床活動に目が向いたり，研究発表によって思いもよらない心の動きが生じるのを感じる場合がある。このうち後者を動機（ムーヴ）と呼んでいるわけである。

　そのような動機（ムーヴ）がなぜ生じたり生じなかったり，活性化したり，鎮静化するのかを考えると，一つに言葉の問題が浮かんでくる。河合（2010）は，鷲田との対談のなかで，人の話を聴く際に，相手の言葉を掴んでしまうと相手の動きをとめてしまう，ふわーっと受けていると相手の心はどこへでも動ける，ということを話している。これは聴くときの例だが，言葉を掴むかふわーっと受けるかは，相手の心の動きにも関係があるようだ。この言葉への姿勢と心の動きの関係について考えてみる。

　まず，木村（1982）の日本語の「こと」と「もの」の存在論的差異についての考察を要約しながら引用する。「もの」は，机とかペンというような物理的に空間を満たす目に見える**もの**や，意識という内部空間にある「〜についての」考えや思いのことである。例えば，「**速い**ということはそのままの姿ではけっして**もの**ではない。しかし，これを**速さ**という形で思い浮かべてみると，それはたちまち**もの**に変わる」。「もの」とは客観的に対象となりうるもの，人が距離を取って見ることができるもののことである。

　それに対して，「こと」とは，「客観的・対象的なものとして現れるのではないような，それとは全く別種の世界の現れかた」のことで，例えば，景色を見てその美しさに夢中になっている瞬間は，何ものも客観ではなく，われわれが景色と一体となっているような主観と客観が分かれていない世界にただよっていると言える。それが，主観がわれに帰った瞬間にそこに距離が生まれ，景色や美しさが客観となり，景色という**もの**や美しい**もの**という**もの**が現れる。「私がここにいるという**こと**」「私がパソコンで原稿を書いているという**こと**」「自分の書きたい言葉が浮かんでくるのをボーっとした意識で待っている**こと**」などが「こと」の世界である。「木から落ちるリンゴ」は客観的なものであるが，「リンゴが木から落ちる」という**こと**は，木から落ちるリンゴという客観とそれを見てリンゴが木から落ちることを経験している主観との両方を含んだ命題であり，「リンゴの落下」という物理的現象の意味を超えて，「落ちる」ということを主観（自己）が経験している事態を含んでいる。

　さらに，木村（1982）は，言葉の語源は「コト（言）のすべてではなく，ほんの端にすぎないもの」「**こと**のごく表面的な一端を表現するにすぎないもの」であると提言し，**こと**は言葉によって語られるものだが，言葉によって捉えられるのは**こと**の表層部分にすぎず，**こと**の本質は言語からは聞き取りえないところに潜んでいると主張している。その潜んでいる**こと**の本質を，言葉を使って最大限に表現しようとするのが，「詩」な

どの言語芸術であると、木村は言及している。芭蕉の「古池や蛙飛び込む水の音」という俳句を例に、言葉という**もの**を用い、しかもさまざまな**もの**について語りながら、**もの**についての情報の伝達を目的とはせず、**こと**の世界を鮮明に表現しようとしていることを説明している。言葉には、そのなかに生き生きとした**こと**を住まわせて、**もの**と**こと**の共生が実現する可能性があるというのである。

つまり、言葉の使い方によっては、単なる情報の伝達にとどまらず、そこに潜む**こと**の世界を読み手が味わうことができる可能性もあるわけである。物語として語られる形式も詩と類似した特徴が強いと考えられる。事例検討会での発表や事例研究論文において、セラピストとクライエントの具体的で詳細なことが物語として提示されるとき、セラピストの心が体験した**こと**の世界が、参加者や読み手に表現される。**こと**の世界の特徴は、主観と客観が分かれていないところにあるため、クライエントやセラピストの区別を超えた**こと**の世界を浴びることになる。そうすると、発表者と受け手の主客も混然となって、受け手の心に何らかの動機（ムーヴ）が生じるのだろう。その動機（ムーヴ）は、次に受け手の現実に影響を及ぼす可能性が出てくる。

ことの世界に対する人間の意識についての木村（1982）の言及は興味深い。木村は、**こと**の世界がきわめて不安定な性格を帯びているため、私たちの意識はその不安定さを好まないと指摘している。その背景について、「私たちが『自己』とか『自分』とか『私』とかの名で呼んでいるものが、実は**もの**ではなくて『自分であること』、『私であること』といった**こと**であり、それ自身はっきりとした形や所在をもたない不安定なものだという事情から来ているのかもしれない。元来不安定な自己は、世界の側に安定の場を見出そうとする」と述べている。だから「私たちの自己は、**こと**の現れに出会うやいなや、たちまちそこから距離をとり、それを**見る**ことによって**もの**に変えてしまおうとする」「自己自身の不安定さに耐えられない弱い自己は、**もの**と**こと**のあいだにある決定的な差異を認めたがらない」とも述べている。

臨床心理学でも、**こと**の世界に対して、距離を取り客観的な**もの**に変えてしまう、という動きが無自覚的に行われることがある。そして、一度**もの**にしてしまったら、概念や用語をあてはめて、そこから離れることが困難になり、元々あった**こと**の世界は忘れてしまう。このような動きが研究者側に生じた場合も、研究発表の参加者や読み手に生じた場合にも、内的な動機（ムーヴ）は阻害されるであろう。もしそれが、木村が言うように、研究者や研究発表の受け手の不安定さに由来しているのだとしたら、自らの不安定さに耐えられずに現象を自分の都合で操作している、と言うこともできるかもしれない。あるいは、臨床の知や、河合（1992）の提言した「新しい科学」「人間の科学」を追求するということや、研究に対したときの自らの動機（ムーヴ）を大切にするということは、自らの不安定さにいかに向き合うか、現象から距離を取ることで何を防衛しているかを自らに問うような姿勢と関係しているのかもしれない。

▶ 文献

河合隼雄（1976）事例研究の意義と問題点——臨床心理学の立場から．臨床心理学事例研究（京都大学教育学部心理教育相談室紀要）3；3-12.（再録：河合隼雄（1986）心理療法論考．新曜社，pp.288-296）
河合隼雄（1992）心理療法序説．岩波書店．
河合隼雄（2001）事例研究の意義．臨床心理学1-1；4-9.
河合隼雄，鷲田清一（2010）臨床とことば．朝日新聞出版．
木村 敏（1982）時間と自己．中公新書．
髙橋幸治（2014）事例研究における"個から普遍へ至ること"の意味．臨床心理身体運動学研究16-1；39-49.

心療内科

上田勝久 *Katsuhisa Ueda* ● 京都民医連中央病院太子道診療所

I 現場実践における研究論文の意義

　本稿では今回トピックとなっている研究論文を，クライエントおよびセラピストの主観的体験をデータとして臨床的アイデアを練りだそうとする論文，すなわち力動的な志向をもつ事例論文に限局して論じるつもりである。

　これまでに私が提出してきた論文の多くがそのスタイルのものであり，数量的研究や客観的データを軸とした事例研究について何かを語りうる基盤を私が整えていないこともあるが，それ以上に，少なくとも私の場合はこの力動的な事例論文こそが自身の臨床実践に役立ってきたという感覚が強いからである。

　ただし，この"論文が役立つ"というときに注意が必要なのは，他の科学論文とは異なり，臨床心理学分野における研究成果の多くが，厳密には私たちの実践にダイレクトに活用できるわけではないという点である。というのも，この分野における研究は，数量的研究にせよ，事例研究にせよ，その研究手順と得られた結果の実証的再現が原理的にいって困難だからである。

　たとえば，うつに対する効果研究を鑑みても，それが治療方針を決定するうえでの参考情報となることはあっても，実際の支援においてはそれをそのまま鵜呑みにすることはできない。一口にうつといえどその様態はあまりに多様であり，こうした変数の問題ひとつとっても，実践とのあいだに微妙な乖離を生みだしているように思えるからである。

　近親者の死にともなう「うつ」と職場での対人トラブルによる「うつ」とでは，同じ様態を示したとしてもその内実は大きく異なるだろう。青年期の「うつ」と老年期の「うつ」，スキゾイド的なパーソナリティ傾向をもつ人の「うつ」とボーダーライン的な人のそれとでは，やはり事情は異なってくるだろう。さらに，その治療エビデンスの提唱を試みるとき，セラピストのパーソナリティ，経験年数，訓練実績の差異は，たとえ治療手順が明確にパッケージ化された技法であっても，微妙に，ときには相当に大きな治療経過の開きをみせる可能性があるだろう。また，こうした因子が実際にはクロスオーバーすることを考えると，この差異は無限の広がりをみせることになるはずである。私が知る限り，現在の数量的効果研究の達成がこれらの因子をすべてカバーしきれているとはやはりいいがたいように思われる。

　だが，この領域における病とその治療的接近がきわめてパーソナルな要素を抜きには考えられないことによって，本稿で述べようとするタイプの事例研究もまたこの再現性の問題に突き当たる。

読者がその事例論文内に示された状況とまったく同じ状況を体験しようがないために、そこに記された効果的とされる病態理解や介入、治療姿勢を直に自身の臨床経験にあてはめることには慎重にならざるをえないからである。

とはいえ、それでも私たちは日々の臨床活動に論文を役立てている。おそらく多くの臨床家は、たとえ原理的には追試困難であったとしても、その論考にそなわるある種の普遍性をみいだすことで、その知見を自身の実践活動に応用しているのだと思われる。

それとともに、常々から私はその論文の内容だけでなく、"論文を読む"という営み自体がもつ価値にも注意を引かれてきた。

Freud, S. の技法論や症例研究、英国の分析家である Casement, P. や米国の Ogden, T.H. の著書など、私には折にふれて何度も読み返そうとする論文があるが、それは知識の獲得のためでも、そこから新たな知見を創出するためでもない。何度も読んでいるのだから、その内容は一応は理解しているつもりだし、幾多の先達のように、Freud, S. の論からさまざまにオリジナルなアイデアを生みださんとする創造的読解力を私がもちあわせているわけでもない。

それでも再読しつづけるのは、これらの論文を読むことで何か私のこころの生産性のようなものが喚起されるからである。彼らの論文を読んでいると、ごく自然にある臨床状況が思い浮かび、そこでのクライエントの語りや現況をこれまでとはまったく異なる視点から眺めはじめたり、新鮮な理解が唐突に去来するという経験をしばしば私は享受してきた。

そこで浮かぶ理解や臨床状況は、その論文内の素材や考察とはかけ離れていることも多いので、この現象は単に私が気づきえなかった事柄を当該論文が教えてくれたという話でもなさそうである。また、このようなことは数量的研究や客観的データにもとづく事例論文を読んだときよりも、主観的データを軸とする事例論文にあたったときのほうが生じる頻度が高かった。私自身が前者のタイプの論文を読みこなす能力を欠いていることもあるが、それらが"確たる情報を学ぶ"という教科書的なニュアンスを感じさせるのに対して、後者の論文が小説や物語のようなある種の可逆性をそなえていることが何か関係しているのかもしれないと当初の私は考えていた。

いずれにせよ、かねてから私はこうした生産的な事態がなぜ生じるのかを不思議に思ってきたが、いつしか自身が書き手になったときにこのからくりの一端にふれえたような気がした。

本稿ではこの感覚を手がかりに研究論文を書くことの意義をつかみだし、その営みが実践現場にどのように作用していくのかを考えてみることにしたい。

II 論文を書くこと、書こうとすることの意義

事例論文を書くことがはらむ生産性には、事例論文それ自体がもついくつかの生産的な要素が関与していることは間違いないだろう。これからその要素について思いつくままに記してみることにしよう。

1. 生きた現実の抽出

まず最初に思いつくのは、事例論文の記述は自ずから"生きた記述"になるという点である。

藤山（2006）が指摘するように、事例論文の記述はそれがそのまま臨床のリアリティを示すわけではない。もし、臨床の実際をあますことなく書こうとすれば、その記述は膨大な量に及ぶだろうし、仮にそれが実現しえたとしても、臨床のリアルがそこに記されるとは限らない。その記述はあくまで書き手の観察眼や感知力の範囲内で把握された事象であり、書き手がそこにあるリアルを正確にとらえているとは必ずしもいえないからである。

その意味で、事例論文の記述はすべて選択され

た事実である。それは書き手によって重みづけされた体験群であり、記すに足る価値をもった"生きた現実"の総体である。その事例における変化の局面が生き生きと描きだされるのは無論のこと、たとえ"不毛な状況が続いた"と記された事態であっても、それは何かしらの意味ある"不毛"として記述される。事例論文の記述は必然的に"生きた現実"の集積となり、そこに込められた生命感や情念との接触こそが、読み手側の生産性の喚起に結びついてくるのではないかと私は考えている。

裏を返せば、事例論文を書こうとするとき、書き手には無数の臨床事実から、この"生きた現実"をつかみだそうとする構えが要請されてくる。思うに、心理療法内でのクライエントの言動すべてが何かしらの重要な意義をもつ素材であるとは限らない。私の経験では、こと心療内科や精神科領域における心理療法では、往々にしてそれを「こころの栄養」(Bion, 1962)にすることが困難な素材にセッションが満たされ、非生産的な不毛の気配がその場に蔓延する。このややもすると窒息しかねない不毛のなかで、論文を書こうとすること、すなわち"生きた現実"を抽出しようとする試みは、その不毛を生き残り、そこから生産的な素材をつかみだそうとする私たちの姿勢を強化してくれるように私には感じられる。

2. 心的スペースの生成

次に思い浮かぶのは、臨床体験を公共的な言葉におきかえることがもつ生産性である。

臨床体験を論文化することは、"セラピスト"と"クライエント"、"私"と"あなた"によって紡がれていた事象を、公共の読者という第三者に開いていくことを意味する。それはふたりが創りだし、ふたりのみに通じ合っていた世界に、公共性という第三項の侵入を許す行為である。結果、その二者の世界は寸断され、去勢され、語りなおされていく。それはきわめてエディパルな心性を帯びた営みである。精神分析はこうしたエディパルな機能が担う生産性についてたえず注目してきたが、その論のひとつに三角関係の成立にともなう心的スペースの拡張をあげることができる。

事例論文を書くとき、通常私たちは現象を公共的な形にするために、おびただしい数の臨床的事実をひとつのまとまった形の物語へと練りなおしていく。このとき書き手は一つひとつの事象から物語の全体像を浮かび上がらせると同時に、全体的な視点から部分的な事象の意味合いや布置をみなおそうとする作業にも取り組んでいく。多くの書き手はこうした演繹的思考と帰納的思考、部分から全体へ、全体から部分へという視座の移動をくりかえすなかで、臨床体験をまとまったストーリーに編集しなおしているはずである。

このことが可能となるのは、事例論文を書くときの私たちの視座が臨床状況にいた二者間の"外"に位置しているからである。それは心療内科や精神科などの比較的重篤なクライエントが集う領域での心理療法において体験する、あの投影同一化にもとづく強圧的な二者間交流の"外"にいることがもたらすゆとりである。そして、この"外"とは先の公共性と通ずる第三項的な視座でもある。こうした浮動的な視座に立つことで、私たちはその心理療法に巻き起こっていた事態を眺めなおし、論文化を可能たらしめる心的スペースを獲得していく。

私自身が論文を書くようになってしばらくしてから気づいたのは、実際のセッションにおいても、以前よりもはるかにこのゆとりの感覚をもって事に臨むことができるようになったという感覚である。無論、先に述べた強圧から逃れることはできないが、その圧力を生きつつも、クライエントの言動や転移状況から彼らの内的世界の全体を推しはかろうとしたり、逆にこれまでのクライエントの人生や心理療法プロセスから、今、生じている出来事の意味を考えようとすること、すなわち通常のセラピスト機能の維持がかなり楽にできるようになってきた感覚がある。おそらくこのことは、さまざまな訓練の効用だけでなく、論文を

書くことによって培われた第三項的な視座が内在化された結果でもあり，ここにも論文を書くことの生産的な意義がみいだせるように思われる。

3. 歴史と文化による支え

最後に注目したいのは，論文を書くうえで不可欠な文献参照という手続きが担う生産性である。

私たちが論文によって何かを主張しようとするとき，そこには必ず既存の言説との対話が求められる。この分野における科学性の多くが経験的知識に依存しており，その蓄積された経験知の先に私たちの主張が展開されることが，この分野の科学性の根拠となっているからである。

だが，私にはこの文献参照という様式は主張の科学性を裏づけること以上の意義をはらんでいるように思える。

いざ自身の論文内で既存の文献を参照しようとすると，書き手はその言説をただの一読者として受身的に読んでいたときとは異なり，決して他人事にはできないような切実さをもってそれを読みこむ必要性に駆られる。今から用いようとする先達の考えが本当に自身の論旨と関連しているのか，そのアイデアと自分のアイデアとはいかなる相違があるのかを相当に吟味していくことになる。大工が鋸や鉋を我が身の延長のごとく取り扱うのと同じように，先達の言説を自身に練りこんでいく努力が自生的に発現する。

このとき私がいつも感じるのは，私の考えや臨床実践の背後には，先達が積み上げてきた無数の知の歴史が広がっているという感覚である。その歴史と文化に支えられる形で，今，臨床家としての私が存在しているのだという感慨である。

心理療法はクライエントとセラピストというふたりの人間がパーソナルに出会うひとつの場である。だが，クライエントがさまざまな心的世界や内的対象を抱えてこの場に赴くように，私たちもまた先達の経験知を背後に携えながら彼らと出会っている。心理療法は個と個のパーソナルな交わりであると同時に，ある文化的背景を生きるふたりが出会うという逆説をはらんでいる。そうした背景，文化，歴史に支えられているという感触が私たちのこころの広がりに寄与し，その広がりこそがときに個と個がなせること以上の仕事をやり遂げる可能性に私たちを導いていくのではないだろうか。

このように文献参照という営為には，私たちが歴史と文化によって支えられているという事実を再認識させてくれる効果があるように思われる。

III 論文を書くことが現場にもたらすこと

心療内科という現場では，比較的重篤なクライエントとの出会いが待っている。その重篤さは症状の強度という点だけでなく，その症状にともなわれるはずのナラティヴのつかみがたさにも起因しているように私には思える。Ogden（1986）が心身症や失感情症をこころの"nonexperience"の領域にかかわる病として描きだしたように，この現場に訪れる多くのクライエントの病理は，心的体験の意味性を身体に押しこまれ，その物語性を剥ぎ取られた形で呈示される。そこに示されるのは彼らのこころの空虚感であり，不毛さであり，死の感覚である。

こうした観点からすると，私たちの仕事はそのナラティヴの構築ということになるが，その過程は決してリニアなものではない。彼らとの心理療法は往々にしてこのナラティヴの喪失によって引き起こされる"考えられなさ"や"意味のなさ"に支配されていく。このとき私たちは"ナラティヴの喪失というナラティヴ"をどう扱うかという極度に困難な課題を突きつけられていく。

いずれにせよ，心療内科における支援の基底には，こうしたナラティヴをつかみだすなかで，クライエントに本来的にそなわっているはずの人としての生産性をいかに発揮しうるかというテーマが横たわっている。そのとき，まず私たちがその不毛を生きぬき，心理療法という営みにいかに生

産的な息吹を吹きこめるかが問われることになる。

　スーパーヴィジョンや事例検討会，系統講義，教育・訓練分析などが，ここでいう生産性の維持と発露に貢献するのはたしかだが，私は"論文を書く"という営為もこれらの活動と並置されるべき価値をもつと考えている。書くことは私たちの臨床家としての生に深く関与しているような気がしている。

　Freud, S.が日中の臨床を終えた夜間に論文を認め，その営みを死の直前まで継続していたのは，この営みがもたらすさまざまな生産的側面を彼が十二分に生きていたからではないか，そのようなことに思いを馳せながら，この論考を閉じることにしたい。

▶ 文献

Bion WR（1962）Learning from Experience. London : Heinemann.（福本 修 訳（2008）精神分析の方法I. 法政大学出版局.

藤山直樹（2006）事例研究をめぐって. In：河合俊雄，岩宮恵子 編：新 臨床心理学入門. 日本評論社.

Ogden TH（1986）The Matrix of the Mind, Object Relations and the Psychoanalytic Dialogue. New York : Jason Aronson.

青年期
臨床実践と研究の往還

田中慶江 *Yoshie Tanaka* ● 関西国際大学人間科学部人間心理学科

I　はじめに

　臨床現場に身を置きながら研究論文（以下，事例論文）を書くことの最大の魅力は，クライエントとお会いするなかで得られた知見を言葉にしていくことで，その知見を再び日々の臨床に活かせることである。このプロセスは臨床と研究が表裏一体であることを実感させてくれる。

　実際，自分のもった疑問が面接プロセスのなかで氷解していく喜びは，何ものにも代え難い。ちょうど，絡まった毛糸玉がいつの間にかほどけて一本の糸になるように，きれいな筋が見えてくるのである。もちろん糸はそれほど単純ではないし，結局，また絡まったりもするのであるが，現場から出てきた問いをもちつづけていると，その答えにいつか辿り着けるのが実践なのである。その意味で，実践現場で臨床をしているということは，常に，研究の最前線にいるといってもいいだろう。実践で抱いた問いの答えを見つける，無限の機会を与えられているからである。

　心理臨床が，実践のなかから学び，実践のなかで研究し発展していく学問である所以だろう。

II　問いをもちつづけること

　とはいえ，問いを問いのままもちつづけるのは難しい。

　問いの答えを見つけようと，過去の先例を参考にしたり先例に倣うこともあるが，それが自分の「問い」へのぴったりした「答え」になるとは限らない。また困っていればいるほど，既存の理論や定説に当てはめて考えたくなり，打開のきっかけとなる（ように思える）ぴったりの考え方に出会えたと一時，安堵することもある。

　しかし大抵，面接が始まれば，私のこのケースの「問い」には，私というセラピストが素手で応じていくしかないことを痛感させられ，再び一人で「問い」を抱えていくことになる。そのときセラピストの支えになるのは毎回の面接記録であり，その積み重ねが事例論文であると思う。

　筆者にとっての事例論文は，クライエントと自分が共に歩んできた面接プロセスを振り返り，双方の，意識的・無意識的レベルも含めたこころの流れを今一度，把握することである。それはセラピストが論文に自分の技法や工夫を提示して自分を語るものとしてではなく，執筆の結果が，これからのクライエントとの面接に反映されるためのものとしての事例論文である。

特に青年期の面接では，筆者にとってその作業が不可欠だった。

21歳の折に私が面接を開始した青年は，言葉がうまく出てこないことに悩んでいた。そのため，面接の場で語ることは彼の面接の目的であり，面接関係を維持させる大切な要因となっていた。青年は視線を宙に固定しながら，毎回，滔々と語り続けていた。目の前のセラピストなどいないかのような彼のモノローグを聞いていると，セラピストは自分が壁の一部になってそこに存在していないのではないか，と感じていた。そのときのことである。

　　「という話のところで（…）定かではないが寝てしまったと思われる。自分が青年を見ていなかった一瞬，すなわち寝てしまった一瞬があったことに気づいたのは，ぎょっとしたような彼の視線とセラピストの視線が合ったときであり，セラピストは背筋が凍るような心持ちであった。（…）ところが，その後のまるで何事もなかったかのように話し始めた青年の視線を前にして，セラピストは心底ほっとする。彼はセラピストが寝てしまったことに，気づかなかったのかもしれない。それはまるでビデオが一時停止して，逆にコマ送りがされ，さっきの一瞬の出来事が切り取られ，存在しないかのような青年のまなざしと語りであったからである」（田中，2013）

上記の文は，当時の走り書きのメモを手がかりに面接プロセスを遡り，かなりの時間を経てから，事例論文をまとめる際に再構成したものである。

このときの面接後の記録には，「自分が一瞬，眠ってしまったようだ。そして青年がまるで何事もなかったかのように話し続けていた」と数行書いてあるだけだった。視線が合ったことに関しては何も触れられていない。セラピストが寝てしまったことによって青年が深く感情を揺り動かされたことは，その後の面接のプロセスから明らかだったが，セラピストが自分の感情をあまりにかき立てられて，面接後に記録が書けなくなっていたこと，自分が寝たこと，そして視線が合ったことのつながりを認めたくなかったためと考えられる。

記録をまとめる際に大切にされなくてはいけないのは，そのとき面接の場を支配していた感覚を呼び起こし，再びその空気感に身を置くことである。そうすると，走り書きの文字の羅列であったものがリアリティをおび，自分のなかに湧いていた思いや感情と，クライエントの表情やそのとき生じていたにちがいない気持ちが思い出されてきて，言葉と言葉のつながりがわかってくる。それとともに，なぜ自分がそのようにしてしまったか，どうすればよかったのかが見えてくる。

ところで，筆者のこれまでの経験によれば，セラピストが後で思い出して書いた記録よりも，面接中にクライエントの目の前で書いた言葉の断片のほうが，クライエントとセラピスト間に生起していたことの流れを的確に伝えてくれているように思われる。どうしてなのだろうか。

面接後に想起して書いた記録は，できる限り生のやりとりに近いものを再現しているつもりでも，自分の見立てや物語にそぐわないものは削除してしまう作業を意図的に，あるいは意図せずにしているからである。小此木は「その記録はどの程度客観的事実を記述したものあり，どの程度治療者の主観的な加工（歪曲，削除，その他）を受けたものであるかが大きなテーマになるが，この点については，その治療者の観察自我の機能がほぼよく働くことが期待される」（小此木，2001）と指摘している。

しかし，一回一回の面接記録をそのつど丹念に見直して次の面接に備えても，無意識のうちに行なっていることはどうしても見落としてしまうことが多い。ところが，事例論文としてある期間のプロセスをまとめてみると，セラピストとしての自分の思いがけない言動に気づくことがある。これは新鮮な驚きだった。

自らの臨床実践を事例論文にまとめるというこ

とは，俯瞰した視点からクライエントとセラピスト関係を見つめることである。そのときセラピストは，私であって私ではないものである。そこでセラピストは自分自身が思っているセラピスト像とは異なるセラピストを見る。不快な感じや恥ずかしい気持ちが起こり，削除してしまいたい思いに駆られるが，そこを我慢して自分であって自分ではないように，クライエントとセラピスト関係を探求していくと，予想もしなかった宝物に出会える。

III　青年期の言語表現

思春期は通常"puberty"の訳語にあてられる身体的成長過程を意味する概念で，社会的次元，心理的次元，さらには実存的次元を考察する場合には，青年期ないし青春期という用語が"adolescent"の訳語としてあてられている（三好，1984/2013）。

笠原（1977）は，Sullivan, H.Sの分類を援用して，青年期をプレ青年期（10〜14歳），青年前期（14〜17歳），青年後期（17〜22歳），プレ成人期（22〜30歳）に分けている。このような段階は，社会的枠組みや心身の発達の程度がそれぞれ異なっていることを手がかりにした分類と考えられる。また三好（1984/2013）は，青年期各年代の初回面接における言語表現の特徴を以下のように述べている。

> 「小学校後半から中学校にかけての子どもたちと出会うと，彼らの言語表現の乏しさに悩まされる。しかし，沈黙や少ない言葉，言葉以外の表現によって自分の内面を語ってくれる。高校生の時期は，言語表現が増えてくるが，抽象的，示唆的に傾く。笠原のプレ成人期にあたる大学生においては，特定の病態を除いて言語表現はかなり明晰になる」

初回面接における言語表現の描写とはいえ，それぞれの年代ごとの青年期の心理療法の特徴とその難しさが伝わってくる。各年代に共通して配慮しなければならないのは，クライエントの内面世界に早急に入ろうとせずに，彼らの語る言葉と沈黙にひたすら耳を傾けることだろう。

さらに三好は青年期の心理療法のプロセスを，『不思議の国のアリス』の物語から考察している。三好がこの文学的ファンタジーを借りて青年期の心性を述べたのは，「思春期患者が心理療法の経過中に，治療者とふれ合いつつ示してくれる世界は，それほど底深く，矛盾にみち，過去，未来を含み，空間，時間，言語の倒錯した，しかも豊かな世界であるので，在来の医学用語でこれを記載できなかった」ことがその理由だという（三好，1984/2013）。

三好が青年期の内的世界をメタファーでしか表現できなかったことと，青年期の事例を論文にしていくことの難しさは同一線上にあるように思われる。それは，面接後に書いた記録が主観的な加工を受けたものであったとしても，たとえテープに記録した逐語録を繰り返し聴き直したとしても，どちらにしろ言葉という意味の世界から逃れられないからである。青年期の世界は，彼らの語る言葉を入り口にしても，その言葉から直接捉えることはできない。そのため，事例論文においては，彼らの内面を語る言葉以外の表現を含めて，他者に了解可能な言葉にしていかなければならない。

セラピストが青年期の面接プロセスを語るには，言葉による体験の単純化，形骸化が生じやすいことを念頭において，言葉にしない世界の豊かさを事例論文にいかに生き返らせるかが論文作成の要になるだろう。筆者自身，クライエントから差し出されたものを差し出されたまま受けとめることを目指しているが，捉えたと思った瞬間に違ったものになってしまうのが青年期の心理療法のパラドックスである。「真実を述べるのはむずかしい。なぜなら，真実は一つきりだが，それは血が通っていて，だからたえず表情を変える」（Kafka, 1983/2013）。ならば，その動きについて

いくために，今後も臨床実践と研究の間を往還する努力をし続けなければならないと思う。

IV おわりに

確かに臨床家は忙しい。できるならば実践だけをしていたい，と考えるのは筆者だけではないはずである。しかし，心理臨床は実学であるが事例論文を書くことによって実践活動の質を高めることが必要であるし，事例論文を書くことでしか見えてこないものがあるのは先述した通りである。

主観的でしかない自分の体験から自分の思い込みを排除して他者にわかるように言葉にしていった事例論文をそのまま受けとめられたときの嬉しさは，筆者にとっても，これからの臨床実践と研究の支えである。

▶文献

Kafka F (1983) Briefe an Melena : Erweiterte und neu geordnete Ausgabe, Herausgegeben von Jurgen Born und Michael Muller. S. Fischer Verlag.（池内紀訳（2013）ミレナへの手紙．白水社，p.79）

笠原嘉（1977）青年期．中公新書．

三好暁光（1983）思春期患者の心理療法．精神科MOOK6（再録：三好暁光（2013）沈黙と響きI．創元社，pp.15-28）

小此木啓吾（2001）スーパーヴィジョン――精神分析の立場から．In：鑪幹八郎，滝口俊子 編：スーパーヴィジョンを考える．誠信書房，pp.13-14.

田中慶江（2013）心理臨床におけるまなざし体験の生成．日本評論社，pp.31-48.

いじめ・学校問題

田中健夫 *Takeo Tanaka* ◉ 東京女子大学

I　はじめに

　学校問題は社会動向に鋭敏に反応し，その影響を受けて，現象は絶えず変化している。ネットによるいじめ，スクールカースト，葛藤のない不登校など，子どもたちの間にいま起きていることに迫りたい。どれも身近な問題であり，大人社会の縮図としても気になるテーマが湧いてくるのが学校臨床の領域である。教育現場からは，臨床とともに研究においても，さらなる協働と研究成果のフィードバックが求められている。学校臨床心理士（SC）にとって，例えば"いじめ"は皮膚感覚としてつねに隣り合わせにある切実なテーマであり，研究を日々の臨床に役立てたいと考えるところだろう。学校・学級の風土がそれぞれ固有であるように，一つのいじめ事例には複雑な相互作用のもとで推移する個別性があり，要因をどれだけ考慮に入れても実際の現象がはらんでいる複雑さには追いつかない。研究の視点に不足や盲点はないか，主観に引っ張られすぎてはいないか。研究の切り口も手法も，まだまだ開拓できそうである。

　その一方で，ことに"いじめ"については内外で多くの研究がなされており，もはや研究し尽くされて自分などが関与する余地はないと思ったりもする。付け足せるところはあまりない，大きな研究プロジェクトを遂行できる研究組織や機関に任せておけばよいのではないかとさえ思う。多くの研究や成書に圧倒される"やり尽くされた感"が，いじめ研究へと踏み出しにくい要因のひとつかもしれない。また，"いじめ"という言葉は，植山（2013）が示唆するように，人々に独特な影響を与え，向かい合いにくさや不安感を引き起こしたり，関わる者の立ち位置を問うものがあると考えられる。さらに，臨床実践を通して生まれたヴィヴィッドな問題意識を出発点に，相互作用やプロセスを記述・分析したいと願っても，すぐに守秘というハードルにぶちあたる。そのハードルを一つずつ解決すべく努力するには，あまりにエネルギーが要る。

　こうしたはざまで，つまり研究の可能性をめぐる思考の余地（スペース）の狭いところで，生き生きとした関心を維持し研究を遂行するのは簡単なことではない。卒業論文での"自分の心理学"のための研究を超えて，社会の要請や価値と対話をしながら，いじめ・学校問題についての臨床心理学的研究を発信することは，以上のような困難にもかかわらず求められている。地道な研究を蓄積してきたとはとても言えず，思いついたように研究をまとめてきた私が自分の経験を書くのは二の足を踏むが，それでも伝わる何かがあると期待して書き進めてみたい。

II 個別の事例をふまえた問題意識の醸成

これまでの私の学校領域についての研究は，大学生に自分の中学時代を振り返ってもらった回顧的調査と事例研究である。Tanaka（2001）では2事例を検討したが，日本的な"いじめ"をあらわすのに"bullying"というタームでよいのかでまず戸惑った。いじめについては，まさに膨大な研究が蓄積されており，PsychINFOでは"bullying"で5,916件，"bullying victim"と絞っても1,974件が検索される[注1]。術語をどうするか。引用されなくなる可能性と内実（本質にあるもの）を伝えたいという思いを秤にかけて，結局は"shunning"というマイナーな術語を選択した。自分の整理には役立ち，身近な研究者とは対話ができたが，発信力は乏しかった。雑誌としては"Aggressive Behavior"が"bullying"に関する多くの研究を載せており，とても参考になった。膨大な論文を一人で読むことは難しく，私を含めて2名だったが文献を読む会を続けて，いじめ研究の現在の到達点を把握していったのも役立った。これはもうずいぶん前のことだが，つきあってくれた臨床心理士に感謝している。

その後は，主に現場の教員との事例研究会という継続的な場に参加するなかで問題意識が生まれ，醸成され，現場の実感と照らし合わせながら研究論文にまとめてきた。事例研究会では，養護教諭が一人の児童生徒とのカウンセリング的な関わりの詳細を報告し，その事例をめぐってディスカッションとなる。その蓄積が論文を書きたいと思う原動力だった。論文を書いて誰に自分の考えを伝えたいかというと，まずは研究会の仲間である養護教諭に対してだったと思う。ケースの経過を辿るなかで浮かび上がってきた問題意識には，現場が感じとった危機感が含まれていた。子どもの仲間関係の変化，情緒的な関わりの乏しい家庭環境や貧困の影響，教員によるあらゆる働きかけによっても動かない塊のような葛藤のみえない不登校，関与は悪化につながると感じられる児童生徒への関わり，そうした困難を一人で抱える教員と余裕のない校内の状況などなど。これら事例を考えていくなかで共有された現状に対する"何とかしなければ"という危機意識が，そしてそれが現場の実感とつがっているという確かさが，論文を書く出発点になっていた。

SCであれば，校内研修会などで自分の問題意識と視点を自分ならではの言葉で伝えたいと考えることが多いと思われる。そこには，日々の実践を通して培われ鍛えられた独自の視点があるだろうし，論文化するときには学校の身近な教員を読者として想定するというのがまずは自然であろう。私の場合は論文の草稿を教員に読んでいただき，コメントをもらい，また考え直すというやりとりのなかで，自分の問題のとらえ方が更新されていった。フィードバックをもらいながら対話を進め，現場の教員との協働が深まることが，論文執筆の副産物であり，大きな楽しみである。

自分のなかに起きてきたことの観察を溜めていき，あるときにそれが一つの言葉となるのは，Bionの注目した"selected fact"という現象に近いであろう。それは，自分の見方や理論を学校現場で起きている問題に当てはめるというあり方とは正反対である。わからないが気になるという感覚を保持して事例研究会を重ねるなかで，ばらばらだったいくつかの要素が結びついて，あるまとまりをもった意味が形成されてくる。断片的だったものがある概念になっていくとき，論文にして伝えたいという思いは強まる。

III "跳ね返り"を受けること

心理臨床の研究論文を書くということは，発信したものが自分自身に跳ね返ってくることを感じ，それを受けながらテーマに取り組むことでもあ

注1) 2014年6月28日，検索。

る。"みずからへの跳ね返り"とは，滝川（2004）が，私たちは一般に，責任のない安全な場所からひとを批判したり追及しすぎてはいないだろうかとの問いかけから，"いじめ"をとやかく言えない大人の姿勢について問題提起をしているくだりで用いている言葉である。ここでは滝川が指摘する"みずからへの跳ね返り"への鈍感さとは文脈が異なるものの，研究論文を書くことに結びつけてこの言葉を用いて述べてみたい。

　私にとっては，書くプロセスにおいて出てきたものへの跳ね返りを，新たに喚起された実感と照らし合わせる作業が，論文を書くことの奥底にある魅力である。いじめ・学校問題には，自身の過去の（あるいは現在進行形の職場組織や地域での）経験と同型のテーマがみいだされる。それは，個と集団の関係，見ようとすれば見えることを"見ないふりをして生きている"こと，世界への安全感や基本的信頼感・時間的展望の喪失にもちこたえることはできるのか，などの広がりをもつテーマへとひらかれる。直接的に問い返されることはなくとも，以上に述べたようなテーマを背後に感じている。研究を通してさらなる疑問が生まれ，それはまた自分のなかにしばらく沈潜して意味のある問いになっていく。自分がこのテーマに取り組む必然性が，あらためて見直されるのだ。

　こうしたプロセスのなかにいるときが楽しみであり，生き生きとしたものが湧いてくる。とはいえ遅々として筆は進まずにやはり苦しい。それでも，原稿を出してしまうと，いったん自分のなかではそのテーマに無関心な感覚になってしまうのも不思議だ。「いったん」と書いたように当面の納まりどころを得たからだろうか。次の問いに向かい合うには少し時間が要る。

　ところで，こうした性質をもつ学校問題を，研究論文にどうやってまとめるかというのにも，書き手による個性が反映されるだろう。心理臨床の論文を書くことは，面接後に記録を手書きするときに私の内部でなされていく作業やプロセスとどこか似ているかもしれない。現場に起きていること を虚心で観察し，記述しようとするなかで生まれる連想，形成されつつある定式化（formulation）との突き合わせである。論文を執筆するとき，私は手書きとワープロ打ちの両方を併用しており，発想や考えが別々のところから出てきて融合されていくようになるときは書いていておもしろい。

IV　進行中の研究と今後の課題

　私が現在取り組んでいるテーマは，いじめや暴力の被害－加害の入れ替わりや混同の機序である。もともとは被害者のトラウマの長期的影響についての研究を手がけていたが，いじめ体験が加害者に及ぼす影響に関心を移して研究を続けている。加害的な部分と被害的な部分が一人の児童生徒のなかに同居している場合があり，それがひとつの契機に顕在化すると，同じ児童生徒でもあるときは被害者として扱われ，あるときは加害者として指導を受ける。そういった体験は自己概念の形成にどのような影響を及ぼすのか，という関心である。

　研究をするうえで苦労するのは，"いじめ"の定義や研究対象の揺らぎである。先行研究におけるいじめの定義はどうなっているのか（関係性攻撃から暴力・犯罪までのどこを扱っているか），またいわゆる"いじめ認識"の問題をいかにクリアしたかも読み解かなければならない。これらの問題には，すぐれたレビュー論文が頼りになった。

　先行研究の実証的データについても，結果が示すもののギャップに戸惑った。例えば，国立教育政策研究所（2013）による2007～2012年度にかけての追跡調査がある。これは大都市近郊の市内すべての小中学校19校（小学校13，中学校6）のコホート研究で，年2回（6月末と11月末），小4から中3にかけて6年間継続して実施された質問紙調査である。「いじわるをされたり，イヤな思いをさせられたりする」体験の6種類について，「1週間に何度も」から「ぜんぜんされな

かった」までの5件法で尋ねたものだ。この12回の調査すべてに加害経験なしと回答した生徒が12.7%，12回ともに被害経験なしが12.9%とされ，「被害者も加害者も大きく入れ替わりながらいじめが進行する」という分析コメントに加え，いじめにピークや流行はなく「常に起こっているもの」「どの子にも起こりうる」と述べられている。森田・清水（1994）が，"いじめ集団の四層構造"の最内層に被害者とともに被害・加害群をみいだしたが，被害体験と加害体験を併せもつ群のパーセンテージや特徴についての研究は私がみたところ思いのほか少なかった。田中（2013）による先行研究の整理では，加害－被害体験をともにもつ群は5%程度，小学校のみのデータでやや高くなって10%という研究があったが，どれも国立教育政策研究所の報告とは大きく隔たっている。誰もがいじめる側にもいじめられる側にもなる「立場の入れ替わり」（森田・清水，1994）や「いじめの理由は当事者間で後付けされる」「ターゲットの持ち回り」（伊藤，2011）といういじめの現代的傾向をふまえると，国立教育政策研究所のコホート研究の結果がおそらく現場の実感に近いのではないかと思われる。そのときどきの体験の累積と，回顧的に「いじめた／いじめられたことは？」と聞くのとでは，大きく結果が異なっていた。さらには加害－被害を併せもつ群についての命名も，「被害・加害者」「移行群」「両経験群」などと統一されていない。中学生について，加害のみの群に比べて移行群は抑うつ気分と希死念慮が高く，自尊感情と投稿意欲が低い（笹澤，2000）という指摘もあるが，今後のさらなる研究の蓄積が求められよう。

　苦労ということでもう1つ挙げるならば，事実を伝え発信することと，プライバシーの守秘という問題である。現に生起している"いじめ"に研究として関与することは難しい。ある種のプログラムを学校コミュニティで動かすという実践研究以外は，心理臨床の営みのなかでの関わりを事後的に追いかけるかたちで考える研究となる。ある視点からの複数事例研究を臨床心理職間で蓄積して発信することはできないだろうか。こうした方法論の問題は，いじめ・学校問題の研究につねについて回る実際的な困難であり課題である。

　実践研究については，教育心理学会第54回総会において興味深い研究委員会企画シンポジウムがなされた。その詳細を述べる紙幅は残っていないが，論文執筆にあたっては実践上の制約を説得的に記述し，実践内容の経過をわかるように提示することの重要性が提起されていた。現場との協働的実践者として書く論文には，臨床心理職ならではのものがあるだろう。どのような価値（根本的な思想）をもち，いかなる理論的な背景のもとでの実践かを意識的に述べておくことの意義も，シンポジウムでは強調されていた。現場での実感を問いとしてかたちづくっていく過程についても，さらに探索していけたらよいと考えている。

▶文献

伊藤美奈子（2011）関係性の病理といじめ．In：高塚雄介編：現代のエスプリ525（いじめの構造――いじめに見る現代社会と心のひずみ）；42-51.

橋本創一 企画，服部 環，吉田寿夫，髙垣マユミ，小泉令三 話題提供（2012）研究委員会企画シンポジウム1――教育心理学研究に求められる質の高い研究論文とは―実践研究・介入研究のあり方をめぐって．日本教育心理学会第54回総会発表論文集；S2-3.

国立教育政策研究所，生徒指導心理指導研究センター 編（2013）いじめ追跡調査2010-2012 いじめQ＆A.

森田洋司，清永賢二（1994）新装版 いじめ――教室の病い．金子書房．

笹澤吉明（2000）中学生のいじめ――いじめ加害群・移行群・傍観群・無関係群のメンタルヘルスの特徴．第6回「健康文化」研究助成論文集 平成10年度，pp.50-57.

滝川一廣（2004）いじめの背景と日本的特性．In：滝川一廣：新しい思春期像と精神療法．金剛出版，pp.103-111.

Tanaka T（2001）The Identity Formation of the Victim of 'Shunning'. School Psychology International 22-4；463-476.

田中健夫（2013）いじめ加害体験の影響についての探索的研究――養護教諭への半構造化面接から．山梨英和大学紀要 11；8-17.

植山起佐子（2013）子どもの困りごとをめぐって――アセスメントと対応②いじめ問題．In：村瀬嘉代子 監修，東京学校臨床心理研究会 編：学校が求めるスクールカウンセラー．遠見書房，pp.78-90.

児童福祉施設・特別支援教育

山根隆宏 *Takahiro Yamane* ● 奈良女子大学研究院生活環境科学系

I はじめに

　臨床心理学において，臨床実践と研究は専門性を担保する両輪といえるだろう。しかしながら，実際に現場で働く者にとって，日々の臨床業務の傍ら研究を進めていくということは，そう簡単なものではない。臨床の現場からは，多忙な臨床業務の合間に研究に時間を割くことはとてもできない，データをとることが難しい，そういった声も聞こえてくるかもしれない。確かに研究を進めていこうと思うと，研究計画の立案，データの収集，データの分析，学会発表や論文執筆など，その成果を一つにまとめる一連の過程に伴う労力は小さくない。ただ，そういった多大な労力を費やした見返りとして，研究によって臨床実践や現場に還元できるものもまた大きいだろう。本稿は特に筆者が進めてきた特別支援教育または児童福祉施設の領域における研究を例とし，現場で研究を進めていくうえでの困難さと同時にその魅力や意義が伝わればと思う。特に若手の臨床家の方々に，研究を始める契機となることを願っている。

II 児童福祉施設領域における研究

1．児童養護施設における実践研究

　筆者は共同研究者とともに，児童養護施設において性問題行動を抱える児童への集団心理療法の実践を研究論文にまとめている（山根・中植, 2012）。この研究は，養護施設内で蔓延した性問題行動の防止と，その問題行動を抱えた児童6名の再発防止を目的に集団心理療法を行った過程（全37回）を検討したものである。プログラムの内容は，性暴力行動変化のためのワークブックである Pathways（Kahn, 2001）や Roadmaps to Recovery（Kahn, 1999）を参考に作成され，性に関する心理教育に留まらず，対等な人間関係を築くためのスキルの向上や性的感情表現の促進，被害感の克服，適応的な行動を維持するサイクルの形成などから構成されている。また，性問題が再び生じないように施設全体の環境調整を行い，心理療法の取り組みが施設の生活に反映されるように施設職員との積極的な連携を行った。思春期の子どもたちにとって，性の問題は重く，センシティブで，話題にしにくいテーマであったが，対象児童たちはグループのなかで自分の問題を直視し認めるという苦しい作業に取り組んだ。実施の結果，すべての対象児童のJ-SOAP-II（性暴力のリスク

評価尺度）の得点が実施前に比べて実施後では低下しており，性問題行動のリスクが低下していることが示された。また，施設内では，対象児童たちの言語化の促進や職員との関係性の改善，ボディタッチの問題の改善，適切な性情報の利用がみられるようになり，施設職員からは性の問題以外でも問題行動が減り望ましい行動が増えたことが報告された。

2．研究の成果としてまとめるまで

　この実践は，当初から研究が目的で企画されたものではない。児童養護施設の現場で生じた施設全体の性的問題に関して，施設内の心理士や職員が児童たちのためにも何とかして解決したいという切実な思いから企画された実践である。児童養護施設における性的問題あるいは性被害・加害の問題は増加傾向にあるが，性的問題は明るみになりにくいことや，アタッチメントの問題を抱えている児童が多いことなどから，対応に苦慮することが多い。各々の児童養護施設では予防的取り組みも含めてさまざまな実践が試行錯誤のなかで行われているのが現状であると思われる。この実践もそれらの取り組みのひとつといえる。

　対象児童たちの肯定的な変化が児童養護施設内の職員から多く報告され，筆者たちも児童らの変化に実践の手応えを感じ，何より児童たちの成長を喜び励みとなる実践であった。ただ，少なからず実践のなかでの課題もあったことから，課題も含めて学会発表や論文執筆という形で，自分たちの実践を振り返ってみたいという思いが生じた。そのような動機の背景として，1つには今回の実践以前に行っていた性に関する心理教育が十分ではなく問題の再発を防げなかったことから，前回の実践と違い何が良好な結果につながったのか，その要因を探る必要が考えられた。もう1つには，全国的にも児童養護施設内での性的問題に対する実践は数が乏しいため，自分たちの実践の経験が将来の実践に寄与できる側面があるのではないかと考えた。

3．実践を研究としてまとめることの意義

　実践を一つの学会発表や論文にまとめるという作業は相応の労力を伴う作業ではある。それと同時に，自分の実践を今一度考え直していく作業でもある。実践のなかでは漠然としていた感じや考えを言葉にしていく必要に迫られ，さらに明確化されていく。そこから新たな気づきやイメージが立ち上がることにもつながるだろう。今回の研究においても，研究としてまとめるという作業のなかで，実践のなかでのさまざまな関わりや工夫の何が結果に寄与していたのかが明確になり，対象児童たちの変化を追うことで新たな変化や成長に気づくことにもつながった。また，実践における課題や前回の実践との違いを検討することで，単一の実践に留まらず，同様の実践においてもある程度普遍的に寄与するといえる知見を明らかにすることができた。このような研究を通して得られる知見は，明日からの自らの実践の糧にもなる。また，同様の実践を行う者にとっても参照枠を提供することにつながりうる。

　学会発表や論文にまとめる場合，第三者である聴衆や査読者とのやりとりから，実践について新たな示唆が得られるという意義もある。例えば，今回の研究では，査読者からの指摘を受けたことで，スタッフがプログラム論のみに還元できない個別の視点をもって対象児童の個々の問題に対処しようとしていた点が，治療的に重要な要因であったことに気づくことにつながった。

III　特別支援教育領域における研究

1．発達障害児の親の会への参加による研究の着想

　ここからはもう1つの特別支援教育領域に関する研究について紹介したい。筆者は発達障害のある子どもをもつ養育者の心理と家族支援について研究を進めてきた（例えば，山根，2012，印刷中）。一連の研究の発端は，発達障害，特に自閉症スペクトラム障害のある子どもをもつ親の会に

参加したことである。親の会の活動に参加したり、さまざまな発達障害児の養育者と接するなかで、非常に困難な養育を経験していることや、周囲の理解が得られないこと、行政・教育的なサービスが不十分であることを感じるようになった。またそういったなかでも、力強く道を切り開いていく養育者の力強さも同時に感じることになった。そこには、支援や援助を受ける受身の存在ではなく、前向きに主体的に現状を解決しようと努力する養育者の姿があった。それと同時に、子どもの障害に長年向き合ってこられた養育者であっても、子どもの障害に対して受け入れがたい気持ちを抱いていることも多いと感じた。この分野の研究は、これまで障害受容研究という枠組みで論じられてきたが、障害受容研究で述べられる障害児の養育者像とは違う養育者の存在がそこにはあった。それは障害のある子どもをもつことに直面し、その事態を受動的に受け入れ、やがてその事態を受容していくような養育者像であった。しかしながら、実際に目の当たりにする養育者は、支援者や同じ立場の養育者との関わりのなかで自ら道を切り開いていくような養育者でもあり、同時に子どもが年齢を重ねてもその障害に受け入れがたい気持ちをもつ養育者でもあった。この理論と現場のギャップや違和感から、発達障害児の養育者の実情に迫ろうと試みるようになった。現在でも親の会に定期的に参加しているが、そこで会う養育者や当事者との関わりのなかで、研究上の問題意識が生まれることはやはり今でも多くある。現場で直接人と出会うなかで理論と現場のギャップを感じることができ、問題意識が醸成されるということもあるだろう。たとえそういった問題意識がすぐには生じなくても、研究という文脈でこれまでどのように語られているのか、それを眺めることで新たな視点に気づくこともあると思われる。

2. 研究という文脈での養育者の語り

そのような現場で感じられた問題意識からいくつかの研究を行い、成果としてまとめてきた。ところが、いくつかの質問紙調査や面接調査で得られた養育者の語りをまとめ、分析したものを学会発表などで報告すると、現場で支援に携わる支援者との認識にズレを感じることが多い。例えば、「そのような養育者の葛藤は話題にならない」「障害受容できない養育者をどうしたらいいか教えてほしい」という声である。研究という場でみえる養育者と支援の場でみえる養育者とのギャップである。これにはおそらく文脈の違いが関係している。日々の臨床で出会う養育者の関心は、子どもの現在の問題や育児の仕方などが中心であり、それに支援者も応えようとする。そこではあくまで養育者は「障害のある子どもをもつ養育者」である。しかし研究調査という場では、「自分のことを語ることを期待されている場」、さらに言うとそのような親としてだけでなく、「一人の人間」としても語ることを期待されるものである。そのため、研究調査という場では、日々の臨床では語られない養育者の率直な思いや葛藤が語られるのだろう。当事者の家族からも、「障害のある子どもをもつ養育者」という立場ではなく、一人の人間として自分を語る場の必要性が挙げられてもいる（福井、2013）。このような養育者の声を聞くことは、支援者としても自らの臨床実践を見つめ直すことにもつながると思われる。

3. 研究を行ううえでの注意点

研究を行ううえで特に注意をしているのは、1つは調査の内容である。養育者によってはつらい過去や現在の問題を聞くことになるかもしれない。そのため調査依頼時に親の会に調査の趣旨や調査内容を確認してもらったうえで、改めて家族に調査依頼を行っている。また、事前に親の会の実際の活動になるべく参加させてもらい、こちらの顔が見える形で調査依頼を行うようにもしている。

2つ目に、調査の内容が親の会に少しでも益となることを重視している。十分な数のデータを得ようとすると、非常に多くの家族に協力を仰ぐ必

要がある。その際に気をつけなければならないのが、こちらの調査が当事者や家族にとって搾取とならないように努めることである。発達障害や特別支援教育に関する関心の高まりから、親の会への調査依頼は非常に多くなり、親の会によっては調査依頼を断っているケースもあるという。質問紙への記入や面接調査を受けることは、多忙で大変な育児のなかで時間を割くことになり、負担はとても大きいことである。調査に協力してもらうからこそ、親の会や会員である養育者、そして引いては当事者の子どもにも、何か益となるものを返せるように配慮することを心がけている。

3つ目は調査結果のフィードバックである。調査協力者への還元という意味でも大事であるが、当事者家族の率直な感想や意見を得られるという意味でも大事な作業だと思われる。当事者であるからこそとても真剣で率直な意見や、時には厳しい意見にも触れることができる。その意見は支援に携わる専門家や社会に及ぶこともある。このような普段の臨床では触れることの少ない当事者の本音を聞くことも、新たな研究や実践の示唆を個人的に得られると感じることも多い。

4. 代弁者と研究者の狭間

調査や研究の内容によっては、障害のある子どもやその家族の権利や負担感を社会に伝える代弁者として、当事者の目に実施者は映るかもしれない。例えば、障害児の親のストレスや抑うつの問題の大きさや、そのために必要な支援リソースを研究によって明らかにしようとすると、それは障害児の養育者が経験する困難の大きさと十分な支援が必要であることを社会に問うものとなり、当事者やその家族に歓迎される研究となるだろう。しかしながら、研究や調査が、当事者や家族にとって受け入れがたいものを結果的に明らかにすることもありうる。あるいは、ある養育者にとっては好ましい納得のできる結果であっても、別の養育者にとっては受け入れがたい拒否したいものに映るかもしれない。このような事態に出会うと、あくまで当事者の良き代弁者として、臨床家として留まっていたい気持ちに駆られる。現場で関わるなかで当事者・家族と特別な関係を築くからこそ、そのような思いに駆られる面もあるだろう。一方で、研究を行う側は、当事者とは別の第三者として物事を見つめ新たな示唆を得ようとする、中立的な研究者としての姿勢も必要になる。これが行き過ぎると、研究協力者を客観的に見つめ分析する冷たい研究者となってしまう。このように代弁者と研究者の狭間でしばしば葛藤を経験しやすい。田中（2002）は、心理臨床研究のために現場に出てデータを取ることと対象者に関わることの狭間で研究者が引き裂かれる可能性について論じている。田中はそのなかで、特殊で重要な関係を築いた相手であるからこそ、研究として対象化できないぐらいの思いをもちつつ、研究で得られた知見を相手の代わりに世に問う代弁者となる重みをもつようなまなざしが、心理臨床の研究には必要であるとする。臨床において研究を行うということは、関わるなかでその当事者の良き代弁者として研究を進めたいという気持ちに駆られながらも、当事者とは利害関係を異にする第三者として物事を中立的に見ようとする姿勢、その両方のバランスが重要なのだろう。

IV おわりに

自らの実践をまとめ直すことや現場で調査を実施することは、日々の自らの実践を振り返ったり、新たな視座を得たりするという意味で、心理臨床家の成長に寄与するものでもあると思われる。日々の実践を振り返る場合は、成功を収めた実践の要因を探り実践知として社会に還元すること。つまり実践の有効性を伝え社会に説明責任を果たすことにもつながる。新たな視座を得る場合では、日々の臨床で培われた問題意識や臨床の知といえるものが、実際に一般化できるものかを確かめることにもつながるだろう。あるいは臨床現場で身につけた考えの偏りを是正する機会にもな

るかもしれない。もしも臨床現場で調査の実施が困難であれば，臨床で得られた示唆について一般人を対象に調査を行うことで確認することも可能である。日々の臨床実践を研究という視点でみつめてみると，新たな研究の着想がみつかるかもしれない。

▶ 文献

福井公子（2013）障害のある子の親である私たち．生活書院．
Kahn TJ（1999）Roadmaps to Recovery : A Guided Workbook for Children in Treatment. 2nd Edition. Safer Society Foundation.（藤岡淳子 監訳（2009）回復への道のり ロードマップ――問題行動のある児童および性問題行動のある知的障害をもつ少年少女のために．誠信書房）
Kahn TJ（2001）Pathways : A Guided Workbook for Youth Beginning Treatment. 3rd Edition. Safer Society Foundation.（藤岡淳子 監訳（2009）回復への道のり パスウェイズ――性問題行動のある思春期少年少女のために．誠信書房）
田中千穂子（2002）心理臨床への手引き――初心者の問いに答える．東京大学出版会．
山根隆宏（2012）高機能広汎性発達障害児・者をもつ母親における子どもの障害の意味づけ――人生への意味づけと障害の捉え方との関連．発達心理学研究23 ; 145-157.
山根隆宏（印刷中）Benefit findingが発達障害児・者の母親の心理的ストレス反応に与える効果．心理学研究45．
山根隆宏，中植満美子（2013）性問題行動のある児童養護施設入所児童への集団心理療法の効果．心理臨床学研究31 ; 651-662.

スポーツ臨床

鈴木 壯 *Masashi Suzuki* ● 岐阜大学

I 競技の世界

　スポーツ臨床において大切なことは，アスリートの心の動きについてだけでなく，身体の動作，身体反応，身体症状など身体についての語りにも注目することである。競技は身体で行われるが，それは単なる肉体の表現に留まるわけではない。マスメディアを通じて登場するアスリートは非常に健康的で，心の悩みや苦しみを抱えていないような印象を受けるかもしれない。ただ身体を動かしていれば良いと揶揄されるときもある。しかし，アスリートは健康的なだけとは限らず，またただ身体を動かしていればいいというわけでもない。アスリートは身体の故障やケガを負い，心理的にも身体的にも非常に過酷な状態であっても，余程のことがない限り競技を休んだり，やめたりすることができるわけではない。アスリートの身体で表現されることは総体としての人間の究極の表現であり，何の苦しみも悩みもなく行われているわけではない。また，身も心も捧げて身体で表現されているからこそ見る者に感動を与えることができる。

　アスリートは，技能レベルを上げて競技に勝利するためには，身体能力の限界まで自分自身を追い込むことが必須であり，そこにや悩みや苦しみがないことは考えられない。身体的に苦しくなったり疲れたりしても競技を簡単にやめられるわけではない。したがって，多くのアスリートは悩み苦しみながら競技を継続することになる。しかし，自分自身を極限まで追い込み，最高の自己を表現することは容易なことではなく，その途上で思うようなプレイや動作ができなかったり，スランプに陥ったり，ときには病的と言えるような状態にまでなるときがある。そのような世界に生きるアスリートを支援するときには，心理的な側面の語りだけに耳を傾けている（注目している）と本質的なことは理解しにくくなる。身体の動き，反応，症状などについての語りに注目する必要がある。スポーツ臨床で事例研究論文を書くときにはその点を念頭に置かねばならない。

II アスリートの身体の動作

　あるアスリートが順調に競技を継続しているときに，身体に何の故障もないのに力を入れるべき身体部位に力を入れようとしても力が入らない，適切な筋力トレーニングを継続していても筋力が向上しないと訴えたことがあった。その背景に親子関係のつながりの弱さがあり，そのことが心と身体のつながりの弱さの背景にあることが後に理解できた。深層にある心理的問題が身体の動作の

不調の背景にあったのである。また，大事な試合のときに普段の動きができなくてミスをする，勝負を賭けて戦っているときに考えられないひどいプレイをする，何のプレッシャーもかかってないのに簡単なプレイが簡単にできない，などの例でも同様の背景があると考えられる。

また，日常生活では大人しく受動的と思われる選手が競技では攻撃的にプレイをしているのを見ると，その選手の心のなかに潜む攻撃性を垣間見ることができる。逆に，日常生活では明るく活発に見える選手が，競技では受動的で弱気なプレイをしているのを見ると，内的な心理的基盤の脆弱さを想像させる。また，攻撃するべきところで攻撃的な動作をしないため，受動的で弱気な印象を受ける選手が，自分自身が弱気なプレイをしていることに気づいていないことがある。逆に，競技中に非常に攻撃的で相手とのぶつかり合いを好むように見える選手が，自分自身を攻撃的であるとは思っていないことがある。さらに，身体の状態，プレイの出来に影響され，心理状態が不安定になったり明るくなったりする。このように，彼らの心の世界を理解するためには，心理的な側面だけではなく，身体の動作，反応，症状など身体的な側面の語りにも耳を傾けねばならない。

このようにスポーツ臨床では，まずアスリート自身が語る競技での身体動作に耳を傾ける（注目する）ことが大切である。中込（2004）は，投球失調を呈した高校野球選手のメンタルトレーニングの事例を報告している。クライエントは，「投げることが怖くなってしまった。投球中，手が止まってしまうような感じになり，コントロールが定まらず，フォアボールばかりだしてしまう」と，投球動作についての不安を訴えた。その選手に対する17回のセッションでは，心の動きだけでなく，投球の動作そのものに注目して聴き取っていることが窺われ，そのことで心的トラウマや対人不安の問題が顕在化されていた。面接を通して，投球動作の体験を振り返り，投球中の自分自身への気づきが向上し，それによって投球動作の改善が見られていた。

岩田・長谷川（1981）は，心因性運動機能失調が適応障害と同じ心理的機制によって生起するとして，予期不安や他者からの評価へのこだわりが投球動作へのこだわりとして行動化し，投球動作を適切にコントロールしにくくなっている野球選手を，自律訓練法によって心理治療した事例を報告している。この研究では投げるという動作に心理的要因が影響していることが示されている。

また中込（1987）は，心因性動作失調を来した野球選手に自律訓練法を適用し動作が改善するに至ったケースを報告している。そして，投球失調時の距離に関わる状況依存性と対人関係の距離の関わりについて示唆している。このように，アスリートの動作についての語りから彼らの心の世界を理解することができ，そのことを通して心理支援が促進されるのである。それはまた，事例を記述し考察するうえで，動作に注目することの重要性を示している。

同様に，米丸・鈴木（2013）は，「指導者から気持ちが弱い」と指摘され，心理的強化を求めて来談した中学生アスリートの心理サポート事例を報告している。そこでもアスリートの競技上での身体動作についての語りに注目し，それを丁寧に聴き取っていた。そのことによってアスリートが自分自身の動作について洞察を深め（気づきの促進），投球動作の改善が促進されていた。動作についての語りを傾聴することは，アスリートが自分自身で競技中の動作（行動）を振り返ることになり，それによって自分自身でその問題点に気づき，動作を修正していくというプロセスを辿っていた。そしてそれは，アスリート自身が競技に主体的に取り組むことを促すことにもなっていた。

以上のようにスポーツ臨床ではアスリート自身の競技中の動作を詳細に聴くことが必須であり，そのことによって彼ら自身が心理的問題を理解し，洞察を深め，成長が促進されることがわかる。

III アスリートの身体症状

アスリートはその競技人生において，程度の違いはあってもケガや病気を体験しないで済ませることは困難である。多くのアスリートの競技人生を見ても，筆者自身のアスリートとしての体験でも，それは当然のことと思われる。しかし，それは疲労やストレス，あるいは外力（相手選手に押される，ボールをぶつけられる，など）などの要因によってのみ生じるわけではなく，そこには心理的意味も包含されていると考えることができる。彼らの病気やケガなどの身体症状に心理的背景や無意識的動機の存在が考えられるということである。あるいは，心と身体が同期していると言うこともできる。

筆者は，以上のことを事例を示しながら論述したことがある（鈴木，2012a）。A選手は，小学校から開始した競技で実業団選手になるまで優れた競技成績を挙げていた。真面目で純粋に競技に取り組み，身体能力も優れていたため，実業団の選手になった当初から日本を代表する選手になっていた。4年目を迎える頃には「フロー状態」や「ピークパフォーマンス」と称されるような最高の状態を体験するなど，世界レベルのトップを目指せるところにまで達していた。しかし，その後は一時的に好成績を残すことはあっても，心身がアンバランスな状態が続き，情緒不安定，動悸，息切れ，吐き気などの症状が発生し，時には立っていることも難しい状態になっていた。長期にわたって勝利追求や競技力向上などの強い心理的圧力がかかり，元々の心理的基盤の弱さも相まって心理的圧力を適切に処理することが難しくなっていた。やがて意識的には懸命に努力をしようとしても，結局は競技継続ができない状態になり，ついには競技継続を断念せざるをえなかった。そして，引退後は競技継続中のような症状は発生しなくなった。

B選手は強迫的に努力するタイプの選手だった。小学校から年代ごとの全国大会で優勝し，実業団の選手になって2, 3年も，コーチの強い指示の下，大きな故障もなく競技を継続し，全日本選手権で優勝するなど優れた競技成績を挙げていた。しかし，競技レベルが上がるにつれて，それに反比例するかのように不安感が強くなっていた。そして，ある試合で負けたとき，過呼吸発作を起こして失神し，目覚めると周囲の人も状況も全くわからなくなり，解離性健忘状態となった。1カ月ほどでその状態から回復したが，その状態でも競技を休むことはなく，国内では高い競技レベルを保ち続けた。表面上は適応的に競技を継続していたが，心のなかは大きく揺れ動いており，心理的には危機的状態にあった。そのときは「追いかけられているが前に進まない」という夢を見たり，恐怖体験をしたりしていた。そのような折に，ある試合でアキレス腱断裂，ついには身体を動かすことができない状態になった。それは，ただ強迫的に，脇目もふらず競技に取り組んで来ていたB選手にとって，自分自身を振り返らざるをえない機会となった。そこでゆっくり休みながら自分自身の競技生活を振り返り，心の整理をしながら，リハビリに取り組んだのである。その後は，日本代表選手として安定した実力を発揮していった。つまり，自立した選手になるためには，一度自分自身を振り返ることが必要であったのだ。自立した選手になるための戦いは解離状態になっても終わらず，実際に身体が動けない状態になるまでの極限状態を必要としたのである。

AB両選手は相当の悩み苦しみがあっても簡単に競技をやめられるわけではなく，本当に生きるか死ぬかのギリギリのところに世界に生きており，心理的には神経症圏，精神病圏に近い心の世界を体験していた。スポーツ臨床においてアスリートの体験世界に近づくためには，アスリートの置かれた状況，性格特徴，プレイスタイル，身体症状など，複合的な観点からアプローチしなければならない。

IV 身体の語りに注目

　上述のように，アスリートの心の世界を理解するには，心理面についての語りだけでなく，身体面，つまり動作や身体反応や症状についての語りも聴く必要があり，それはスポーツ臨床の論文を書くうえで大切にしたいことである。身体の語りを聴くことによって，そのなかに包含される心理的意味も理解することができるのである。身体で表されることは単なる肉体の表現なのではない。それは総体としての人間の表現であり，夢や描画や箱庭などと同様にイメージレベルの表現であると考えられる。

　身体の語りに注目すると，アスリートの身体動作，身体表現，身体反応の心理学的な意味について，カナーの症状論に照合しながら了解できる（鈴木，2012b）。カナー（1974）は症状の意味として5つ，「入場券」，「信号（シグナル）」，「安全弁」，「問題解決の手段」，「厄介物」を挙げている。まず，アスリートの競技上の動きの不調や乱れ，スランプ，ケガや痛みなどは，心のなかで生じている内的ドラマへ入るための「入場券のようなもの」であり，ここに問題があると知らせる「信号（シグナル）」である。また，病気やケガはそれ以上身体が壊れないように身体の状態を心理的に調整し，守るための「安全弁」であろうし，動作の不出来，症状や痛みがあることで問題を乗り越えて解決しようとしている「解釈の手段」ということになろう。当然のことながら，動きの不調，身体症状や反応は，悩みや苦しみの元であり，「厄介物」である。動きの不調，ケガや病気はそのときのアスリートの「限界」や「壁」を示しており，それによって競技から離脱する場合と，それが乗り越えるべき課題となる場合もあるだろう。また，慢性的に痛みを抱える者にとっては，その痛みが乗り越えるべき課題であったり，「限界」を示したりするだろう。このようにアスリートの身体の語りを聴くことは，スポーツ臨床研究において必須のことである。それはまた，スポーツ臨床実践において，必須のポイントとなることを強調しておきたい。

▶ 文献

岩田 泉，長谷川浩一（1981）心因性投球動作失調へのスポーツ臨床心理学的アプローチ．スポーツ心理学研究8-1；28-34.
L・カナー［黒丸正四郎，牧田清志 訳］（1974）カナー児童精神医学 第2版．医学書院．
中込四郎（1987）投球失調を呈したある投手への心理療法的接近──投球距離と対人関係の距離．スポーツ心理学研究14-1；58-62.
中込四郎（2004）アスリートの心理臨床．道和書院．
鈴木 壯（2012a）アスリートのこころと身体症状──身体が語ること．精神療法38-5；607-612.
鈴木 壯（2012b）アスリートのこころの揺れ──身体が語るこころ．In：山中康裕 監修：揺れるたましいの深層──こころとからだの臨床学．創元社，pp.222-235.
米丸健太，鈴木 壯（2013）身体について語る意味──心理的強化を求めて来談したアスリートへの心理サポート．スポーツ心理学研究40-1；31-42.

被害者支援の現場実践から書くうえで大切にしたいこと

村本邦子 *Kuniko Muramoto* ◉ 立命館大学大学院応用人間科学研究科

I はじめに

 今回の依頼を受け，被害者支援に関わる研究論文を自分はどのくらい書いてきただろうかと考えてみた。研究論文の定義によるかもしれない。1990年に女性ライフサイクル研究所を立ち上げ，女性や子どもの被害に関わるようになって20数年経ったが，主軸を現場に置く限り，大学の研究者のような形で研究論文を書かなければならないという必然性はなかった。2001年より「対人援助学」の看板を掲げてスタートした立命館大学大学院応用人間科学研究科で教えるようになり，論文指導をするとともに，大学での研究にも関わるようになって，そこで求められる研究論文というものについてあらためて考えるようになった。研究者養成より実践者養成に重きを置く大学院であるため，基本的に自分のこれまでのあり方の延長線上にあるが，純粋な研究者たちとのつきあいから研究のための研究に意味があるのかと疑問を感じることもあり，研究論文とは何なのかということをますます考えるようになった。

 私自身が論文を書く契機はいくつかあったが，一番多かったのは，今回のように執筆依頼を受けるというパターンである。テーマを与えられ，それを機会に自分なりの考えをまとめてみるのも良いかもしれないと思えば，依頼を受けるわけだが，実際には，これまで，ほとんどの場合において，断ることなく依頼を受けてきた。それだけ好奇心旺盛だったとも言える。しかし，依頼論文の場合，どうしても受動的になるし，時代のニーズに左右されることにもなる。限られた人生，ここから先は，もう少し内発的，能動的に書くことを優先しようと考えていた矢先ではあったが，今回のテーマは誘惑的なので引き受けることにした。実践現場から書くという意味において，研究論文を広く定義することになるが（そもそも本特集はそれを狙っているものと理解している），本論では，被害者支援の現場から書くことの意味についてあらためて振り返ってみたい。

II 省察的実践として書くこと

 実践現場で仕事をしていると，日々，眼の前のことに追われる。研究関心は，もっぱらクライエントの症状をどのように理解し，どのようにサポートできるのかというプラクティカルなことに向かうため，アウトプットよりも，インプットのほうが多くなる。Thompson（2000）は，対人援助の実践には，経験をプロセスすることが必要であり，ここに理論と実践の循環があると指摘した。これは「省察的実践（reflective practice）」と

呼ばれるが，省察のためには書くという作業が不可欠であろう。うまい設定ができれば，語り合うというのもそのひとつになりうるが，要はより良き実践のために，自分の考えていることを取り出してまとめてみるということである（村本，2013）。

私の場合，原稿依頼を受けるのは，与えられたテーマに添って頭のなかを整理しアウトプットする良いチャンスであったが，それだけでは時代の流行に流され消費されていくだけなので，一年に一度は自分たちに必要だと思われるテーマを決めて仲間たちと勉強し，日々の実践と重ね合わせるように論文をまとめ，考えていることを世に問う機会を作ろうと研究所年報を発行してきた。より広い文脈のなかに日々の実践を置いて相対化してみる機会になったし，ある意味で，時代を先取りしてきた側面もある。

寝ても覚めても臨床というのが臨床家だと思われがちかもしれないが，実際には，それでは臨床の質が落ちていくものである。とくに被害者支援の現場では，いわゆる「二次受傷」の可能性が高くなる。90年代半ば，かなり重症な「二次受傷」の状態にあった私を救ったのは，それについて論文を書くために勉強したことだった。書くことによって，臨床家としての自分のあり方を見直すことができる。目先のことに囚われて全体が見えなくなってしまわないよう，少し離れたところにテーマを置き，大きな視野で考えてみるというのは重要なことだろう。この場合，研究手法としては，文献研究的な側面が強かった。テーマに関連した文献をレビューしながら，自分の経験に照らし合わせて再構成するという方法である。こうして書いて発信することで，外からのフィードバックを受けることができるし，新たに学んだことを実践に反映させることで，さらに循環的に省察を深めることも可能になる。

III　アドボカシーとして書くこと

アドボカシーとは権利擁護，代弁のことである。アドボカシーの概念は，おもに，障害者支援やホームレス支援から発展してきたため，ソーシャルワークの領域ではよく用いられるが，臨床心理領域ではあまり馴染みがないだろう。逆に，あくまでも中立を主張する臨床家たちの反感を買うものかもしれない。しかしながら，Judith Hermanがその著『心的外傷と回復』で繰り返し指摘したように，被害者の支援に中立はありえない。被害者はすでに抑圧構造下に置かれ，基本的に中立は社会的抑圧構造を支持するものだからである。

被害者支援の分野でなくとも，パーソン・センタード・アプローチを標榜するSchmid（2012）は，「心理療法は政治的である。さもなければ心理療法ではない」というタイトルの論文を書いている。彼によれば，全体主義なのか民主主義なのか，マインドコントロールなのか解放なのか，権力の濫用と支配なのか，参加と分かち合いなのか，心理療法家は政治的にどちらかを選んでいかなければならないし，他の学派と議論していくべきである。政治的でない心理療法家は現状維持に加担し，クライエントにとって有害でさえあると言う。

ここで，アドボカシーを実践することは，個別のクライエントのために面接室を出て何かを行うということではなく，臨床実践を通じて見えてきた社会の問題について提起したり，議論したり，改善のための提言を行ったりすることを指す。臨床心理士の倫理綱領にはないが，対人援助に関わる専門職の倫理のひとつとして，職業行為を通じて知りえた事実を公共の福祉に還元すべきであるという項目を含めるべきだというのが私の意見である。1990年，私が女性のための臨床を始めた頃，日本社会では，虐待もDVもトラウマも知られていなかった。まずは，社会問題として提起し，臨床心理の専門家たちの理解を得る必要が

あった。それ抜きには、被害者臨床自体が成り立たなかった。

あれから時代は変わったが、それでもなお、被害者支援に関わる臨床家たちは、クライエントを通じて、心無い世間の反応や社会施策の乏しさに無力感や怒りを感じることだろう。専門家としてできることは、臨床を通じて知った被害者たちの声や状況を専門的な方法を通じて代弁し、権利擁護を行うことである。たとえば、裁判において、被害者の心理や症状について書かれた論文がひとつあれば大変有用であるし、政策提言や法改正にも影響を与えるかもしれない。それほど大げさなことでなくても、どこかで誰かが書いていた、話していたという記憶によって、特定のクライエントに益することはあるものだ。私自身、実践するうえで、そのようにして誰かによって書かれたり言われたりしたことに助けられた経験がある。このようなアドボカシーのための研究手法としては、統計的研究や文献研究が適していると思う。

IV 実践と研究の統合として書くこと

これは一般論として言えることではないが、個人的には、私設心理臨床に基づいた事例研究を書いたことが実は一度もない。どうしても自分自身の倫理基準をクリアできないのだ。大学付属の相談室のように、そもそも研究的ニュアンスを含む場所においては、あるいは、公共の相談室のように公的ニュアンスを含む場所においては、そのような含みをインフォームド・コンセントに入れ込むことによってクリアできるようにも思うのだが、私設心理臨床は個人的契約性が強いように感じてしまうため、事例研究として使わせてもらえないかとクライエントに依頼することができない。

継続中の事例であれば、依頼することそのものが臨床プロセスに影響を及ぼすことは間違いないし、終結後に依頼するとすれば、終結後のやりとりがそのときのクライエントの人生にどのような影響を及ぼすのかを懸念してしまうからである。

セラピストとクライエントの関係性は終結後何年まで続くとみなすかという倫理上の議論がある。元セラピストとクライエントが個人的関係を結ぶことが倫理違反でなくなるリミットの話である。3年もしくは5年で区切るという考え方もあれば、いったん結んだ関係性は生涯解消されないという考え方もある。極端な例かもしれないが、生涯Freudの患者としてアイデンティティを持ち続けた狼男のことを考えると、慎重であるに越したことはないと思う。結論を出したわけではないので、議論は歓迎である。

結果として、私が事例的なことを書く場合、ある程度まで一般化可能な断片的エピソードの記述、クライエント本人が公表している事実に基づく事例、初めから研究を前提にした契約で始める期間と目的を限定した事例に限られている。実現するのは容易くないが、研究のための研究ではなく、実践的に有用な研究として書くことが理想である。たとえば、DV家庭に育つ子どもたちに関するMullender et al.（2002）の研究は、この点で非常に印象深いものである。詳細を紹介することはできないが、彼女たちは、シェルターの子どもたちに、DVに巻き込まれた当事者として行なってきた短期的／長期的コーピングのうち何が役立ってきたのか、また今なお苦難を強いられている子どもたちにどのような助言が可能かを聴くことで、子どもたちをエンパワーしている。

研究を前提にした実践はアクションリサーチの形を取る場合が多くなるが、うまく計画することができれば、有料で実践に乗せることが難しい取り組みを試行的に実現することが可能になる。私自身が行なってきたことで言えば、歴史のトラウマの和解修復を目指すワークショップ（村本, 2014）や東日本大震災後の家族支援・コミュニティ支援を目指す十年プロジェクト（村本, 2011）などが挙げられる。研究成果として十分なものを書いていくことはこれからの挑戦になるが、現在は大学に身を置いていることもあり、私自身、実践と研究を統合して論文を書くことに力

を注ぎたいと考えているし，大学院生の研究論文がこのような形であることを支持したい。

V　おわりに

　最後に，実践現場に身を置きながら書くうえで重要なこととして，コミュニティ心理学者 Kelly（2003）に学んだことを紹介しておこう。まず，現実生活における人々の苦悩には，学会や大学によって受け入れられにくかったり，価値を置かれなかったりするものが含まれる。それらは，評価や助成金，あるいは出版そのものに対しても影響を及ぼすため，臨床家として書く者は，自分自身がそのことによって受けうる影響に自覚的でなければならないということである。次に，書くことは，他の実践者や研究者たちがそれにアクセスし，検証し，批判することを可能にするが，検証や批判の可能性は当事者たちにも開かれるべきである。すなわち，一般の人たちがアクセスできるような形でも書く必要がある。最後は，研究手法が研究自体を制限するため，目的に応じた研究手法を創造する努力が欠かせないということである。

　Parker（2004）は"reflectivity"（反省）と呼んだが，自分の置かれた歴史的，制度的，個人的文脈を見ることなしには，良き実践も良き研究もありえないだろう。

▶文献

Kelly JG (2003) Science and community psychology : Social norms for pluralistic inquiry. American Journal of Community Psychology 31 ; 213-217.

Mullender A, Hague G, Iman U, Kelly L, Malos E & Regan L (2002) Children's Perspectives on Domestic Violence. London : Sage

村本邦子（2012）東日本・家族応援プロジェクトを立ち上げて．コミュニティ心理学研究 15-2 ; 55-65.

村本邦子（2013）対人援助学の学びをつくる ——"reflexibility"をキーワードに．In : 望月 昭，村本邦子，土田宣明，徳田完二，春日井敏之 編著 : 対人援助学の到達点．晃洋書房.

村本邦子（2014）日中戦後世代を対象にした新たな東アジア型歴史・平和教育プログラムの開発——国際セミナー「南京を思い起こす 2013」の記録と HWH7 年の成果．立命館大学人間科学研究所.

Parker I (2004) Qualitative Psychology : Introducing Radical Research. Open University Press.（八ツ塚一郎 訳（2008）ラディカル質的心理学．ナカニシヤ出版）

Schmid PF (2002) Psychotherapy is political or it is not psychotherapy : The person-centered approach as an essentially political venture. Person-Centered & Experiential Psychotherapies 11-2 ; 95-108.

Thompson N (2000) Theory and Practice in Human Services. Open University Press.

当事者研究
伝えたいことを伝えていくために

山本智子 *Tomoko Yamamoto* ● 近畿大学教職教育部

Flying-man, Flying-man Up in the sky,
Where are you going to, Flying so high?
"Over the mountains And over the sea——！"
Flying-man, Flying-man,
Can't you take me?

(*The Annotated Mother Goose*)

I　はじめに

　私は20歳から6年ほどカナダに住んでいたことがある。住み始めた当初に街の本屋で表紙に惹かれ，何気なく購入した『マザーグース』の解説本のなかにこの童謡があった。当時の私は学生だったので，（当たり前ではあるが）母国語ではない言語で教科書や文献を読み，母国語ではない言語で自分の思いを伝えなくてはならなかった。そこには当然，英語と日本語という言語の壁が容赦なく立ちはだかるのだが，私が一番苦労したのは，日本の文化や歴史のなかで生きてきた私が，異なる文化や歴史を生きていた彼らが「私に伝えたいこと」を，「彼らが伝えたいように」理解できていないのではないかと考えてしまうことにあった。

　「対話が深まらない」「表面的で優等生的な対話しかできない」——彼らは一生懸命私の話を聴き，意味を読み取り，理解し合おうとしてくれる

ことも，当時は申し訳なく思った。そのため，私は授業で当てられるとき以外はとても無口な人間になった。なるべく空き時間がないように講義を履修し，終わるとそそくさと帰宅した。そんな私をクラスメートたちはどうみていたのだろう。大学なので私に関心を寄せていた学生は少ないとは思うが，コースが一緒だった人たちには，ずいぶんと勤勉で無口な日本人と映ったかもしれない。当時の私はまさに自分で作り上げた「異邦人という物語」を生きていたのだ。そんなときに出会ったのが，この童謡だった。

　その頃の私を外側から見れば，自分から進んで「言語的な限界を覚える人たち」と距離を取ろうとし，「これで良い」と納得していたようにみえるだろうが，"Can't you take me?" という言葉に惹かれた背景には，「あなたたちと同じ世界に連れて行ってほしい。あなたたちと一緒に同じ景色が見たい」という意識化されない思いがあったように感じる。

　しかし，次第に，休み時間に話しかけてくれるクラスメートもできてきた。冗談を言い合ったり，放課後にダウンタウンに繰り出したりする友達も増え，少しずつ彼らが飛んでいる空を一緒に飛べるようになった。一緒に空が飛べるようになったからといって，同じ風景を見ているわけではないことも知った。しかしそれは，私が考えて

いたように「日本人だから」ではなく，カナダ人同士の間でも生じていたことだった。私が「日本人だから理解できない」と思い込んでいた事柄は，同じ世界を生きてきたカナダ人同士でも理解できないことがあるのだと知り，不思議な気持ちになった。そのうち，同じ世界を生きている彼らに生じる誤解や齟齬の理由を私が解釈し仲を繋ぐことが増えてきた。そして，友人の輪は広がっていった。今思えば，人が人を理解することにおいて，なぜそれほどまでに，生きている文化や歴史的な背景の違いにこだわり，自ら「壁」を作ってしまったのかわからない。しかし，このひとつの「体験」が，研究を続けるうえでとても大切なテーマとして私のなかで生き続けていることも確かである。ここでは，こうした背景をもつ「私」が，知的障碍者施設や学校で不適応を抱える人々を対象にしている実践研究のなかで，同じ景色を見たいと思う人々に出会い，彼らから学んだ「大切なこと」を紹介したい。

II 「当事者研究」を捉える視点

「当事者」[注1]を対象とした質的な研究に対するアプローチには，「当事者」による「当事者研究」と，「当事者ではない誰か」による「当事者研究」がある。

「当事者」による「当事者研究」は，2001年に北海道の「浦河べてるの家」で始まった。浦河べてるの家では，統合失調症がある人たちが自分たちの内部に生じる意識や行為の経験を互いに語り合うことによって，仲間と共にそこに意味を見出していく作業を「当事者研究」と位置づけている（浦河べてるの家，2005）。また，綾屋紗月と熊谷晋一郎による，発達障害や脳性麻痺の人たち

の生きにくさの具体性や，世の中をどう感じているのかということを言葉にしていく「当事者研究」も注目されてきている（綾屋・熊谷, 2008）。彼らがいう「当事者研究」とは，疾患や障碍の経験について，それを経験している個人の内側から対象化し，医学が説明してきた疾患や障碍を自分たちの言葉によって問い直す試みといえる（石原，2013）。

これまでも，ドナ・ウィリアムズ（1993）をはじめとして，個人が経験している疾患や障碍について「手記」あるいは「体験談」という形で紹介されてきたものも少なくない。まさに，ある事柄を経験している「本人」が，内側からの経験を通して，それら疾患や障碍とともに彼らがどのように生きているのかを知るための貴重な文献であるが，池田（2013, p.132）は，「当事者研究は体験談ではない」という。

では，「当事者を研究する」とはどう捉えられているのだろうか。これについて，石原（2013, p.51）は「当事者研究は，当事者が，自らの体験や困難，問題を，それらを共有する仲間と共に研究する営みであると同時に，それらを共有しない人に対して語りだすという営みでもある」と述べている。つまり，当事者を研究することは，当事者が生きている場所から，困難や問題を抱えながら生きている人の内側からの体験について「語る－語られる」関係と捉えてもよい。

森岡（2007, p.188）も，「外から人を眺めただけでは人はわからない。相手の世界に入ってそばに立ち，一緒に眺めてみることが当事者の視点に立つことだ。当事者の当事者性に接近するには，その人を生活の場の文脈から切り離さず，当事者はその生活世界をどのように生きようとしているかに注意を向けるのが基本であろう」という。同じ経験を持たない者同士でも，お互いが生きている世界を一緒に眺めようとするならば，そこで語られる「語り」は意味を生み出す。そして，「語る－語られる」という関係のなかで，一緒に同じ景色を見ようとする者たちは，「意味のある対話」

注1）私自身は，「当事者」という言葉について，共通の経験を持つ「個人」でありながらも，「個人」が生きているダイナミクスのなかでそれぞれ異なるものとして形成される「その人らしさ」として受け止めている（山本，2012）。

のなかでお互いの世界を拓くことになる。この意味においては，「当事者」による「研究」も，「当事者ではない誰か」による「研究」も，それらを体験している者が自らの声を取り戻し，その体験をふたたび自分の人生のなかに主体的に位置づけることを目指していることには変わりない。

同じ景色を見ようとする視点や態度こそが，「当事者」と呼ばれる彼らと出会う私たちにとって大切なことである。彼らの外側にいては，彼らの内なる声は聴こえてはこない。

III　聴き手である自分を知ること

人の語りに耳を傾けるという行為は簡単なことではない。特に，思春期・青年期に何らかの不適応を起こしている子どもや知的に障害がある人の語りには，言語化されない「伝えたい思い」がある場合が少なくない。何年も彼らと付き合い，やっとその「思い」が語られることがある（山本, 2008, 2011, 2012）。また，聴き手自身の価値観や，解決できずにいる心理的な課題があった場合，他者の語りの意味をそのままに受け取れないことも生じる。他者の語りを聴き，彼らが語る「意味」をそのままに受け取るために，自分自身がどのような「聴き手」なのかをつねに内省しておきたいと思う。

語り手も聴き手も大きな流れのなかを生きることによってつねに変化し，同じ場所にいるわけではない。したがって，人の「語り（ナラティヴ）」は「語り手－聴き手」との相互行為のなかで，つねに流動的であり，唯一正しい物語と言えるものはない。「語り（ナラティヴ）」を規定している「聴き手－語り手」の関係性はその場で語られた「語り（ナラティヴ）の意味」の構成に大きな影響を与えるものである（山本, 2013）。森岡（2008, p.229）は「ある語り手によって物語の意味が構成されるときその意味の構成には『聴き手』という他者の働きが組み込まれている」と指摘している。したがって，他者の語りの意味を共に作り上げていく聴き手である「私」をつねに問い直し，今どのような場所から他者の語りを聴いているのかを意識しておくことが大切である。

IV　「わかったつもり」にならないこと

「語り（ナラティヴ）」研究のなかには，語り手が多様な視点から多様な物語を構成する「羅生門的現実」という言葉がある（高井・中西, 2009）。これは「語り手」によって，体験される現実，解釈される現実が異なって語られることを表した言葉である。同様に，聴き手もまた語り手によって語られた現実を多様な視点から異なって解釈する。

実践研究を論文に書くときには，膨大な語りデータのなかからどのような「語り」が切り取られ，どのように意味付けられ，解釈されるのであろうか。この行為のなかには，研究者自身の関心や現実世界への向かい方，価値観などがはっきりと現れてくるものである。「語る－語られる」という関係のなかで語られた多様な物語は，最終的に聴き手である研究者のフィルターを通してひとつの物語として形成される。

私が実践研究を始めた頃，ある人から「ADHD児や保護者が大変な思いを抱えながら生きておられることは理解できます。でも，日常のなかで，彼らは何か楽しかったり，嬉しかったりすることはないのですか？」と尋ねられたことがある。そう尋ねられても当時の私は，彼らの苦しく辛い体験を社会的な課題として世に問わなくてはならないと思い込んでいたため，その質問の趣旨がよくわからなかった。今思うと，私はフィールドワークを通して彼らが苦しく辛い世界だけを生きていたのではないことを知っていたはずである。しかし，自分自身がもつ「問い」や使命感があまりに強かったため，「苦しく辛い体験」の語りのみに光をあて，解釈し，彼らが生きる現実を「わかったつもり」になっていたのかもしれない。彼らは苦しく辛い現実を生きながら，楽しく嬉しい現実も生きていたが，私は後者に関心を払わな

かったのだ。彼らの体験を書くという行為を通して，そのときの「私」が顕になっていたのに，それに気づかなかった。そういえば，その当時「山本さんはスポークスマンになりたいの？」と言われたこともある。確かに，はじめて出会った発達障碍児たちが生きる現実に，同じ年頃の子どもをもつ母親としての私は熱くなりすぎていた。そのため，ひとつの側面からしか彼らの現実世界を理解することができなかったのだと反省している。実践研究論文を書くということは，「語る−語られる」という関係のなかで蓄積されたデータを研究者のフィルターを通してまとめられるがゆえに，「語り手」の内実とともに，「聴き手」の内実も顕にされていくものであることがわかる。

当時の反省から，自分のフィルターがどのようなものなのかをつねに意識するようにはしているが，書く作業に入るとどうしてもこれで良いのかと自信がなくなる。そのため，研究協力者に許諾を頂くだけではなく，できるだけ書き上げた論文を読んでもらうことにしている。そこで，「これはちょっと違うから書き直してほしい」「この言葉は使ってほしくない」と修正を依頼されることもある。この修正の依頼は私にはとてもありがたいことである。他者の行為や語りに価値を付与せず，評価せず，「彼は／彼女はこう言っている」と確信し受け取っているその意味が，本当に「彼が／彼女が言いたいこと」を表しているのかどうか。その点につねに注意を払いながら，他者の「語り」を聴き，それをまとめることが実践研究の本質であるならば，聴き手である私たちが，私たちだけのフィルターを通して「わかったつもり」になってはならない。研究協力者に対して失礼なことであるし，なにより彼らの「語り」がもつ多様な意味を見落としてしまうことになるかもしれないからである。

V　おわりに

冒頭であげたカナダでの個人的な体験をもとに，「当事者」と呼ばれる人を対象とした現在の実践研究のなかで，私が何を大切にしたいと思っているのかを考えてみた。

まずは，外側から世界を眺めるのではなく，自分が知りたいと思っている「他者」の世界に入っていくこと。私が惹かれた"Can't you take me?"という言葉は，"I can take you"ではない。これらの言葉が生じさせる事象は外側からみれば同じように思えるかもしれないが，物語の中心となる主体が違う。あくまでも，「私」が彼らをどこかに連れて行くのではなく，彼らの世界に連れて行ってもらえるような「私」でありたいと思う。

そして，他者の語りを対象に研究をするならば，その前に自分を知ることが大切である。自分がどのようなフィルターで他者の語りを解釈しようとしているのかを意識していれば，語りの解釈を歪めている可能性にも気づくことができる。特に「わかったつもり」になったときには，それが本当に語り手の言いたいことなのかどうかを問い直したい。なぜかといえば，「わかったつもり」になれば，それ以上，聴きたいと思わないかもしれないからである。聴きたいと思わなければ，そこでその物語は終りを迎えてしまう。

最後になるが，個人の「語り」を対象とした実践研究の場には，語り手と聴き手の「力関係」がかならず存在することを意識しておきたい。研究協力の許諾を頂いたといっても，研究という名のもとに，「語りたくない者」を語らせてはいないか。彼らを傷つけていないか。礼を失していないか。これらは，当事者を対象とした実践研究を続けるうえで，私のなかで消えることのない「問い」である。もしかしたら，本文では語らなかったこれらの「問い」が，とても大切なものとして心の奥底で私の研究を支えているのかもしれない。

▶ 文献

綾屋紗月，熊谷晋一郎（2008）発達障害当事者研究――ゆっくりていねいにつながりたい．医学書院．

Baring-Gould WS & Baring-Gould C (1962) The Annotated Mother Goose : Nursery Rhymes Old and New. New York : Bramhall House, p.326.

池田喬（2013）研究とは何か，当事者とは誰か．In：石原孝二 編：当事者研究の研究．医学書院．

石原孝二 編（2013）当事者研究の研究．医学書院．

森岡正芳（2007）当事者視点に立つということ．In：宮内洋，今尾真弓 編：あなたは当事者ではない――〈当事者〉をめぐる質的心理学研究．北大路書房，pp.185-195．

森岡正芳（2008）ナラティヴと心理療法．金剛出版．

髙井俊次，中西眞知子 編（2009）語りと騙りの間――羅生門的現実と人間のレスポンシビリティ．ナカニシヤ出版．

浦河べてるの家（2005）べてるの家の「当事者研究」．医学書院．

ドナ・ウィリアムズ［河野万里子 訳］（1993）自閉症だったわたしへ．新潮社．

山本智子（2008）ある軽度知的障害をもつ人の語りと行為における変容のプロセス――コラボレイティヴ・アプローチの視点からの再検討．臨床心理学8-6；857-871．

山本智子（2011）子どもの「問題行動」の背景にある「本音」――さまざまに語り直される「本音」をどう聴くか．発達127；46-59．

山本智子（2012）語りからみた「当事者支援」という錯誤――誰が誰を支援するのか．発達132；76-83．

山本智子（2013）「語り」を意味づける意識化された〈私〉と意識化されない〈私'〉――［不登校］事例の検討を通して意味生成の多様性を探る．近畿大学教職教育部紀要24-2；57-75．

集団・福祉コミュニティ
音楽を媒介とした新たな関係をつむぐ実践研究の試み

松本佳久子 *Kakuko Matsumoto* ● 武庫川女子大学音楽学部

I はじめに

　住み慣れた地域で，その人らしく生き生きと暮らすためには，どんなことが大切になってくるのだろうか。このことを筆者が改めて考えるきっかけとなったエピソードがある。

　ある日，筆者は，地域スーパーで知的障がいをもつ青年が母親に付き添われながらレジ付近に立っているのに出会った。音楽が好きなその青年は，授産施設で行う音楽療法の場では毎回マイクに向かって大きな声で歌い踊るなどして，よくグループを盛り上げている。筆者が声をかけると，彼は微笑みながら手を差し出し，握手をかわした。それとは対照的に，母親のほうは途方にくれた様子だった。というのも，青年は，思春期の頃から女性と握手することに強いこだわりをもつようになり，それ以来，母親が毎日のようにこのスーパーで女性客に声をかけ，握手してくれる客を探しているとのことだった。これまで特別支援学校へ送迎バスで通い，授産施設と自宅とを往復する生活を送ってきた彼のことを知る人は少なく，初対面の大柄な青年と握手することを躊躇されて，日が暮れるまで家に帰れないこともあると母親は語った。

　「地域」とは，住民にとって「生活の場」というハード面と，「交流・連帯の場」というソフト面を含んでいる。この「交流・連帯の場」は，住民自治形成の場であると同時に，地域福祉施策・活動を恊働で創造・推進していく場としても重要である（井岡，2008）。いくらハード面が発達したところで，交流・連帯の場が欠け，孤立した状態では，幸せな暮らしであるとは言えない。多様な価値観や課題が絡み合うコミュニティにおいて，当事者もまた住民として主体的にかかわりながら，交流・連帯を進めていくことのできる福祉コミュニティの形成に向けて，地道な実践を重ねながらそのメカニズムについて探究してくことが必要である。

　筆者は，地域福祉の中核組織である市の社会福祉協議会において，平成15～25年の10カ年にわたる「地域福祉活動計画」策定に向けた作業チームの一員として，「地域分析」「生活実態調査」「住民懇談会」などのプロセスを経ながら，福祉のまちづくりを目指す活動の一端を担ってきた。これら地域福祉における組織的活動の一環として，地域における実践活動に携わり，音楽を媒介とした障害児の子育てサロンなど，地域におけるふれあい・交流活動（渡邊ほか，2007）を進めてきた。そして，現在は，大学の付属研究機関において，地域高齢者への地域における健康といきがいネットワークづくりの事業に携わっている

（長谷川ほか，2014）。本論では，これらの福祉コミュニティにおける実践研究から学んだことについて述べる。

II 福祉コミュニティにおける研究の視点

福祉コミュニティの考え方を最初に提起した岡村（1974）によると，福祉コミュニティには「少数者への関心」「同一性の感情」などのいくつかの概念が含まれている。

「少数者への関心」とは，コミュニティにおいて見えにくい少数者の問題に気づく視点をもつことである。日常生活に密着し，また多くの人が経験していなければ，通常は見えにくいような問題がある。たとえば日常生活上の困難をもつ高齢者，児童，障がい者，難病患者，低所得者，外国人，保護観察中の個人などの問題である。これら少数者に気づき，排除することなく関心を抱くことが必要である。

次に，「同一性の感情」は，地域における住民同士が共有する価値観や生活態度などであり，ボランティア活動や，地域における年中行事などのイベントに参加し交流することによって促進される（岡本，2010, p.85）。

こういったコミュニティ意識の変容をもとにして，住民や行政，専門職などが協働することによって，地域住民・当事者の真のニーズを明らかにし，それらのニーズを全体的・包括的に充足させようとする組織体のことである。

福祉コミュニティをテーマとした取り組みは多種多様である。事例自体が地域において生成発展と再編をくりかえし，一つの立場，一つの視点による定義は困難であるものの，そのなかでも共通しているのは，「人と人との基本的結びつき」と「地域生活の新しい質」の構築・再構築を含んでいる分，そこでは多様性を認め合い，相互に折り合いながら，自覚的に洗練された新しい共同生活の規範，様式をつくることが求められる（奥田・和田，2003, p.190）。これら福祉コミュニティにおいて実践研究を行ううえでは，当のコミュニティの本質を顕著に示す出来事を事例研究として取り上げ，「少数例」に目を向けた事例研究の積み重ねが必要ではないかと考える。

河合（1976）は，事例研究が研究法として意味をもつ条件として，①新しい技法の提示，②新しい理論や見解の提示，③治療困難とされるものの治療記録，④現行学説への挑戦，⑤特異例の紹介といったものをあげている。これらの事例研究における視点は，コミュニティ臨床の場で経験した出来事から新たな発見をうみだすことにつながると考えられる。

III 地域性を活かした実践研究

次に，地域の連携による実践研究を紹介する。

1. ふれあいいきいきサロン──障がい児子育てサロン

ふれあいいきいきサロンは，地域を拠点に，住民である当事者とボランティアが協働で企画し，共に運営していく楽しい仲間づくりの活動として，地域福祉活動のなかから生み出された活動である。高齢者，障がい者，子育てのサロンなどがあり，全国で約5万5千カ所が活動している（平成23（2011）年度4月現在）。

奈良市社会福祉協議会のスタッフが，障がい児の母親から，地域で音楽療法を受けたいという要望を聞いたことがきっかけとなり，障がい児子育てサロンの立ち上げに関する検討が始まった（渡邊ほか，2007）。活動立ち上げのモデル地区設定については，①実態調査の結果，障がい児者が全市の6割が住む地区に含まれていること，②この地区に住む障がい児の母親からのニーズが抽出された地域であること，③この地区社協の活動における課題意識に，子ども分野に力を入れたいという計画があったこと，という3点が該当した2地区をモデル地区として設定し，地区社会福祉協議

会，市社会福祉協議会，民間の施設のスタッフ職員である地域療育コーディネーター，保健師が連携を取り合い，実施した。その過程において，参加者に次のような変化がみられた。

- 幼児・児童における関係の変化

個々の発達状況や嗜好にあわせた音楽活動や遊びを導入することにより，障がいを超えたつながりへと発展した。
- 保護者・地区スタッフの関係の変化

地区スタッフの障がいに対する理解と意識が変化した。当初は障がい児への対応に不安を示していた地区スタッフも，事前準備段階における児童施設の実習や講義を通じて障がいに対する理解を深めることで不安が軽減された。さらには活動を進めるなかで「孫と遊ぶのと同じやね」という感想も聞かれるなど，楽しみながら主体的に取り組む姿勢へと変化した。
- 保護者と地区スタッフによる協働運営へ

音楽療法後に行っていた保護者のグループカウンセリングには，当初は保健師や地域療育コーディネーターなどの専門職が携わったが，次第に情報交換や子育ての悩みについて保護者間で話し合うようになり，ピアカウンセリングへと変化した。さらには，参加者が話し合いこの活動のグループ名を話し合って決めたり，パソコンでデザインした出席カードを作成するなど，参加者の主体的な関わりが増えてきた。また，参加者全員から言葉を集めて作詞し，作曲したテーマソングを，地域の福祉コンサートに出演して披露するなど，保護者と地区スタッフが協働で運営する状況へと変化した。この活動に参加した発達障がい児の母親から，子ども連れで買い物をしているときに，サロンの地区スタッフから「次回も待ってるよ」声をかけてもらい，家に帰って号泣したという感想が寄せられた。これらの活動を継続するなかで，コミュニティにおける新たな関係づくりが進められている。

2. 音楽で楽しく健康のつどい──大学研究機関による生きがいネットワーク

武庫川女子大学では，平成18（2006）年度の文部科学省社会連携研究推進事業に採択された「地域の高齢者に対する包括的な栄養支援システムの開発と実践研究」の取り組みの一環として，平成20（2008）年度より地域交流スペースを利用した音楽療法活動「音楽で楽しく健康のつどい」を行ってきた。この取り組みは大学と行政が組織的に連携を図りながら実施し，現在も継続中である。その間，活動の拠点を大学研究機関である「栄養科学研究所」に移し，実施するモデル地域を1カ所から2カ所に増やすなど，音楽療法活動を展開している。

この事業においては，西宮市，西宮市社会福祉協議会，西宮市民生委員・児童委員協議会，西宮市高齢者あんしん窓口（地域包括支援センター）と地域の連絡調整会議を定期的に開き，日常生活における参加者の様子の変化について情報を交換したり，地域におけるニーズを活かしながら「音楽で楽しく健康のつどい」を進めている。これらの地域におけるネットワークを通じて，地域における継続的な活動につなげている。

参加者募集は，試行的に大学に近接する1地区に限定して，「音楽のつどい体験会」にて参加を呼びかけた。参加者の募集は地域音楽療法を行う上で1つのポイントとなるが，大学が連携して行ってきた地域における「ふれあい昼食会」において参加を呼びかけることにより，多くの方が集まった。

音楽療法活動は月2回（第2，第4週の月曜日）行い，教員の指導のもとで音楽学部で音楽療法を学ぶ学生が担当している。また，音楽療法活動とともに身体計測会を実施し，参加者の健康状態の把握を行っている。測定データは年度末に医師免許をもつ教員から報告し，同時に健康相談を実施している。主な計測データは生理指標（肺活量，心拍変動，内分泌）と心理指標心理検査（POMS，アンケート，インタビュー）などである。これら

表1

「ハイ・アート」の価値	「オルターナティヴ」の価値
自律的（autonomous）	他律的（heteronomous）
日常とは別の「領域」に属する。	日常的な経験と密接に結びつく。
完璧な形式あるいは少なくとも均衡のとれた形式。	自発的要素が最も重要である。
技術的に進歩したものであり，創作者，パフォーマー，受容者には高度の専門能力が要求される。	専門能力のレベルは各個人の能力や資質にあわせて求められるべきである。
個性と結びついたもの。	社会的な現象。
個人により生み出され，個人によりじっくりと受容されるべきものである。	相互作用であり，コミュニケーションであり，コミュニティである。
恵まれた少数者のためのものである。	すべての人のためのものである。

（B. Stige 2008/2002 p.99に基づき，筆者が作成）

の測定データを地域高齢者にフィードバックすることにより，参加者は健康維持への効果を実感することができる。さらには仲間づくりや音楽療法を実施する学生との世代間交流，研究所が主催するシンポジウムの出演などの社会参加が継続への動機づけにもつながっている。

IV 考察
——コミュニティの意識の変容から新たな関係をつむぐ

以上，他分野との連携による組織的な地域福祉活動の一端ではあるが，筆者自身の活動を通して，地域社会に還元するための実践研究の視点について述べた。どちらも基盤とした活動は，おおむね小学校区の小地域を単位とした取り組みである。小地域は子どもから高齢者まで歩ける生活圏域であることから，最も親しみやすい範囲であり，住民が主体的にかかわりやすくなると同時に，少数ながらも多様なニーズが表われやすいのではないかと考えられる。とはいえ，コミュニティにおける潜在的問題に気づき，真に理解するためには，活動など経験の共有が重要な鍵となる。しかし，問題を抱えた「当事者」へ一方的にアプローチするという，「する側」と「される側」の関係が固定化されたトップダウンによる活動は，決して長続きしないだろう。したがって，コミュニティを基盤とした活動に，対等な立場で主体的に参加できるための仕掛けが必要である。

拙論のなかで紹介した2つの組織的実践活動は，いずれも心理療法を基盤とする音楽療法を用いており，芸術を仕掛けに用いている点が共通している。芸術における「ハイ・アート」の価値と，「オルターナティヴ」の価値を表1に示すStige（2008/2002, p.99）。一握りの個性や高度な能力によって表現されるハイ・アートに対し，芸術におけるオルターナティヴの価値は，日常的な経験と密接に結びつき，表現者の能力にあわせた自発的なものである。しかもすべての人のためにあるもので，相互作用的であり，コミュニケーションであり，コミュニティという社会的な現象である。このオールターナティヴなアートは，社会とつながることを促進する媒介としての役割をもっていると考える。潜在的な問題や価値観が混在するコミュニティへの組織的な心理臨床実践を通じて，さまざまなかたちの相互作用から気づきや共感が生まれ，新たな意味や関係が生成される媒介としての役割として今後も期待できるツールではないかと考える。

本稿で示した実践研究は，いずれも行政の基礎統計データのみならず，人づきあいや支えあいといった関係性を含む生活実態調査などのデータか

ら分析した地域のアセスメントに基づいている。また，実践の経過において生じた変化を参加者へフィードバックし，協働しながらすすめてきた。このように新たな関係をつむぐ実践研究においては，歴史的・空間的・社会的コンテクストをふまえた相互関係において，意識変容をもたらす対話的プロセスが重要である。

▶ 文献

長谷川裕紀，一ノ瀬智子，松本佳久子，益子 務（2013）教育機関と行政との連携による音楽療法活動の取り組み——地域音楽療法の推進を目的とした事業紹介．日本音楽療法学会第13回大会発表抄録．

井岡 勉（2008）地域福祉とは何か．In：井岡 勉 監修，牧里毎治，山本 隆 編：住民主体の地域福祉論 理論と実践．法律文化社，pp.12-13.

河合隼雄（1976）事例研究の意義と問題点——臨床心理学の立場から．臨床心理事例研究3；9-12.

松本佳久子（2008）クライエントの理解につながる事例研究．日本音楽療法学会誌8-1；61-66.

岡村重夫（1974）社会福祉選書1 地域福祉論．光生館．

岡本栄一（2010）なぎさの福祉コミュニティと地域社会関係論——入所型福祉施設の地域福祉論への復権．地域福祉研究38；77-87.

奥田道大，和田清美 編著（2003）新シリーズ社会学 福祉コミュニティ論 第2版．学文社，p.190.

Stige B［井上勢津ほか訳］（2008/2002）文化中心音楽療法．音楽之友社，p.99.

渡邊靜穂，松本佳久子，仲島徳巳（2007）音楽療法とコミュニティーワークの協働が生み出す社協活動の新たな可能性——障がい児子育てサロンの事例をとおして．日本の地域福祉20；121-130.

倫理の遵守と研究のリアル

松下姫歌 *Himeka Matsushita* ● 京都大学

I 「心理臨床における守秘義務」と「臨床心理学研究の公表」は対立項か

　臨床心理学研究において遵守すべき「倫理」の中核として，「守秘義務」があげられる。守秘義務は，一般的に，「クライエントの個人情報を守ること」「クライエントとセラピストとの間の営みを口外しないこと」といった理解がなされ，心理臨床の根幹を支える枠と考えられている。ただし，臨床心理学研究論文の公表にあたっては「守秘義務を破る」ことになるため，「可能な限り，クライエントの同意を得ることが原則」とされている。

　一見，「心理臨床における守秘義務」と「臨床心理学研究の公表」とは，「秘密を守るか否か」という点で相反する対立項のように見える。しかし，そうであれば，なぜ公表するのか，そもそも臨床心理学研究とは何なのか，守秘義務とは何なのか，という問いが生じる。セラピストの意識において，こうした問題を「秘密を守るか否か」という対立項的な観点からのみ眺めている限り，いざ「公表」を想定してクライエントに働きかける際に，実際の心理臨床の営みの根幹をかえって揺るがすような事態を招きかねない。

　本稿では，こうした問題について，臨床心理学研究と守秘義務の概念的本質の検討を通じて，倫理の遵守と臨床心理学研究の関係とその現実的問題について考えたい。

II　臨床心理学研究

　臨床心理学と臨床心理学研究については，しばしば，その科学性やエビデンスが問題とされ，臨床心理学を科学と位置づけるか否かというような文脈で語られることも多い。しかし，真に問題とされるべきは，何をもって「科学性」というかであろう。現代に連なる科学の発展は，ルネサンスにおける忘れ去られていた古代ギリシャの自然哲学とそのスピリットの再発見に端を発する。すなわち，共同体を支配している価値観に従うものの捉え方から，物事の本質を主体的に探究する姿勢への転換である。その中核にあるのは，与えられた準拠枠によって（無自覚に）判断するのではなく，"自らの観点とその見え方自体を常に問い直す"ことで本質に近づこうとする姿勢である。つまり，探究の"結果"が"どの観点からどの範囲・次元で見た場合の見え方なのか"を常に問うことで，"観点"と"結果"との関係を明確にし，そのことによって段階的な探究を可能にし，さらには，"観点自体"を見直すことをも可能にする姿勢である。いわゆる科学的手続きを特徴づける

「科学性」とは，こうした「観点を見直す」という姿勢なのではないだろうか。さらに言えば，こうした姿勢は，現代においては，あらゆる学問に共通する姿勢と言えよう。

　「自らの観点を見直すことで対象の本質理解を進める」姿勢を「学問的」態度とするならば，心理療法は本質的にはこの上なく学問的態度に支えられた営みと言える。心理療法は，学派により力点は異なるものの，クライエントが自らの心の問いに何らかの形で向き合い，自らの観点や見え方を見直す作業であり，それによって，クライエントは自らの心をつかんでいく。セラピストにとっても，クライエントや心理療法過程についての理解の観点や見え方を見直す作業であり，それを通じて，クライエントの心やセラピスト自身の心，ひいては，自分のものでありながら自分を超えた力である「心」について知っていく。つまり，クライエントとセラピスト双方にとって，心理療法とは「実際に生きている心に学び，心を探究していく」営みそのものである。ただし，心理療法の場合は，クライエント自身が自らの観点や見え方を見直すことで，新たな気づきが生じ，心の再体制化が常に進んでいくというように，開放系としての心を全体として扱い続ける必要がある。そのためセラピストは，他の学問より一層，自らの観点と視野とその見え方・体験のされ方について自覚的になり，丁寧に吟味し検討するための方法論をもつ必要があると言える。

　臨床心理学は「実際に生きている心に学び，心を探究していく」ための学問であり，その探究が臨床心理学研究と言える。研究者は，一人ひとりの「心」についての本質的理解に近づくべく，自らの観点を常に見直しながら，検討を進めていく。それは，まず心理療法のなかで丁寧におこなわれるべきことであり，さらに，実践を通じて，あるいは実践するにあたって生まれた問いを通じて，従来の理論や知見を再検討する理論的研究，理論的問題意識を実際の心に照らして検討する実証的研究，といった形での研究が必要となってくる。

III　守秘義務（confidentiality）

　「守秘義務（confidentiality）」という概念は，古代ギリシャの「ヒポクラテスの誓い」にすでにみられる。これは医聖ヒポクラテスが医師の任務と倫理を神に誓ったものと伝えられる概念で，真の作者については諸説あるが，少なくとも，こうした医療倫理観がかなり古い時代に存在したことは確かである。この「誓い」は，第二次世界大戦後に発足した世界医師会による医学・医療倫理に関する宣言である「ジュネーブ宣言」や「医の国際倫理綱領」のもととなったもののひとつである。これらの宣言や倫理綱領は，1960年代から70年代にかけ本格的に見直され，「ヘルシンキ宣言」など真の意味で現代の倫理コードの土台となるものとして蘇り，現在に至るまで常に見直しが続けられている。これらの医学・医療における倫理コードは，心理援助職を含む対人援助職全般における倫理コードのベースとなっている。

　世界医師会の倫理コードや倫理に関する諸宣言を整理すると，医療倫理は，①専門性における責務，②自律性（autonomy）の尊重，③confidentiality，という3つの観点を含むものと言える。これらの観点をもとに，心理臨床における倫理について検討する。

1. 専門性における責務

　医療の専門性における責務には，「人命尊重」「患者の健康に最善を尽くす」という医療目的と，それを果たすための「医療行為の適切性の見直し」「専門性の向上」「専門性の自律性」など，医療側の観点や姿勢を見直すことが含まれる。心理臨床においても，「クライエントの心が生きることを尊重し」「クライエントの心の問いをクライエント自身が理解し，クライエントの心がよりよく生きていくサポートに最善をつくす」ことがセラピストの責務である。加えて，そのことが真になされるために必要な，「セラピストの理解の観

点やアプローチなどの心理臨床実践行為が，クライエントの心の問いをいかにとらえているかについての見直し」と，それを通じた「専門性の向上」と「専門性の自律性」に向けての不断の努力もまた心理臨床の専門家の責務である。

2. 自律性（autonomy）の尊重

自律性の尊重には，患者の「プライバシー権」「自己決定権」など，基本的人権のうち「自由権」に属するものが含まれる。医療の目的は，適切に果たされれば，本来は患者の求めるものと重なるはずだが，しばしば，医療の価値観やそれに基づく行為が，患者の自律性を揺るがし，場合によってはある種の搾取関係につながりうる。自律性の尊重は，そのようなパターナリズムの負の側面に対する警鐘として強調される。心理臨床においても，その営みの本質的目的が「クライエントが自律性をつかむ」ことであるにもかかわらず，セラピストとクライエントとの間に，医療における治療関係と同様の問題が生じうることを自覚し，見直す必要がある。

3. confidentiality

confidentialityは一般に「守秘義務」と表記される概念である。その意味するものは，医師と患者が「共に信頼すること」であり「相手との関係への信頼を基に提示された秘密」である。このこともまた心理療法にもあてはまると考えられるため，ここでは医師と患者との関係をセラピストとクライエントの関係に置きかえて検討する。

confidentialityとは，クライエントは，"セラピストがクライエントの秘密を守り，専門的に最善を尽くしてそれらを理解し扱ってくれる"という信頼の下に秘密を語り，セラピストは，クライエントの信頼に応えて秘密を守り，クライエントの心の問いへのアプローチに最善を尽くす，という「相互の信頼関係全体」のことを指すと考えられる。また，そのようにして「語られた秘密」であり「秘密を守り大切に扱うこと・関係」を指すと考えられる。付け加えるならば，心理療法の本質は，セラピストの専門性と職業倫理に対する，"セラピストからのセラピスト自身に向けての信頼"と"クライエントからの信頼"の双方に支えられているといえる。セラピストはそれが，クライエントの心にとって，どのような作用と意味をもっているのかということについて，その内実と重みを自覚するからこそ，あらゆる形で「秘密を適切かつ大切に扱う」ことに心を砕くのである。

IV 守秘義務（confidentiality）と専門家としての責務

このように，心理臨床において，守秘義務はその根幹をなす重要な概念といえる。一方で，クライエント自身が心の問いを探究しつかんでいくことに最善を尽くすという，セラピストの根本的責務に照らしたとき，守秘義務を部分的に破る必要が生じることがある。

セラピストは，その根本的責務を実際に果たしていくために，常に自分自身の問題理解の観点やアプローチを見直す必要がある。また本来，セラピストが自らの観点を見直し続けることで，そのつど新たな理解を得るとともに，自らの専門性を向上させることが理想であろう。一人ひとりの専門家がそのように責務に取り組むことで，専門的理解を支える「学問」としての臨床心理学が常に見直され，向上していくことが可能になる。

しかし，実際には，セラピストによる問題理解とその見直しのみでは，その時点で必要とされているクライエントの心の問いへの理解に届かない事態，あるいは，よりよい理解とアプローチが望まれる事態が生じうる。その際，セラピストの根本的責務である「クライエント自身が心の問いを探究しつかんでいくことに最善を尽くす」一環として，しかるべき専門家の間で，検討に必要な情報に限って開示し，かつ秘密を守ることを前提に，問題を検討し，よりよい理解の観点やアプローチを探るといったことが許される。例えば，

スーパーヴィジョンや，セラピストの所属機関，研究会，学会等におけるケース・カンファレンス（事例検討）やグループスーパーヴィジョンなどがこれにあたる。部分的に守秘義務を破ることと，「セラピストが現時点で一人で見直し理解するよりもよい見直しと理解が得られる」ということとのトレード・オフであり，「そのほうがクライエントの心にとって本質的な意味でよい」という判断があってなされるべきことであると言える。加えて，その際，セラピストは自らの判断の動機を見直し，クライエントの心にとって本質的な意味でよい営みとなるよう，セラピストの構えと実施手続に対する細心の注意が必要となる。

V 守秘義務（confidentiality）と臨床心理学研究の公表

臨床事例をもとにした研究論文の執筆と公表も，いわゆる一般健常群あるいは臨床群を対象とした臨床心理学的調査研究の実施と論文執筆および公表も，根本的には，こうした精神でおこなわれるべきものと考えられる。

臨床事例をもとにした論文執筆も，根本目的としては，「クライエントの心の問い」のよりよい理解と「クライエント自身が心の問いをつかんでいくためのよりよいサポート」を考えるという，セラピストの根本的責務のために取り組むべきことであると考えられる。論文を公表するか否か以前に，セラピストとして，個々のクライエントとの心の作業に対し，論文執筆に匹敵する，自らの専門性を問い直す作業が必要であると考えられる。

言いかえれば，クライエントの心とセラピスト自らの心から学ぶ作業という臨床心理学研究を続けることが我々の責務である。特に，一般社会やクライエントの周囲の人々の価値観においては見逃されてきた，セラピストの従来の臨床観においても見逃されてきた（あるいは臨床心理学において見逃されてきた），クライエントの「心」のもつ力に出会うことは，臨床家ないし臨床心理学研究者としての喜びでもあるのではないだろうか。心の問いへの理解やアプローチを探り，それ自体を見直すということは，実は，「心」といかに対話し，「心」に教えてもらうか，ということでもある。「心」の力にまた一つ，また一つと開かれていくこと，そして，「心」とそのような対話性をはぐくんでいけるということ自体が，「心」に対する信頼につながる。そのような，クライエントとセラピストの心に学び続けるというスタンスが実際の治療関係の間でつくられていくことがconfidentialityの本質なのではないかと筆者は考えている。それがなされるとき，クライエントとセラピストの「心」に対する真の意味での信頼と敬意が生じると思われる。

事例論文を公表する意義は，一般社会の価値観や従来の臨床心理学のパラダイムでは捉えられなかった，「心」の力を見出す新たな観点を，クライエントと心そのものに対する敬意とともに呈示すること，そして，その観点自体を後に問い直しうる形で呈示すること，と言えよう。そのことは，一般社会や心理臨床の専門領域における問題理解の観点を向上させ，クライエントやそのクライエントと共通する問題を抱える人々が，社会のなかで自らをつかんだり，相互に理解しあったりすることに資すると考えられる。

ただし，そのような大きな意義があると考えられる場合でも，実際に公表を検討する際には，公表すること自体がクライエントの心にもたらしうる影響を細やかに吟味する必要がある。そこでも中心となるのは，セラピストの根本的責務である「クライエントがクライエント自身の心の問いをつかんでいくためのサポート」という観点であろう。クライエントの心の問いをセラピストがどのような観点で受けとめ理解していくかは，クライエント自身が心をつかんでいくことにも大きく作用する。セラピストが言葉にしなかったとしても，心の受けとめというダイレクトな心の働きが，さまざまな次元でクライエントの心に作用しうると考えられる。言葉にするときは，そうした心の

諸観点の全てではなく，ある面に偏って切り出されることになる。それは，心理療法の治療関係のなかで行われれば，心の対話を生み出し，クライエント・セラピスト双方が，よりよく心の問いを受けとめ理解していく作業につながる可能性があるけれども，その場合であっても深く吟味することもまた必要なのである。加えて，それが，治療関係の外に向けて発信されるとなると，そのこと自体が，クライエントの心にどのような影響をおよぼしうるかについて細心の吟味が必要である。

したがって，公表しうる条件としては，最低限，「論文の内容」と「その公表の判断と姿勢」について，次の点について，細心の吟味をおこない，かつ，セラピストとして明確な答えをもっている必要があるだろう。①もし仮にその論文をクライエントが直接読んだと想定した場合に，クライエント自身が自らの心の問いをつかんでいくことにつながるようなものでありうるか，そのような観点と言葉で語りえているか。②もしも，クライエントがその内容を読んだり見聞きした場合に生じうる，クライエントの心への諸影響。③公表するというセラピストの判断および行動や，公表にまつわるセラピストのクライエントに対する姿勢や行為が，クライエントの心に及ぼしうる諸影響。④それらの影響をできる限り少なくしうる，かつ可能な限り，クライエントが自らの心の問いをつかむことに資するような，論文執筆と公表の手続きなどの具体的対応策。

こうした点について，クライエントの心にとってのマイナス要素がクリアできない場合は，いかにその知見や観点に社会的・専門的な意義があっても，「事例論文」といった形での公表はすべきでない。しかし，その知見や観点をクライエントがクライエント自身の心の問いをつかむことをサポートするという，セラピストとしての本質的責務に立ち返って，その点について徹底的に論文と公表のあり方を見直すことは，逆に，「事例論文」という形に必ずしもこだわらない，その知見や観点を呈示するためのより適切な方法を考えることにつながりうるのではないだろうか。

このような意味で，心理臨床の専門家としての根本にどこまでも立ち返って，一人ひとりのクライエントの心に向き合うことを通じて，事例論文執筆およびそれに匹敵する本質的見直し作業と，知見・観点の呈示・見直しについてのより適切な方法を探っていくことにチャレンジしていくこともまた，倫理の遵守に基づく臨床心理学研究と考えられる。紙幅の都合で，今回は臨床心理学研究のうち，事例研究の問題を中心に論じたが，根本的には，調査研究においても同じことが言える。一人ひとりの調査協力者に対しても，クライエントに対するのと同様に，今一度，見直したい。

研究テーマを育む
——論文を書く前に

VII

論文指導──学生・院生からの質問に応える

困ったときには「目的に照らす」

石原 宏 *Hiroshi Ishihara* ● 佛教大学

　本稿では，初めて研究論文を書こうとする学生が行き詰まりがちな2つの局面を取り上げ，「目的に照らす」をキーワードに，そこから抜け出す若干のヒントを提供できればと思う。

I　「方法」を模索する局面

　1つ目に取り上げるポイントは，研究の「方法」を考える局面である。先行研究を調べるなかで研究したいテーマがある程度決まってくると，次は，どのような方法で研究するのかを考えることになる。方法が決まらなければデータが取れないため，方法はできるだけ早く決めてしまいたいというのが，多くの学生に共通した思いであろう。一方で，方法は，学生であってもオリジナリティをもたせやすい部分であり，論文の面白さにも大いに影響するため，なるべく高く評価される方法で研究したいという思いも募るだろう。方法を早く決めたいという焦りと，陳腐な方法しか思いつかない失望のはざまで，数カ月悩み続けるということも，珍しいことではない。

　方法がなかなか決まらず行き詰まる場合，「この研究で何を明らかにしたいのか」という「研究目的」が明確になっていないことが多い。研究指導をしていると，「何か尺度を使ったほうがいいでしょうか？」「面接調査もするべきでしょうか？」などという質問をしばしば受けるが，どのような方法を採るかという問いは，目的を抜きにしては答えられないことを押さえておきたい。方法が決まらず行き詰まったときには，「結局のところ何が知りたいのだろう？」と問い直し，目的を明確化することが先決である。目的を練れば練るほど，それに照らして，採るべき方法が必然的に決まっていくというのが理想的である。

　とはいえ実際には，目的が曖昧なまま，「こんな方法で研究するとおもしろいのではないか」という着想が先に湧くこともあるだろう。こうした場合も，思いつきのままに研究を進めるのではなく，「もしこの方法を採用するとしたら，研究の目的はどうなるだろうか？」と問うてみる。つまり，方法から逆算して目的を考え，そこで記述される目的が「自分が知りたいこと」にフィットするかどうか，確かめておくことをお勧めしたい。

II　論文に掲載する「結果」を選択する局面

　2つ目は，「結果」として論文に掲載するデータを取捨選択する局面である。無事に方法が決まり，実験や質問紙調査，面接調査などを行ってみると，論文の制限字数内には到底おさまらない大量のデータが収集できてしまうものである。論文に何を載せて，何を載せないのか，判断を迫られることになるが，このとき何を基準に取捨選択すればよいのかがわからず，膨大なデータの前で途方に暮れてしまうことがある。この局面でも，「目的に照らす」ことが次へ進む指針となる。ただし，ここで照らしたい「目的」は，方法を考える際に明確化した「研究目的」を当然踏まえながらも，そこからより限定を加えた，「今書こうとしているこの論文の目的」である。

例えば，面接調査から10名の協力者の逐語データを得たとする。このデータを論文に記述するとき，論文の目的を，「10名の協力者から抽出される体験のモデルを示すこと」とするのであれば，10名の協力者に共通する体験の構造を描き出すような結果の示し方を採用し，個々の協力者の語りは若干の具体例を除いて省略するのが妥当であろう。また，論文の目的を，「生身で生きる人間の体験のプロセスを描くこと」とするのであれば，1名か2名の協力者の具体的な語りを事例研究として取り上げ，残りの協力者の語りは断片的に参照する程度とするのが妥当であろう。このように，同じデータであっても，論文の目的によって結果に記述される内容は大きく異なり，論文の仕上がりも全く違ったものとなる。

論文のなかで「目的」の記述に割く文字数はごくわずかなものであるが，よく練られた目的と，目的に照らして採用された妥当な方法，目的に照らして選択・記述された妥当な結果が，論文の良し悪しを決めるという意味で，目的は論文の要と言える。初めて研究論文を書こうとする学生は，とかく目的への意識が抜けがちである。論文指導のポイントは，目的の重要さに気づいてもらうことであると筆者は考えている。

なお，「目的に照らす」という考え方は，西條（2007）の「関心相関性」についての論考に影響を受けていることを記しておく。

▶ 文献

西條剛央（2007）ライブ講義・質的研究とは何か——SCQRMベーシック編．新曜社．

論文指導──学生・院生からの質問に応える

学生・院生の成長過程を支える

中間玲子 *Reiko Nakama* ◉ 兵庫教育大学

I 論文執筆は料理である

学部生の頃,私は,論文執筆はおいしい料理を作ろうとすることと同じだと教わった。自分で何か新しいレシピを考えようとするとき,まず,何のメニューを作るかが検討される。ジャンル,使う食材,食べてもらいたいターゲット,栄養や旬など,いろいろな角度から何を作るかが検討される。そしてこれまでのレシピを参考にしながら新しいレシピを考え,実際に作ってみる。そして食べてみて,どのような味がしたのか,記録する。レシピの改善が必要であれば何を変えるべきかが再度検討されるし,また,段取りなどに問題があったのであれば,その改善が次回求められる。このメタファーは,今も私が学生・院生の論文指導に用いるものである。オーソドックスな科学論文の書き方であるが,質的研究や事例研究の場合も,大きな枠組みは共通しているだろう。

だがこのような大きな枠組みが理解できたとしても,初めて論文を書く学生や院生たちは,文献の探し方,文献の引用の仕方,問題意識の立て方,文章の書き方,資料整理の仕方,論文の読み方など,多くの点につまずき,ストレスを抱えるようである。そもそも一体何について書いたらよいのかも分からず悩むことがある。一体何を食べたらよいのかが見えないのである。

II 論文指導はカウンセリングである

何を書けばよいのか,そのために何を調べればよいのかが見えずに悩む学生・院生は,質問さえできない状態に置かれることがある。そこからその学生・院生のテーマを検討する過程は,彼/彼女たちのなかにある答えを共に探す作業となり,カウンセリングとよく似ている。もちろん,他の学生・院生たちも巻き込みながらオープンに進む点,"テーマを探す"という制限のもとで展開される点など,違いは多く指摘されるが,論文指導においては,研究の内容面に関する指導もさることながら,論文執筆の過程をいかに支えるかという心理臨床学的な視点が非常に重要となる。過程全体で直面するストレス経験を支える点においても同様である。

テーマの見つからない学生・院生は,それを探索する過程で自分の抱えている問題に直面し,個別にプライベートな相談のために研究室を訪れることが少なくない。通常の授業やクラブ・サークルのようなそれまでの生活では直面しなかった問題に,論文執筆の過程では直面するようだ。特に学部生の場合,自分という者がいかなる存在であるのかという問題が切実な時期でもある。そのため,自分が何を問いたいのか,自分のテーマを明らかにしたいという思いが強く表れ,そこに真摯に向き合うこととなる。ゼミでの議論や教員のアドバイスを受け,そのときは「これだ!」と笑顔になっても続かないことが多い。魅力や価値を感じることはできても,傾倒するに至らない。そういう状態をさまようのである。自分のたどり着いた問題がすでに先行研究で検討されていたことに直面する場合も同様の事態に陥る。勉強しても結

果すべてがボツになる，そういう徒労感を抱くことにもなる。指導者はこの停滞を支える必要がある。

　停滞してボツになったと思われるさまざまな知識や自分なりの観点は，それでも最後には，論文執筆で活用されることが多い。表面的には異なった課題に取り組み，関連がない活動ばかり重ねてしまったように思えても，それを行った人間が同じ一人の人間である限り，そこには通底する問題意識の存在が指摘されるのだ。論文作成の過程で，自分が取り組む問題を抽象レベルで考えることができるようになると，それらを統合する視点がいくつも開けてくる。その統合を促すことができると，学生・院生のなかでも論文執筆という体験それ自体が統合されていき，大きな満足感を得る。途中でやる気を失い，適当なテーマを掲げ，おざなりに取り組む者がないわけではないが，その者は，自分のテーマを見つけて主体的に取り組む他の学生・院生に対する劣等感を抱いている。

III　論文とともに成長する

　これらの過程においては，学生・院生のもつ先入観を崩す作業も重要となる。まず，論文は自分の主張を表明する場ではない。だが，初めての論文作成に取り組む場合，自分の思い込みを証明しようという思いにとらわれることがある。その場合，論理的な証明の手続きを教える必要がある。そのなかで反証の立場に立つ必要も出てくるのだが，この立場からものを考えることが難しいようだ。心理的に拒絶してしまうこともあり，ゼミでの議論に抵抗を示すこともある。そのため，たとえばゼミでの議論は今ある思いを否定するものではなく，自分の思いをさらに価値あるものへと変容させる過程であることを理解してもらう必要がある。

　学生や院生にとって論文作成という作業は，それに取り組む本人が成長する過程でもある。具体的な質問にはしっかりとした型を教えつつ，学生・院生たちそれぞれの成長の過程に沿い，論文作成に向き合う態度を支えることが，論文指導の肝となるように思われる。

研究デザインと論文執筆

「夢」と「振子」にみちびかれて

仲 淳 *Atsushi Naka* ● 天理大学人間学部総合教育研究センター

I はじめに

筆者がこれまで書いてきた研究論文の数はそう多くないので，今回はかつて学会で評価していただいた論文「心理療法過程におけるセラピストの夢について——心身的な共鳴という観点から」（『心理臨床学研究』第20巻第5号（2002））の元となった，筆者の修士論文執筆時のことについて書き，役目を果たすことにしたい。

II きっかけはひとつの失敗「クライエントの気持ちがわからない」から

先の論文を書こうと考えた一番のきっかけは，大学院修士課程の実習におけるひとつの失敗であった。筆者はそのときロールプレイでセラピスト役を担当していたのだが，クライエントの気持ちがわからなかったのだ。一生懸命に聴くのだが，クライエントの話が自分の中に入ってこなかったのである。ロールプレイ後に先生方からもいろいろな指摘を受けて，それはたしかにその通りのはずなのだが，自分にはやはり「わからない」ままだった。逐語録を書きあげながら，「なぜわからなかったのだろう？」「クライエントは何が言いたかったのだろう？」「僕のどこがいけなかったのだろう？」と1週間もがき続けた。しかし，わからない。

そしていよいよ実習の振り返りレポートの提出日が迫ってきたその前日に，筆者は不思議な夢を見たのであった。それは，筆者とクライエント役だった人が並んで歩いている夢で，その中で，筆者はとても理不尽な体験をして，これまでに味わったことのない燃えるような怒りを感じたのである。そして目覚めながら，「ああ，これこそがクライエントさんが訴えたかった思いなのだ！」と直観的に「わかった」のであった。

III 研究に取りかかる——見えないゴールを目指して

心理療法場面において，クライエントの前に座ることができるのは，セラピスト（自分）一人である。しかし実習で筆者は「相手の気持ちがわからない（わかれない）自分」「インテークできない自分」に気づかされてしまった。それゆえに，その先に実際のインテーク面接を控えていた筆者にとって，この自ら体験した「夢の中でクライエントの気持ちがわかる」という経験的事実は，その理論的根拠を明らかにしてなんとか自分のものにしなければ，この先やっていけないかもしれない，個人的に取り組まなければならない重要な内的課題となったのである。そこで筆者は「セラピストが心理療法過程で見る夢」という，客観化がむずかしくてあまり前例もない，少し大きすぎて無謀とも言えるテーマを掲げて前に進んでみることに決めた。その時の筆者にとって，今やりたいこと，そして今やらなければならないこと，というのはそれしかなかったからである。幸いにも指導教官に非常におおらかに支えていただいて，筆者はまず，ひたすら手当たり次第に文献に当たっていった。

IV 理論の間に橋を架ける──新しい理論を見出す

「人の話を聴くというのはそもそも一体どういうことなのか？」「共感的理解という個人を越える現象はいかにして可能になるのか？」「夢を見るというのはどういうことなのか？」

転移・逆転移のあたりから始まった文献の検索は，やがて脳科学や物理学の分野などにも及んでいった。そしていよいよまたわからなくなったところで理系出身の先輩に相談すると，二つの振子が同じリズムを刻むようになる「共振（共鳴）」という現象のことを教えて下さった。人と人の共感プロセスを説明できる，魔法のような物理的現象の存在が見つかったのである。折しも，ケースでクライエントが報告してくれた夢と筆者が見た夢が，不思議な重なり合い（一致）を見せて共感的理解が進み，初めてケースが一応の終結を見たように思われた少し後のことであった。

心理療法場面において，人と人は引き込みあって，いつしか共鳴する。セラピストは，ときに自らも深い夢を見ながら，そのような共鳴的プロセスの中でクライエントとともに傷つき，癒され，変わる。これが当時の筆者がたどり着いた，ひとつのゴールであった。

V 書くことで深める／書くことで深まる／夢中になって書く／思いを込めて書く

論文を書いている間，ずっと夢中になっていた。数々の文献を読み漁る中で，偉大なる先人たちの叡智に触れ，心が開かれる思いのすることが何度もあった。そして，論文執筆を通して自分の小さな体験に根拠づけを行うことができたのは，非常に喜ばしいことであり，筆者にセラピストとして進んでいく勇気を与えてくれる自己治療的経験でもあった。

以来筆者は，これだと思うテーマが自分の中に降りてきたときには，臨床場面などでの自らの実体験を手がかりに，存分に心ゆくまで調べて文章を書くようになった。次は，博士論文にどのように進んでいくのかが，目下の筆者の課題である。

研究デザインと論文執筆

臨床支援のパートナーとしての研究

青木佐奈枝 *Sanae Aoki* ● 筑波大学

I 臨床支援の中で生じる疑問の答え探し

「研究デザイン」とかしこまって言われると，何だか自分たちが日頃行っている臨床支援とは一線を画した代物のような印象を受けることもあるかもしれない。「自分がやっているのは臨床実践ですし，研究はちょっと……」と苦手意識を持つ方もおられるのではなかろうか。しかし，臨床と研究はそうかけ離れたものではないと私自身は思うようになった。臨床家にとっての「研究」は，おそらく今行っている臨床支援の中にたくさんの種があり，これをお読みの方々の頭の中ではもうすでに複数の「研究デザイン」が展開されつつある。臨床心理職の研究とそのデザインはそういう類のもののような気がする。

私にとっての「研究デザイン」の定義は，「日常の素朴な疑問に対する答えを探すための手続きとその計画」である。私たちは臨床支援をする中で一日に何度も「何が起こっているのだろう？」「なぜなのだろう？」「どうしたらよいのだろう？」というつぶやきを頭の中で繰り返す。支援に携わる中でこれらの問いが生じない日は一日もないのではなかろうか。そして，その多くの「何」「なぜ」「どうしたら」をクライエントと共有し，時には他のスタッフと相談しつつ，心理支援を行っている。しかし，時には（というより，多くの場合），自分で考えても，そして，クライエントと一緒に頭をひねってみても，スタッフ同士で何時間話し合っても，すぐには答えの出ない「何」「なぜ」「どうしたら」も生じ，簡単には解けない問いを山ほど抱えて家に帰ることになる。そして，これを少しでも理解すべく，次回，また次回へ，継続して面接を行うことになる。この問いを理解するもうひとつの手段，それが研究なのではないかと思う。

II 臨床支援者のパートナーとしての研究

解離性障害のロールシャッハ研究が私の中で始まったのは，担当したクライエント（とその心理検査）をうまく理解できなかったことがきっかけだった。先行研究をいろいろ調べてみてもしっくりくる知見が得られず途方に暮れ，そのもやもやがずっと頭の中に残っていた。それからしばらく仕事を続けるうちに「解離性障害の方のロールシャッハ反応は何だかちょっと独特な気がする。何が起きているのだろう？」という問いが頭に生じ始めた。さらに「全生活史健忘の方と解離性同一性障害の方とは何だかお会いした印象も検査結果も違う。これは何なのだろう？ 支援の仕方も何だかしっくりくるものが異なる気がする」という印象を抱くようになり，データを集め始め，数年後，解離性障害のロールシャッハ研究としてまとめるに至った。そのため，この研究は「始めた」というより「始まった」と言うほうがぴったりくる。

また，以前，自傷行為を繰り返す方の支援に悩んだ時期があった。自傷行為は止まればすべてが片付くという単純なものではないと頭ではわかっていても，傷だらけの手首や手首以上に傷んでい

るその方を思うと、何度も検査結果や面接経過を見直さないわけにはいかなくなった。そして数年経った頃、切り方や切る場所、隠し方、予後などによって検査特徴が異なるような印象をふと受け、ひとつの研究に繋がっていった。おそらく、臨床家が行う多くの研究は、臨床支援と同様に「何とかならないだろうか」という臨床家のつぶやきから始まっている気がする。

また、時に研究は、少しばかり熱すぎる「何とかならないだろうか」という思いをコントロールするのにちょうどいい手段となる。支援において熱意は必要だが、熱すぎる思いは仕事の妨げになり、それだけではクライエントを支えることはできない。しばし、少しだけ、リアルな現場から研究という形で距離を取って冷静に眺めてみることは支援上も役に立つ。そのことに気が付き始めてから研究は、私にとって良いパートナーになった気がする。

では、どのように、「研究デザイン」を作っていくかといえば、最近、学生さんには以下のように教えている。まずテーマを決める。これは「知りたいことは何か」である。そして、そのテーマの先行研究を調べる。自ら研究せずとも先行研究にあたる中で「知りたいこと」がわかることも多くある。しかし、先行研究を読んでもよくわからない場合や、先行研究とは別の意見を持つ場合もあるかもしれない。そうしたことが新たな研究に繋がっていく。また、先行研究を読む際は、内容のみならず研究方法に着目して読んでみるのも勉強になる。「なるほどこの統計を使うのか」「こういう意図から群分けしたのか」など研究デザインのヒントが得られる。

III 臨床の両輪を使う難しさ──支援と研究

臨床と研究を両立させる際、一番難しいと思うのは頭の切り替えである。神田橋條治先生がグループ・スーパー・ヴィジョン（GSV）の際、「事実は言葉にするほどそぎ落とされる、言葉にした時点で本当から少しずれる」と仰っていた。話し言葉の場合は話し手の表情や間などが若干それを補うが、書き言葉になるとそれがなくなる。まして研究論文となると概念としてまとめられるので、さらに情報がそぎ落とされる。特に数量研究においては、事例研究よりも意図的に情報をそぎ落とす（つまり選択する）がゆえ、その傾向は顕著となる。例えば自傷行為の方法と予後の関連を探る研究においては「自傷行為の方法」と「予後」が変数となり、それ以外は剰余変数として統制される。そうすることによって初めて「知りたいこと」を数量的に明らかにすることができる。しかし、クライエントの実際の予後は言うまでもなく数量的結果のみで説明できるわけではない。臨床支援に戻った際は、研究ではそぎ落としたその他の情報をもう一度丁寧に読み込むことが重要になる。このように研究を行うときの頭の使い方（複雑→簡潔）と臨床支援のときの頭の使い方（簡潔→複雑）は少し異なり、時には逆方向の作業であるため、両立する際にはうまく頭の切り替えをする必要がある。なかなか大変だと思うときもあるが、私は、この2つは臨床の大事な両輪であると思っている。

研究デザインと論文執筆

「偶然の一致」が導く研究

大前玲子 *Reiko Omae* ● 大阪大学

　私にとって，今までのキャリアのなかで一番重要な論文は，博士論文であった。そのときの論文作成のプロセスを思い出しながらまとめることにする。

I　研究テーマの起源

　今まで，自分が学生時代から約30年ぐらいの間に体験してきたことを集約したものが，博士論文として結実した。私の研究テーマは，「イメージを扱う心理療法と認知行動療法を統合した実践的技法の開発」であった。一見相反するようなものの統合をテーマに選んだのには，今までの心理臨床現場での経験がもとにある。以下に少し詳しく述べてみたい。

II　コンステレーション
　　　――「認知」と「箱庭」との出会い

　「コンステレーション」とは，ユング心理学の根幹をなす考え方で，河合（1967）によれば，「意味のある偶然の一致」と思われることが，実は星座のようにすでに布置されたものとしてあるように，意識的には気づいていなかったものが，無意識の働きに注意を向けると意識化されること，とされている。

　私の場合は，「認知」と「箱庭」との出会いである。誰がこの物語をつくったのだろうか，と思えるような意味のある偶然が重なり，「認知」と「箱庭」に出会ったような気がする。

　「認知」との出会いは，卒業論文で「認知的く

い違い」をテーマとしたことだった。それは社会心理学の観点からのもので，本来思うことと違う方向で与えられたテーマであったが，「認知」との最初の出会いである。

　「箱庭」との出会いは，最初に就職した公立の教育研究所でのことだった。たまたまご縁があって，働くことになったその研究所は，河合隼雄先生が箱庭療法を早期に導入された機関だった。私は所長より箱庭療法の手ほどきを受け，心理臨床場面では必要に応じて，よく箱庭療法や絵画療法を導入していた。その当時，私の勤務していた地域では，ロジャーズ・ユング流のカウンセリングが主流で，その研究所でもほとんどのプレイルームや面接室に箱庭のセットが置かれていたのである。

　20年後，私は，内地留学をすることになった。さまざまな偶然が重なり，アメリカのアーロン・ベックのところから戻られて間もない井上和臣先生に認知療法の指導を受け，修士論文「青年期の不適応に対する認知療法」を書いた。今度は「認知」との2度目の出会いである。

　その10年後，大学院に戻り，箱庭療法と認知療法を統合した博士論文「イメージ表現における認知――物語アプローチの導入」を書いた。この療法を用いると，自分が箱庭に表現して物語ったものから，気がつかなかった自分の無意識を意識化して自分の心理的課題を見つけることができる。自分で見つけた課題なので，自分自身で納得いく形で自分の表現した箱庭を理解し，心理的課

題に取り組むことができる方法である。一方，認知療法という意識レベルのことを扱う心理療法の観点からすると，夢や箱庭という無意識からの見方も取り入れれば，認知療法だけよりも問題解決の幅が広がり，より深いレベル（スキーマやさらに深層イメージ）で変化が起こるように思われる。

このように，30年の間に私が心理臨床の世界で体験してきたこと，積み上げてきたことの意味する筋を読んでいくと，さまざまな意味のあるできごとが偶然にも布置（コンステレート）されていたように思われる。そのコンステレーションの意味を読んできながら，自然と研究テーマに行きついたのであった。

III オリジナリティを求めて

私の研究テーマは，現実志向の認知療法と力動的心理療法に属する箱庭療法という2つの志向の違う心理療法の統合を目指したもので，どちらの学派からも理解されにくいようだった。特に初期の頃は，認知療法学会では無意識を想定する療法は異端とみなされ，箱庭療法学会では，認知・行動を重視するのは，現実的すぎると理解されにくかった。どちらにも受け入れられにくい面はあったが，最終的には日本心理臨床学会の奨励賞をいただける研究として実を結んだ。

オリジナリティのあるテーマに行き着くためには，いろいろな道があると思うが，私の場合は，あまり他人が関心を払わない領域をテーマにしたことから始まった。認知療法と箱庭療法との統合は，日本のみならず世界的にもあまり例がなく，他人が研究しない領域の中に，オリジナリティの萌芽があるのではないかと思われる。

* * *

このように，批判されたり理解されにくい領域でも，あきらめないで研究を続けることができたのは，大学院で一緒に研究する院生たちと切磋琢磨し励まし合ったことや，臨床心理士仲間・先輩たちからのサポートが，大きな力となった。今，研究に精進している若い皆さんにとっても，周りにいる仲間との出会いは，何かのコンステレーションかもしれない。このようなご縁も大切にして，それぞれのテーマを追求してもらいたい。

▶ 文献

河合隼雄（1967）ユング心理学入門．培風館．

若手・中堅による研究論文執筆体験談

瓦礫のなかの「彼女」の卒業論文

古市真智子 *Machiko Furuichi* ◉ 中部大学現代教育学部児童教育学科

　大学4年生の冬，ワープロを買った。卒論をワープロで書くなんて，カッコイイことだと思っていた。ちゃんとした卒論を書く人のすることだと思っていた。私には必要ないし，がんばって手の届く値段でもなかった。それでも，電気屋さんの前を通るときには，一応，ワープロの値札を確認しないでもなかったが，そのたびに身の丈にあわないことを確認するだけのことだった。

　しかし，その日は違った。電気屋さんの店頭から，常識外れの値札が目に飛び込んできた。すごく古いタイプなのか，ワープロもどきの機械なのか，とにかく普通とはどこか違って「不細工」だった。こんな値段で買えるはずがない。疑いつつも説明を聞くと，「画面が暗くて小さい」だけで，これも立派なワープロだという。早速購入したものの，いざ使い始めると，ワープロにとって「画面が明るくて大きい」ことがどんなに重要なことかがわかった。4〜5行でいっぱいになる画面はスタンドで照らすと余計に見づらかった。タイピングの遅さも加わって，手書きのほうがよほど見やすくて速いことにすぐに気づいたが，卒論をワープロで書いているという満足感のほうが勝った。

　締切日まであと数日。今夜はやるしかないと，大阪の実家のこたつで徹夜の覚悟だった。もう内容なんてどうでもいい。最低限の格好がつくために字数を増やす，という作業をしていた。明け方，睡魔に襲われ小さく揺れているところを突然別の力で大きく揺さぶられた。咄嗟に大切なワープロが落ちないように押さえ，揺れが収まるのを待った。しかし，揺れは収まるどころか不気味な音を立ててどんどん大きくなった。1995年1月17日，阪神・淡路大震災。大学が見下ろす神戸の街は炎に包まれ，瓦礫の山となった。震災後初めての登校日，学部の校舎では，互いの無事を確認しあう声に交じって，「4年生の女子が亡くなったらしい」と聞こえてきた。まじめで勉強熱心なグループの子だった。そしてその後，彼女の卒論を友人たちが協力して書き上げたと知った。卒論をいい加減でテキトーに済ませた私には思いもよらない発想だった。

　きっと，瓦礫のなかから発見された彼女のフロッピーには，人にそうさせる何かが記録されていたのだろう。一生懸命に取り組む姿，テーマに込められた思い，信念……それを感じ取るためには，彼女と同じような姿勢で卒論に取り組み，彼女に自分を重ねられる者でなければならないはずだ。私のフロッピーには，文字以外に何も記録されていない。私が彼女のフロッピーを見たとしても，彼女の思いに気づくことはできないだろう。こんな風に考えると彼女の友人たちを奮い立たせたものが，少し理解できた。

* * *

　修士論文は，画面が明るくて大きくて表計算もできる「普通のワープロ」で挑んだ。世の中はWindows95が発売され，急速にパソコンが普及していた。パソコンといっても，まだインター

ネットで文献検索とはいかなかった。図書館にはたくさんの引き出しがついた棚があり、引き出しのなかに収められた目録カードで本を探した。論文は，分野別に1年分の論文情報をまとめた本から，キーワードで探したと記憶している。

年末年始，社会人の友人たちは，ボーナスの使い道だ，合コンだ，海外旅行だのと盛り上がっていた。修士論文に追い込まれている私には，どれもこれも関係のない話だった。皆が人生で最も楽しい時期を過ごしているように見え，自分は人生で一番辛い時期を過ごしているように思えた。

涙が溢れてきた夜があった。実家の2階の勉強部屋，FM802のヘビーローテーションは，山崎まさよしの"One more time, One more chance"だった。この曲が流れると，さっきこの曲が流れたときからあまり進んでいないことに気づかされ，焦った。曲は何度も何度も流れ，焦る気持ちはどんどん膨らんでいった。時間だけがどんどん進んでいく，友達はあんなに楽しそうにしているのに，この先就職とか結婚とか何も決まってないし，といろいろなことへの焦りがこみ上げてきた。泣きながらワープロを打つ自分の姿は，滑稽すぎて見ていられなかったが，手を止める気にはならなかった。字数を増やすだけの私はもうそこにはいなかった。

もうすぐ書き上がるという夜，ふと震災で亡くなった女子学生のことを考えた。あのときのエピソードが心の底で理解できた。もし，私の修士論文が今ここで未完成のまま発見されるようなことになれば，きっと誰かが完成させてくれるだろう。今なら，私も彼女のフロッピーからいろいろな思いを感じることができるはずだ。しんどかったけど，もうすぐ出来上がる，終わる。終わったら，思い切りテニスがしたい——彼女もこんな風に卒論を書いていたのだろう……終わったら何をしたかったのだろうか。

若手・中堅による研究論文執筆体験談

関係性のなかで子どもが教えてくれること

榊原久直 Hisanao Sakakihara ● 大阪大学大学院人間科学研究科／日本学術振興会特別研究員DC

　卒業論文や修士論文の締め切りを前に「研究なんてできない…」，「研究は苦手…」と頭を抱える学生を目にすることは少なくない。恥ずかしながら私自身，博士課程の3年にもなってもまだ同じく頭を抱えて日々を過ごしている。そんな自分が拙いながらもなぜ研究を続けているのか，そんな不思議について考えてみたい。

I　研究の原点

　神戸大学で過ごした学部生時代，障碍のあるとされる子どもやきょうだい，その養育者を中心に，地域の人々を巻き込んで"共に生きる"ことを願って作られた"居場所づくり"活動に，私はボランティアとしてお世話になっていた。週に一度，子育て支援施設の一室で放課後に開かれるこの活動は，一緒に玩具で遊んで過ごしたり，お菓子を作って食べたりと，毎週みんなで一緒になって過ごし方を作り上げていく場であった。

II　出会うことで触れられるもの

　しかし頭では知っていても，触れてみて初めてわかることがある。私にとって障碍のあるとされる子どもとの出会いはまさにそうであった。活動に初めて参加した日，ほとんど何も話さないし話しても聞き取れないようなしゃがれ声のダウン症の男の子と二人で過ごすこととなった。3時間ほどの活動のなかで，自分のなかに生じた戸惑いや苦手意識は強烈なものであった。それは違和感とも呼べるものであり，その感覚は何カ月間も拭い去れなかった。そんななか，ある夏の日に元気いっぱいカキ氷器の取っ手を回しているダウン症の女の子に私は出会った。いくら回しても氷が出てこないなぁと思いながら傍観していたところ，母親が取っ手の回し方が逆だと気づいて教えたのだが，その時，二人を中心に笑いが起こったのであった。幼い子どもが一生懸命になっている姿やその微笑ましい失敗を，ただ素朴に愛おしく思って笑顔になる。そんな当たり前の感覚と，それを共有する時間の暖かさに触れた瞬間であった。「障碍があるから……」，そんな言葉に縛られていた私であったが，ふとそんな心が弛んだことを今でも鮮明に覚えている。

III　触れ合うことで見えてくるもの

　その頃を境に，これまで見えなかった子どもの姿が目に映りはじめた。ある日先に登場した男の子が部屋の片隅で不機嫌そうに小さなボールプールを占領し，しゃがれ声でなにやら悪態をついていた。訳もわからずただ傍で耳を傾けることしか私にはできなかったが，彼は涙を流しながら学校でからかわれた悔しさを不器用な言葉で訴えた。そして話し終えると，わずかながら澄んだ声になって「一緒に遊ぼう」と求めたのであった。そこに居たのは，障碍児でもなく，病児でもなく，私と同じように泣いたり怒ったり，そして笑ったりもする，心を持った一人の子どもであった。

IV　子どもが教えてくれること

　一人の子どもとしての彼らと共に過ごすことは，私にたくさんのことを教え，時に疑問を投げかけ，さまざまな可能性を示唆してくれた。はたして子どもたちの呈する症状の全てが器質的なものなのだろうか。人が苦手だと言われる自閉症児だけれども，一人くらいしつこく傍にいて一緒に遊ぼうとする変な男がいたっていいんじゃないだろうか。そんな疑問や期待といった，ある意味では見立てや仮説といえるような想いを持って，関わりを重ねると，子どもたちから何かしらのリアクションが返ってくる。一緒になって笑い合うことに繋がる日もあれば，うっとうしがられて噛みつかれたり，パニックを起こしてしまうこともあるだろう。だがひとつのやり方や考え方が上手くいかないという結果すらも，その子を理解するうえで重要なものであり，何よりその子が教えてくれた大切なメッセージであろう。

V　想いが言葉に出会う時

　私にとっての研究とは，ここまで描いてきたようなプロセスのなかで，子どもに教えてもらった大切な何かを，社会や学問の世界に還元する作業である。自閉症児を特定の他者との関係性のなかから捉え直すという形なきテーマを一貫して追い続けているが，それは学術的な探究から見つけ出したわけではなく，子どもとの関わりのなかでの実感と関係発達論という理論とが，後から出会って産まれたものであった。そんな日々の積み重ねが，巡り巡って当事者の方々やまだ見ぬ家族の役に立てば，これほど嬉しいことはない。これでは何やら夢物語になってしまいそうだが，突き詰めて考えると，自分が素敵だと感じたことや疑問，素朴な想い……そこに踏みとどまって考えることが研究の始まりではないだろうか。知的でクールな論文も素敵ではあるが，描き手の顔とそこに込められた想いが浮かぶような不恰好な論文もまた，同じくらい素敵であると思う。

　研究において，道に迷ったら誰かと出会おう。自分のなかにある誰かとの出会いを見つめ直そう。自分のなかにある誰かの心の欠片や，誰かのなかに映る自分の心の欠片が，大切な何かを教えてくれるかもしれないのだから。そう願いながら，今日も私は現場を彷徨っている。

若手・中堅による研究論文執筆体験談

私の研究論文執筆と，航海と，私

竹田 剛 *Tsuyoshi Takeda* ● 大阪大学大学院人間科学研究科／日本学術振興会特別研究員

　私はまだ臨床心理学研究という大海原にこぎ出したばかりである。舵の取り方もままならない。しかし日々その奥深さや面白さを感じている私にとって，研究は非常にエキサイティングで意義深い航海である。

I 理想と共にいざ旅立ち
　　　　──臨床心理学との出会い

　私と臨床心理学の出会いは高校時代に遡る。「自分とは何者だろうか」と考えていた私が手にとったのが臨床心理学の新書であり，こんな学問があるのかと胸をときめかせたことを覚えている。大学に進学し，予備校で進路指導のアルバイトをした際にもそのような悩みをもっている生徒が多く，"これでよい"存在として自分を認められない，すなわち自尊感情の低さを抱える人々がこんなにも多いのかと驚いた。「そのような問題を解決し，世界中の人々がすこやかに生活できる世界をつくりたい」。私の羅針盤が示すのは，私を含めた多くの高校生が指し示す，自己愛や自尊感情といった自己に関する悩みに重なるものだった。
　そんな思いから卒業論文のテーマとして自己愛を選んだが，当時の私はこのテーマがもつ底知れなさには十分に気付いていなかった。自己というテーマでは精神分析を避けて通れず，Freud, S. やLacan, J. などのさまざまな文献と格闘したことを覚えている。またデータを扱う際の感覚も心に残っており，緊張で震える手でSPSSの分析結果を開いたときの興奮は，まさに財宝を見つけたときのドキドキに似ていたことを覚えている。細かく積み上げていく文章はパズルのピースにも似て，欠けている箇所を埋めていくことのワクワク感，全体像が見えてきたときの充実感は，何事にも代えがたいものであった。それでも執筆においては仮説通りの結果が出ず，また理論との整合性もとれず，じりじり身が削られていく思いがした。しかしこの経験を通して，考えをまとめて新しいものを生み出すことの難しさと厳しさ，そして面白さを知った。卒業論文の執筆を通じて自己愛というものの一端を理解し，どのようにそれが行動や感情に影響を与えるのかを示すことができた。と同時に，少し私自身のこころのなかにある自己愛のうごきについても光が当てられた気がして，いままで理解不能だった自分の寂しさや怒りについて少し意識できるようになった。

II 航海のなかで──臨床心理学研究の魅力

　修士論文では，神経性過食症をもつクライエントにインタビューを行うことにした。伺う内容は，自尊感情と，それを形作る自己のさまざまな一面についてだった。しかし実際にフィールドに入り，クライエントのなまの体験に触れることは容易なことではなかった。どのようにフィールドをお借りすればよいのか，またクライエントの負担を少しでも軽くするためのインタビューの進め方は何かなど，実際に研究を具体的な形に落とし込む作業は骨の折れるものだった。しかしここで伺った語りは私にとって「ああ，実際のクライエ

ントはこんな感じなのか」と，私自身も実感としてもてるような体験的な理解につながったように思う。私にとって，文献を読んでいる段階では，頭のなかで多くの理論やデータが喧嘩をしているような状態であったが，クライエントと接し，そこから自分で「こんな感じ」を研究論文にまとめていくプロセスからは，ばらばらになっていた知見がひとつの像として具体的に結ばれていく感じがした。と同時に，私自身のなかにあるさまざまな思いや感情もつながっていくような感じを覚えた。「ああ，自分にはこういう一面があるから，その影響でこういう一面も生じるのか」というふうに。

このような体験をかさねてきた私は結局，臨床心理学の研究と執筆にどのような魅力を感じているのだろう。もちろん第一の目的は臨床への還元である。クライエントから，自己という洞察の難しいテーマについて少しずつ「こんな感じ」をいただき，それを臨床においてお返しする。臨床に関わる方々も私と同様に知見がばらばらになっていることはあるだろうから，その整理にお力添えをさせていただくことは大きな喜びだ。しかし同時に，研究を進めるたびに，私自身の自己が新たな形を得て眼前にあらわれてくる感じもある。私の場合，自己という暗い海のなかで迷い，さまよった私自身の経験に研究の端を発しているわけだから，同様の苦しみをもつ方々に知見を還元したいと思うことは，転じて私自身にも知見を還すことになるのである。また研究論文を執筆するうえでの苦労を知ることは，私自身に接近していく術を知ることにも通ずる。ひょっとするとこれは，臨床実践に近いプロセスなのかもしれない。臨床実践がセラピストのすべてを投げ込んでクライエントと関わり，クライエントに比重をおきながらも双方に変化を生み出す試みであるとするならば，自己に関する研究と執筆もそれに近い営みといえるだろう。この意味で私は論文執筆と臨床実践をとらえ，両者は同時に重なり合うものだというイメージをもっている。

まだ若手である私にとっては，この臨床のフィールドという大海原において見るものすべてが新しく刺激的である。しかし私は常に「私」を指し示す羅針盤を携えながら，臨床に加えて私自身にも還元できる，実践という名の航海を続けてゆきたい。

若手・中堅による研究論文執筆体験談

修士論文作成体験から見えてきた「テーマ決定」のエッセンス

近藤龍彰 *Tatsuaki Kondo* ● 神戸大学大学院人間発達環境学研究科

I テーマを決める

　本論考の目的は，筆者が修士論文作成時に一番苦労した，そして修士論文執筆において要となる「テーマを決める」ことについて私見を述べることである。「テーマを決める」ということについての筆者なりのエッセンスは2つ，「何をするのか（目的）」「どうしてするのか（問題）」を設定することである。まず「何をするのか」についてであるが，これを書くことはそれほど難しくない。今この瞬間でも「〇〇を検討する」と書けば，目的は書けたことになる。しかし，この宣言だけではテーマを決めたことにはならない。もう1つ，「どうしてそのテーマをするのか」が説明されなければならない。

　「どうしてするのか」への最もオーソドックスな回答は「そのテーマが今まで研究されていないから」である。しかし，この問題意識では不十分だ。なぜなら，無数にある「やられていない」テーマのなかでなぜそのテーマをやるのかが説明されていないからである。言い換えると，やられていないテーマのなかから，なぜそのテーマを選んだのかの理由や意味（研究の意義）を述べる必要がある。そしておそらくこれを見つけることが一番苦労するのではないだろうか（「その研究やって意味あるの？」という先生からの質問は生きる気力を失わせる）。

　筆者は研究の意義を見つけるにあたって，(1)先行研究の検討，(2)原点に立ち返る，(3)結論を見据える，という3つの作業を行った。具体的には，まず自分の関心ある領域の先行研究で「現在わかっていること」を確認した(1)。しかしどうも自分の疑問や問題意識が解決された気がしない。そこでそもそも自分がその領域に関心をもったきっかけを探り，「何」が解決されていないのかを考えた(2)。そうすると「今までの研究では〇〇とされているが，（自分の考えからすると）そうではない」という反論が自分のなかで生じてくる。そして「そうではない」と思考した先に，「こうではないか」という自分なりの仮説が見えてきた(3)。

　以上，(1)(2)(3)を通して，「今までの研究では捉えきれない新たな世界を提起すること」，これが筆者が修士論文作成時に意識した研究の意義の枠組みである。このように捉えると，研究の意義とは何かを考える際に，「今までの研究で捉えていない現象とは何か」「自身が提示したい新たな世界とは何か」など，もう少し具体化して思考することができ，その延長線上で「テーマを決める」ことができるのではないだろうか。

II ワクワクする世界へ

　現在，筆者は主に子どもを対象とした発達心理学領域で研究を行っている（近藤，2014a，2014b，印刷中）。その意味で，自身の研究知見が即座に臨床知として応用できるというものではない。それでも研究を行いながら臨床実践を（細々と）

行っているのは「理論的であるとは実践的である」という修士時代の教えを追い求めているからである。その答えにはいまだ至っていないのだが，現在思うところとして「ワクワク」という身体感覚をキーワードに考えてみたい。

筆者は理論と実践の関連において，2種類の「ワクワク」を感じている。1つは実際の子どもたちを見ることで研究に足りない視点が見えてくること（実践から研究へ），もう1つは，研究知見を通して昨日まで見えなかった子どもの姿が見えてくること（研究から実践へ）である。いずれも，新たな世界が開かれることに対する面白さ，ワクワク感がその媒介となっている。先に知的な枠組みで捉えた研究の意義について述べたが，最後には結局「それがワクワクするから」という身体実感が，研究を進めた一番の理由であったように思う。

なぜあえて最後にこのような抽象的かつ直観的な表現を使わせてもらったかと言うと，臨床領域では実践者・研究者のワクワク感をあまり位置づけてこなかった印象を受けるからである。もちろんワクワクなど感じる場ではない臨床現場が対象となるので，それも当然かもしれない。しかし個人的には，研究にしても実践にしても，それを展開させるのは，「こんな世界を見てみたい」という実践者・研究者のワクワク感ではないか，とも感じている。この考えが若気の至りであるのかどうかは先達のご批判を待ちたいが，〈研究（理論）と実践（臨床）をつなぐものとしてのワクワク〉という考えが，修士論文のテーマ決定に役立てば幸いである。

▶ 文献

近藤龍彰（2014a）幼児期における「わからない」反応の発達的変化──「わからない」状態の視覚化手続きを通して．発達心理学研究25；38-46.

近藤龍彰（2014b）幼児は「誰の」気持ちがわかるのか？──情動推測における人称性認識の発達．心理科学35；38-51.

近藤龍彰（印刷中）幼児は「他者の情動はわからない」ことがわかるのか？──両義的状況手がかり課題を用いて．発達心理学研究．

若手・中堅による研究論文執筆体験談

臨床実践と研究活動の両立──その難しさと意義

松浦隆信 *Takanobu Matsuura* ● 鹿児島大学大学院臨床心理学研究科講師

　筆者は，修士課程修了後に医療機関（心療内科）で常勤の臨床心理士として勤務し，研究とは無縁の生活を送っていた。しかし，現場で経験を積み上げる過程で臨床実践の内実を言語化していく必要性や欲求に駆られたため，在職のまま博士課程に進学し，博士号を得た。本稿ではこのような筆者の経験のなかで感じた研究への戸惑いや苦労などを3つの観点から論じつつ，現場の臨床家が研究を遂行するうえで必要になると思われるポイントについて個人的な見解を述べてみたい。

I　理論と経験則との整合性

　久しぶりに研究に取り組んでまず戸惑ったのは，臨床実践で培ってきた経験に基づいて仮説を設定したことで，実証研究で求められる「理論的根拠」の構築が思うように進まなかった点である。現場で用いられる心理療法は先人の優れた臨床的洞察に基づいて理論構築がなされているのだが，「実証性」という観点からはその根拠の確立が課題とされる技法も多い。そもそも「理論から仮説を立てて検証する」スタイルは，クライエントとの面接を通じて問題の背景に関する見立てを行い，援助の方向性を検討するという「クライエントの言動から仮説を生成する」スタイルとは思考の方向性が真逆であることも戸惑いの一因となった。

　具体的に述べよう。筆者の専門は森田療法であるため，「不安な気持ちを受け入れるとかえって不安が軽減する」という「（臨床的な）理論」に基づき，不安障害の臨床を行っていた。そこで，研究でもそのような仮説を設定していた。ところがその後，臨床に理解がある社会心理学の指導教員から「その仮説の理論的根拠は？」と質問された。私は当初「森田療法ではそう言われています」と本気で返答していたのだが，やがて私と指導教員との間で「理論」の意味するところが違うことに気が付いた。しばらく経ってから，実証研究とは先行研究や心理学理論などを拠り所にして，理論的に整合性の高い仮説を立てて進めていくものだということがようやく理解できた。ただ，実務経験を経て研究に戻った人間としては，やはり臨床実践に活用可能であり，臨床現場の専門家にも納得していただける研究を行いたいという意識も強かった。

　以上に述べた「理論と経験から得た知見とのバランス」に関しては，指導教員に実証研究の作法についてご指導いただきつつ，臨床現場で生じる諸問題をある程度説明可能な基礎心理学理論を模索するなかで少しずつ身に付けていったように思う。このことから，臨床家が研究するうえでは，実務で得た問題意識を大事にしながらも，基礎心理学理論に立ち返る作業を意識的に行うことが重要だと感じた。

II　研究時間・研究環境の確保

　研究を進めるうえでは研究時間が必要である。筆者の場合は，進学をご了承いただいた現場の所属長（院長）に無理を言って，大学院で研究指導を受ける際には有休をとって大学に通い，平日夜

や週末に論文執筆を行うなどして時間を捻出していた。質問紙調査やデータ分析に関しては、ゼミを通じて知り合った多くの方々（先輩，後輩，他大学の先生）の協力を得た。作業量的にも自分だけの力では研究の遂行は困難だった。研究を行うためには，研究動機や目的を自分のなかで明確にし，所属長・指導教員・家族などの関係者から理解を得ることや，研究協力者の存在が欠かせないと感じた。さらに言えば，先行研究論文の検索（特に海外論文）や資料などの印刷が大学院で行えたことも大きかった。もし自分が大学院に籍を置いていなければ，これらの研究環境は得られなかったわけであり，現職の心理職が臨床現場にいながら研究を行う難しさを痛感した。今後，常勤の臨床心理士が研究しやすい環境を提供するシステム（夜間開講など）を有した博士課程の大学院が増えることを期待したい。

III　学会発表・論文作成

　臨床心理士の主要4業務のなかに「研究」が入っているとはいえ，博士課程進学前までは，研究の世界は大変敷居が高い世界に映っていた。研究には学会発表や論文作成がつきものだが，敷居の高さゆえに「自分の研究が公表に値するものだと思えない」というネガティブな認知が拭えず，気後れしていた。しかし，学会発表や論文作成の経験を重ねるにつれて，良い意味での慣れに加えて，臨床現場でクライエントの話を聞くという「入力」作業とは違い，臨床家として培った自らの知見を「出力」できる喜びを得られることを知った。また，論文を作成し，それを学会誌に投稿して査読者からコメントを得て，査読コメントに沿って論文を修正していくという一連の作業を通じて，自らの臨床実践を振り返れたことは意外な発見であった。それはまた，臨床と研究の結びつきを実感できた瞬間でもあった。

IV　おわりに

　博士論文執筆を通じて，現場の臨床心理士が一つの研究論文を仕上げる大変さとともに，研究成果を挙げることによって社会的な説明責任を果たすことに繋がり，臨床心理士の地位向上に役立つ手応えも得られたことは大きな収穫であった。今後も臨床と研究の双方に積極的に取り組んでいきたい。

http://kongoshuppan.co.jp/

境界性パーソナリティ障害の治療

エビデンスに基づく治療指針
ジョエル・パリス著／黒田章史訳

　不安定な対人関係や自傷行為などを発現する境界性パーソナリティ障害（BPD）に対する福音として登場した本書は，第Ⅰ部でBPDを定義し患者の特徴の諸相を浮き彫りにし，第Ⅱ部は病因に関する研究，第Ⅲ部は治療に関する研究について概説する3部からなる。第Ⅰ部でうつ病など諸症状とのボーダーを明らかにした上で，第Ⅱ部で患者の多彩なリスクについて指摘する。第Ⅲ部では，それに基づく適切な個別的療法について論じ，徹底的なエビデンスをもとに，多彩な症状を見せるBPDについて，その病因や症状を分析し，それぞれについて効果的な処方を明らかにし，個別具体的な解決だけでなく総合的なマネジメントを獲得するすべを提案する。　　4,800円

モーズレイ摂食障害支援マニュアル

当事者と家族をささえるコラボレーション・ケア
ジャネット・トレジャーほか編／中里道子，友竹正人訳

　摂食障害はそれを維持する因子も治癒する因子も家族に多くを負い，患者の治癒は家族の治療参加にかかっている。治療者は，純粋な敬意をもって患者に接してその警戒を解き，家族と患者の共同治療参加を促進し，変化のステージに付き従う伴走者となる。本書で解説される摂食障害治療プログラムでは，エビデンスに裏打ちされた認知行動療法，家族共同治療ユニットとしての「CRAFT」（コミュニティ強化と家族訓練），変化の技法としての「動機付け面接」が要となって，困難事例であってもその治療を一歩ずつ前進させていく。確かな治療効果が実証された，英国モーズレイ摂食障害ユニット発・摂食障害治療マニュアル決定版。　　5,400円

境界性パーソナリティ障害
J・ガンダーソン著／黒田章史訳　弁証法的行動療法，認知行動療法，家族療法，集団療法などの心理社会的治療を併用することの有効性を提示したBPD治療の決定版とも言えるガイドブック。　5,700円

パーソナリティ障害：診断と治療のハンドブック
L・スペリー著／近藤喬一，増茂尚志監訳　DSMに準拠した，パーソナリティ障害を理解するための実践的なスタンダード。診断・面接の要諦が事例を交え，わかりやすく解説されている。　4,600円

過食症サバイバルキット
U・シュミット，J・トレジャー著／友竹正人，中里道子，吉岡美佐緒訳　摂食障害患者が，治療のエッセンスを理解し，回復へと向かうのをサポートする，またとないガイドブック。　2,800円

拒食症サバイバルガイド
J・トレジャー著／傳田健三，北川信樹訳　摂食障害からサバイバルするために，本人，家族と専門家が協力して立ち向かっていくための至極のガイドブック。　3,000円

Ψ 金剛出版　〒112-0005　東京都文京区水道1-5-16　URL http://kongoshuppan.co.jp/
Tel. 03-3815-6661　Fax. 03-3818-6848　e-mail kongo@kongoshuppan.co.jp

（価格は税抜表示です）

編集後記
Editor's postscript

　『臨床心理学』増刊号で,「研究論文の教室」を特集することとなった。編者自身が忸怩たる思いでいっぱいである。その任に当たるのはおこがましいと感じたからだ。そもそも私たちの世代は,アカデミック・ライティングに関する基礎教育を受けていない。ほとんど見よう見まねで論文もどき（?）を書いてきたのが実情である。時代の変化もあり,最近の大学教育のなかで,アカデミック・ライティングの指導の重要性が認識されつつある。本増刊号では,若手・中堅・達意の方々が,自らの論文の書き方を開陳している。いわば楽屋裏をのぞくようなものである。論文作法の初歩から学ぶ方々に向けて,本特集も何らかの役割が果たせれば幸いである。

　今回もいつものことながら編集に携わった藤井裕二さん,伊藤渉さん,その他多くの金剛出版の方々にお世話になった。ほとんど協働実践者として編集出版の業務があることを痛感した。事業の採算だけでなく,強い公共的使命感があることを感じた。この方々といっしょに仕事をすることはいつも喜びである。あらためてお礼を申し上げたい。

（森岡正芳）

　こんな特集が組みたいと思っていた以上のものが実現できて,満足である。臨床心理学の研究を,特定のスタイルと手法に限定してしまったり,論文の書き方のハウツウ的なことだけを提供したりするのではなく,臨床心理学において生成され発信され伝えられる知とはどのようなものかということを根本から問いつつ,かつ,これから論文を書こうという人々の励みになるようなものにしたかった。原稿を寄せてくださった先生方も,短い執筆期間と窮屈な字数制限にもかかわらず,とても力を入れて執筆してくださり,実に密度の濃い論考が集まった。この場を借りて編者として厚く御礼を申し上げたい。臨床心理学は,さまざまな領域と方法論が集まっているからこそ面白い。多様で雑然としたものが交錯し対話するダイナミズムの中から,新しい知のあり方を生み出して発信していく可能性を秘めている。斉一的で自然科学的な装いのみをもたせのではなく,かといって,主観的な考えをそのまま開陳するのではなく,さまざまな実証の方法と社会的・倫理的責任の果たし方も探究してこそ,この学問は本当の意味で活きてくる。この特集号が,そうした動きの活発化に少しでも寄与できれば幸いである。

（大山泰宏）

✝編集委員（五十音順）............ 岩壁 茂（お茶の水女子大学）／大山泰宏（京都大学）／熊野宏昭（早稲田大学）／下山晴彦（東京大学）／
辻井正次（中京大学）／中嶋義文（三井記念病院）／増田健太郎（九州大学）／妙木浩之（東京国際大学）／村瀬嘉代子（北翔大学）／
森岡正芳（神戸大学）

✝編集同人（五十音順）伊藤良子／乾 吉佑／氏原 寛／大塚義孝／大野博之／岡 昌之／岡田康伸／神村栄一／亀口憲治／河合俊雄／岸本寛史／北
山 修／倉光 修／小谷英文／進藤義夫／高良 聖／滝口俊子／武田 建／田嶌誠一／鑪幹八郎／田中康雄／田畑 治／津川律子／鶴 光代／成田善
弘／成瀬悟策／長谷川啓三／馬場禮子／針塚 進／東山紘久／平木典子／弘中正美／藤岡淳子／藤原勝紀／松木邦裕／溝口純二／村山正治／山
上敏子／山下一夫／山田 均／山中康裕／吉川 悟

✝査読委員（五十音順）下山晴彦（査読委員長）／岩壁 茂（査読副委員長）／杉浦義典（査読副委員長）／赤木和重／石井秀宗／伊藤美奈子／
川野健治／坂本真士／能智正博／野村理朗／藤川 麗／別府 哲／村井潤一郎／森田慎一郎／安田節之／山口智子／湯川進太郎

臨床心理職のための「研究論文の教室」
研究論文の読み方・書き方ガイド

臨床心理学 増刊第6号　2014年8月10日発行
定価（本体2,400円＋税）

発行所............（株）金剛出版
発行人............立石正信
編集人............藤井裕二
〒112-0005　東京都文京区水道1-5-16
Tel. 03-3815-6661 / Fax. 03-3818-6848　振替口座 00120-6-34848
e-mail　rinshin@kongoshuppan.co.jp（編集）
eigyo@kongoshuppan.co.jp（営業）
URL　http://www.kongoshuppan.co.jp/

装丁…永松大剛［BUFFALO. GYM］　本文組版…石倉康次
印刷・製本…シナノ印刷

創作と癒し──ヴァージニア・ウルフの体験過程心理療法的アプローチ──

村田　進［著］

"文学と心理学の接点"、すなわちヴァージニア・ウルフの主要作の精緻な読みとフォーカシング指向心理療法を含む体験過程理論の研究実践から導き出された「創作と癒し」の世界

本書は、作家兼臨床家の神谷美恵子が、ウルフの病蹟学的研究で、自らやり残したと述べている作品研究の領域に光を当てて行なった、心の回復過程についての研究である。『創作と癒し』はそこから名づけられている。

また、その主題「闇の核心をもとめて」には、心の闇に照らし出されるものとは一体何なのかという、ウルフが探求してやまなかった問題に、主にフォーカシング指向心理療法における"フェルトセンス"の解明を通して迫るという意図が込められている。

ヴァージニア・ウルフはいわゆる意識の流れの文体を用いたが、元々この"意識の流れ"の概念はW.ジェームズに端を発する心理学的な用語であった。それが20世紀初頭の内面を綴る文学的な手法に適用され、意識の流れの手法と呼ばれるようになった。一方、心理学の分野では、それが体験過程の概念として発展した。これが、本書で、V.ウルフの意識の流れの文体を体験過程の観点から取り上げて、文学と心理学の接点から研究を行った論拠である。

本書が取り上げた体験過程理論は、C.ロジャーズのパーソンセンタード・アプローチからE.U.ジェンドリンのフォーカシング指向心理療法、または、体験過程療法論にまたがっている。筆者が、V.ウルフの文学を体験過程からひも解くのは、そのような体験過程理論の発展を反映した尺度を用いて、ウルフが書いたものを実地に評定し、統計学的な処理で裏付けた先行研究に基づいている。それは、筆者の博士論文を著した『創作とカウンセリング』(2003)という、書くことの心理療法的意味の研究であったが、これは本論の姉妹編である。

序論　闇の核心を求めて
第1部　V.ウルフ『ダロウェイ夫人』を中心に　●第1章　ヴァージニア・ウルフの創作と体験過程について──『ダロウェイ夫人』から『灯台へ』まで──●第2章『ダロウェイ夫人』概説──Mrs. Dalloway's Character Problem──
第2部　V.ウルフ『灯台へ』を中心に　●第3章　ヴァージニア・ウルフ『灯台へ』における過去志向について──解釈学的見方から──●第4章　文学と心理学の接点から──V.ウルフ『灯台へ』再考──
第3部　V.ウルフ『歳月』を中心に　●第5章　『歳月』とウルフの体験様式について
第4部　発展研究　創作体験を中心に　●第6章　「灯台へ」創作体験の面接への適用について　●第7章　禅マンダラ画枠づけ創作体験法の開発とその心理療法的構造について　体験過程から見た心理的回復過程の中心概念の研究──

団塊の世代の一人である作家津島佑子は、かつて、映画「ダロウェイ夫人」についての新聞の評に、英国のヴィクトリア時代の女性が男性を見るまなざしに何か温かいものを感じ、古き良き時代の「郷愁と共感」という題のエッセイを寄せています。それは、過ぎゆく昭和の世代の古き良き文化や人々をしのぶ彼女自身の温かいまなざしであり、わたしたちにも深い共感を呼ぶものでした。本書が、ウルフを通して、そのような古き良き時代を生きた人々へのエールや癒しとなり、また、これから新たな時代に生きる人々に世代を超えて光る一筋の価値と希望を見出すヒントになることを願っています。（著者）

【A5判上製】〈定価2000円+税〉

学習する自由・第3版──パーソンセンタード・アプローチによる教育の再生をめざして■カール・ロジャーズ生誕一二〇年を記念し、「競争主義」「成果主義」に向かう日本の教育に対して、ひとり一人の人間の存在を尊重し、人間としての全体的な成長を援助する「パーソンセンタード（人間中心の）教育」の理論と実践を紹介し、提案する。カール・ロジャーズ＋H.ジェローム・フライバーグ著／畠瀬稔＋村田進共訳《定価3400円+税》

人間中心の教育──パーソンセンタード・アプローチの発展的継承。■畠瀬稔＋水野行範・塚本久夫編著　カール・ロジャーズ＋村田進ほか著《定価2200円+税》

鋼鉄のシャッター──北アイルランド紛争とエンカウンター・グループ　パトリック・ライス著／畠瀬稔＋東口千津子共訳《定価1600円+税》

ロジャーズのカウンセリング（個人セラピー）の実際──ロジャーズの先駆的エンカウンター・グループの記録　カール・ロジャーズ監修／加藤久子＋東口千津子共訳《進行中のセラピー（第17回）》の全実録《英和対訳》《定価600円+税》

これが私の真実なんだ──麻薬に関わった人たちのエンカウンター・グループ　カール・ロジャーズ著／畠瀬稔監修／加藤久子・東口千津子共訳《英和対訳》《定価1000円+税》

パーソンセンタード・アプローチの最前線──PCA諸派のめざすもの──ピート・サンダース編著／近田輝行ほか監訳／未武康弘ほか訳《定価2200円+税》

ジェンドリン哲学入門──フォーカシングの根底にあるもの──諸富祥彦・村里忠之・末武康弘編著　フォーカシングの原点ジェンドリンの哲学・思想について、その全容を解き明かした初めての入門書。《定価2600円+税》

自己成長の心理学──人間性／トランスパーソナル心理学入門　諸富祥彦著　マズロー、ロジャーズ、ジェンドリン、フランクル、ウィルバー、グロフ、ミンデル、キューブラ・ロス……人間性／トランスパーソナル心理学のエッセンスがこの一冊でわかる決定版！《定価2400円+税》

カール・ロジャーズ入門──自分が"自分"になるということ　諸富祥彦著　明治大学教授　諸富祥彦著が「人間・ロジャーズ」に焦点を当て、その生涯と思想形成の歩みを解明すると共に、そこから生み出された理論と実践のエッセンスを分かりやすく説いた格好の入門書。《定価2400円+税》

コスモス・ライブラリー

〒113-0033　東京都文京区本郷3-23-5　ハイシティー本郷204
Tel : 03-3813-8726　Fax : 03-5684-8705
■ E-mail : kosmos-aeon@tcn-catv.ne.jp　■ http://www.kosmos-lby.com

ミネルヴァ書房

対人援助における臨床心理学入門
吉川悟編　現代社会における実践現場での臨床心理学の位置づけをふまえつつ、「医療」「福祉」「教育」「特別支援臨床」「ビハーラ」の領域ごとに臨床心理学の基礎知識を概説する入門書。　2400円

発達精神病理学　E・M・カミングスほか著　菅原ますみ監訳　6000円

ジェノグラム（家系図）の臨床　M・マクゴールドリックほか著　石川元ほか訳　5000円

季刊 発達
1・4・7・10月各25日発売／B5判各120頁／各号1500円（税別）
【定期購読のおすすめ】発達障害や愛着障害など、子どもにかかわる診断についての理解を深め、いまを生きる子どもや親を支えるあり方を探る。大野裕ほか執筆［7月25日発売］
刊発達・保育などの最新の情報をお届けする発達の定期購読のお申し込みは、小社営業部（075-581-0296）迄どうぞ

発達 139
特集　子どもの精神医学と親子支援
——DSMという診断基準の改訂を受けて

物語を通し、子どもといっしょにメンタルケア、トラウマケアを実践できる絵本

① **こころもからだもリラックス絵本**　L・ライト　M・スターズク絵　A4変型判上製カバー各44頁　各1800円　大前泰彦訳

② **やったできたね イルカくん**

③ **すって はいて ラッコくん**

おこりんぼうのタコさん
白井利明／髙橋一郎著　卒論を書き進めていく上で必要な知識と方法を解説。　2500円

よくわかる卒論の書き方[第2版]
山田剛史／林創著　卒論・修論を書くのに必要な力を身につけるための入門書。　2400円

大学生のためのリサーチリテラシー入門

思考し表現する学生を育てる ライティング指導のヒント
関西地区FD連絡協議会／京都大学高等教育研究開発推進センター編　2800円

社会科学系のための英語研究論文の書き方
石井クンツ昌子著●執筆から発表・投稿までの基礎知識　3200円

〒607-8494　京都市山科区日ノ岡堤谷町1＊表示価格税別　目録呈
TEL 075-581-0296　FAX 075-581-0589　www.minervashobo.co.jp/

ナカニシヤ出版

〒606-8161 京都市左京区一乗寺木ノ本町15　＊表示は税抜価格
tel：075-723-0111／fax：075-723-0095　http://www.nakanishiya.co.jp/

やさしく学ぶ認知行動療法
長尾博著　特にうつ病のクライエントに比較的短期間での効果が認められ注目を集める認知行動療法を、図表やキーワードを用いて平易に解説。　1500円

ブリーフセラピー
青木みのり著　「問題と解決」の理論とコンサルテーション　ケースのどこに着目し、見立てを行い対応に結びつけていくのか事例を通して学ぶ。　2800円

コラージュの見方・読み方
山上榮子著　心理臨床の基礎的理解のために　査定者の主観的判断ではなく、投映法ハンドテストを援用した新しい客観的な解釈仮説を提案。　2900円

対人援助をめぐる実践と考察
吉川悟編　宗教・スピリチュアリティ・心理臨床・特別支援教育などの現場から、心の安寧をめざす対人援助の基幹へとせまる意欲的論考。　5900円

キャリアカウンセリング再考
渡辺三枝子編　実践に役立つQ&A　キャリアカウンセラーが実践場面で直面する50の課題や疑問を取り上げ、基礎知識を確認する。　2400円

対人援助職のためのリスニング
中島暢美著　カウンセリングの基本となる聞き方　保育士、看護師、社会福祉士など対人援助に関わる人のために。　2200円

アイデンティティ研究ハンドブック
鑪幹八郎監修／宮下一博・谷冬彦・大倉得史編　尺度研究、面接法、伝記研究法、ナラティブなど研究の方法論と実際、人間や社会を理解するための展望を網羅し、その本質へと迫る。　2800円

障害臨床学ハンドブック[第2版]
中村義行・大石史博編　様々な障害とその支援、また早期療育や特別支援教育の現場から幅広く解説。　2700円

心理検査の実施の初歩
願興寺礼子・吉住隆弘編　知能検査、投映法検査、パーソナリティ検査など、代表的な検査の概要、実施法・事例・実習の方法を、徹底的に基礎に重点をおき解説。　2600円

臨床心理アセスメントの基礎
沼初枝著　現場で働くことを目指す初学者のために、面接や心理検査、質問紙など、基本をやさしく解説。　2100円

新版K式発達検査法 2001年版 発達のアセスメントと支援
松下裕・郷間英世編　発達をとらえるプロセスや、発達アセスメントの考え方や実際について、事例をあげながら解説。　2000円

図表で学ぶ心理テスト
長尾博著　アセスメントと研究のために　歴史や倫理、心得などをはじめ、発達や適応をとらえる様々な心理テストを図表を多用して解説。　2000円

http://kongoshuppan.co.jp/

PTSD ハンドブック
科学と実践

マシュー・J・フリードマンほか編／金　吉晴監訳

PTSDの歴史と主要な批判と論争の紹介をはじめとして，ミクロなレベルでは遺伝子と環境の相互作用や神経回路，神経生物学的なメカニズム，マクロレベルでは疫学研究，文化横断的研究，パブリックヘルスについての情報の伝え方，その中間にある心理学的モデル，記憶，解離，ジェンダー，発達，そして診断と治療に関する多くの臨床的アプローチの解説に触れることにより，PTSDの概念的な広がり，臨床実践における方法論，実務的な問題についての理解を深めることができる。本書は，PTSDが初めて米国精神医学会のDSM-Ⅲに登場した1980年以来積み重ねられてきた進歩を書きとめ，代表的なテーマを解説した包括的なガイドである。　　　12,000円

統合的短期型ソーシャルワーク
ISTTの理論と実践

エダ・ゴールドシュタインほか著／福山和女，小原眞知子監訳

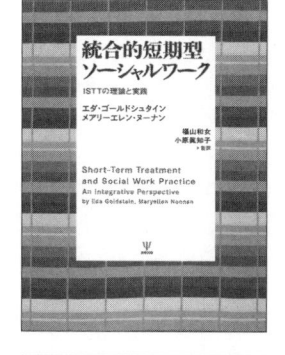

統合的短期型ソーシャルワーク＝ISTTは，迅速で綿密な生物・心理・社会的アセスメントにより困難ケースの問題の本質を見抜き，時間的制約，資源の制約のなかで最適な介入を構築する援助スキルである。第Ⅰ部では，ISTTの14の構成要素を，複合的な問題に対する援助実践の臨場感ある描写を通して解説しながら，ソーシャルワークの専門性と使命の理解を促す。第Ⅱ部では，危機的状況，情緒障害をもつクライエント，接近困難なクライエント，家族，グループへの構成要素の応用を検討しながら，ISTTの射程の広がりを確認していく。ISTTの包括的視点は，福祉領域の多岐にわたる業務に堅実で論理的な基盤を提供するだろう。　　　4,600円

PTSD治療ガイドライン [第2版]

E・B・フォア他編／飛鳥井望監訳　国際トラウマティック・ストレス学会の特別作業班が中心となって作成し，PTSDと診断された患者に対して最良の治療法を提示する待望の新版。　　　7,400円

緊急事態ストレス・PTSD対応マニュアル

ミッチェル，エヴァリー著／高橋祥友訳　世界で最も広く活用されているグループ危機介入手法CISM（緊急事態ストレス・マネジメント）を理解し実行するための実践的マニュアル。　　　4,400円

リカバリー

C・ブラウン編／坂本明子監訳　パトリシア・ディーガン，メアリー・エレン・コープランドら「リカバリー」の先駆者の議論を集めた，精神障害者リカバリーモデルの思想と技術。　　　3,000円

ACT入門

西尾雅明著　精神障害者が，住み慣れた地域で安心して暮らしていけるように支援するための集中型・包括型ケースマネジメント・プログラムであるACTへの理解と実践に向けた入門書。　　　2,800円

Ψ金剛出版　〒112-0005　東京都文京区水道1-5-16　URL http://kongoshuppan.co.jp/
Tel. 03-3815-6661　Fax. 03-3818-6848　e-mail　kongo@kongoshuppan.co.jp

（価格は税抜表示です）

http://kongoshuppan.co.jp/

統合・折衷的心理療法の実践
見立て・治療関係・介入と技法
東 斉彰,加藤 敬,前田泰宏編著

　心理療法は，歴史の中で学派ごとにその理論と技法を進化させてきた。しかし，いつの時代もセラピストは学派や理論のためにではなく，クライエントの福祉のために仕事をしなければならない。統合・折衷的心理療法は，かかる心理療法への現実的・実践的要請の中で模索されてきた潮流である。本書では三つの統合・折衷アプローチ（理論複合（統合）アプローチ・技法折衷アプローチ・共通要因アプローチ）による「見立て」，「治療関係」の構築，「介入と技法」の実際を通して，セラピストを目の前のクライエントにとってより確実で有用なリソースへと彫琢するための指針を示す。わが国の心理臨床に統合・折衷の流れを導入していくためのガイドライン。　　3,000 円

エビデンス・ベイスト心理療法シリーズ4　統合失調症

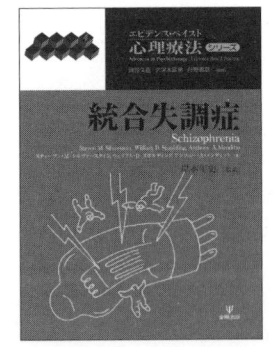

貝谷久宣,久保木富房,丹野義彦監修／
S・M・シルヴァースタイン他著／岸本年史監訳

　いかにすれば統合失調症を抱える人々に最善の治療やサービスを届けることができるか。著者らは，統合失調症が単一疾患であると証明されるにはその特質や原因について未解明のことが多いことと，脳の生理学的障害としてすべてのケースで薬物療法を適応することは決して最上ではないことがエビデンスとして知られていることに重きを置き，統合失調症の現在の概念とその治療を概説する。そのなかでも特に心理学的治療に焦点を当てているが，これは，統合失調症患者は認知や技能の多面的な障害を呈しており，薬物治療と協働するバランスのとれた心理療法が効果があるためである。また，リカバリー概念についても触れ，クライエント自身が自己の生活の意味を発見して生活を有意義に送れるように援助することの大切さを説く。　　2,400 円

説得と治療：心理療法の共通要因
J・D・フランク, J・B・フランク著／杉原保史訳　近年注目を集める「心理療法の統合」を導いてきた重要な著作であり，英語圏で版を重ねる名著の待望の邦訳。　　5,400 円

心理療法・その基礎なるもの
S・D・ミラー他著／曽我昌祺監訳　治療モデルの相違点ではなく，類似点に注目し，その根底に流れる《基礎なる》有効要因を明らかにし，その実践方法を説いた刺激的臨床実践書。　　3,200 円

エビデンス・ベイスト心理療法シリーズ8　社交不安障害
貝谷久宣,久保木富房,丹野義彦監修／M・M・アントニー他著／鈴木伸一監訳　診断のポイントから認知行動療法プログラムによる治療まで，必要とされる情報をコンパクトに解説。　　2,400 円

エビデンス・ベイスト心理療法シリーズ9　摂食障害
貝谷久宣,久保木富房,丹野義彦監修／S・W・トイズ他著／切池信夫監訳　多様な病態を持つ摂食障害に対して認知行動療法を中心としたエビデンスに基づく治療法を提示する。　　2,400 円

Ψ 金剛出版　〒112-0005　東京都文京区水道1-5-16　URL http://kongoshuppan.co.jp/
Tel. 03-3815-6661　Fax. 03-3818-6848　e-mail　kongo@kongoshuppan.co.jp

（価格は税抜表示です）